Das Rätsel um den kanadischen Flieger
Terror in Mitteldeutschland

Ich widme dieses Buch meinem Vaterland Deutschland
und Kanada, dem Land meiner Kinder

Das Rätsel um den kanadischen Flieger

Terror in Mitteldeutschland

Peter Hessel

Sax-Verlag

Kanadische Originalausgabe:
PETER HESSEL,
THE MYSTERY OF FRANKENBERG'S CANADIAN AIRMAN
Foreword by *Desmond Morton*
Verlag James Lorimer & Company Ltd.,
Toronto 2005

An eye-witness to terror bombing and the quest
for thruth, justice and reconciliation in Canada and in Germany

Deutsch von Peter Hessel

Bibliografische Information der Deutschen Bibliothek
Die Deutsche Bibliothek verzeichnet diese Publikation
in der Deutschen Nationalbibliografie; detaillierte bibliografische Daten
sind im Internet über http://dnb.ddb.de abrufbar.

ISBN 978-3-86729-006-7

1. Auflage 2007

Einbandgestaltung: Druck- & Verlagsservice Birgit Röhling, Markkleeberg
Repros: möller medienproduktion, Leipzig
Herstellung: PögeDruck Leipzig-Mölkau
Printed in Germany

Inhalt

I hate the drum's discordant sound.
Parading round, and round, and round:
To me it talks of ravaged plains,
And burning towns, and ruined swains,
And mangled limbs, and dying groans,
And widows' tears, and orphans' moans;
And all that Misery's hand bestows,
To fill the catalogue of human woes.

Ich hasse den schaurigen Trommelschlag,
das Marschieren herum und herum und herum:
Mir klingt's wie verwüstete Felder
und brennende Städte und ruinierte Bauern,
und verkrüppelte Glieder und Todesröcheln,
und Witwentränen und Waisenseufzer;
was die Hand des Elends uns beschert,
füllt den Katalog menschlicher Leiden.

John Scott of Amwell (1730–1783)

One to destroy is murder by the law;
And gibbets keep the lifted hand in awe;
To murder thousands takes a specious name
War's glorious art
And gives immortal fame.

Einen zu töten ist Mord laut Gesetz,
und auf den Täter wartet der Galgen.
Dagegen wird der Mord von Tausenden
die glorreiche Kriegskunst genannt,
die unsterblichen Ruhm verleiht.

Edward Young (1683–1765),
Love of Fame

Wer mit Ungeheuern kämpft, mag zusehen,
dass er nicht dabei zum Ungeheuer wird.

Friedrich Nietzsche (1844–1900),
Jenseits von Gut und Böse

Geleit: Zur kanadischen Ausgabe

Das Buch liest sich wie ein echter Kriminalroman, ist aber genau das Richtige für Kanadas „Jahr der Kriegsveteranen" (2005 – Anm. d. Verlages). Es geht um Krieg, Politik, Wahrheit und insbesondere um Terror – en gros und en détail. Der Autor ist in Deutschland geboren und überlebte die Schrecken des Nationalsozialismus wie auch die erbarmungslose alliierte Bomberoffensive gegen deutsche Städte. Nun klärte er ein grauenvolles Geheimnis auf, das die kanadischen Behörden im Dunklen ließen.

In den letzten Kriegsmonaten beschwerten sich die sowjetischen Bundesgenossen bei den westlichen Alliierten. Die Rote Armee musste schwerste Verluste auf sich nehmen, weil ihr der Löwenanteil der blutigen Kämpfe um Deutschland zufiel. Unsere Antwort hieß Operation THUNDERCLAP[1] die Vernichtung von Dresden, Chemnitz und anderen sächsischen Städten, die bis dahin verschont geblieben waren. Peter Hessel war 1945 dreizehn Jahre alt. Der Krieg hatte seine Familie von Chemnitz nach Polen verschlagen, bis sie schließlich als Flüchtlinge wieder in Sachsen landeten und bei Verwandten in der kleinen Garnisonstadt Frankenberg unterkamen. Nur einige Straßen weiter wurde ein junger kanadischer Kriegsgefangener brutal erschlagen, während sein bewaffneter Begleiter tatenlos zuschaute. War es ein spontaner Racheakt, verübt von wütenden ausgebombten Zivilisten? Oder war die Tat von ortsansässigen Funktionären orchestriert, die Geheimbefehle von Josef Goebbels befolgten?

Wenige Wochen später wurde Frankenberg zuerst von amerikanischen und dann von sowjetischen Truppen besetzt. Nach dem Sieg der Alliierten wurde die Ermordung wehrloser Kriegsgefangener zum Kriegsverbrechen erklärt. Die kanadischen Ermittler zogen sich aber bald zurück und legten den Fall zu den Akten. Denn Sachsen gehörte zur sowjetischen Besatzungszone. Beziehungen zwischen den Siegermächten waren bereits schwierig geworden. Vielleicht hatten die kanadischen Ermittler anderswo genug zu tun, zum Beispiel mit der strafrechtlichen Verfolgung von Gruppenführer und General der Waffen-SS Kurt Meyer (genannt „Panzermeyer"), dessen 12. Waffen-SS-Panzerdivision „Hitlerjugend" viele kanadische Kriegsgefangene erschossen hatte.

Nach dem Krieg wanderte Peter Hessel nach Kanada aus. Er wurde kanadischer Staatsbürger und war zeitweise Beamter im Dienst der kanadischen Bundesregierung. Wie es der Zufall wollte und sein Gewissen ihm befahl, übernahm er auf eigene Faust eine Aufgabe, die sein Adoptivland unerledigt gelassen hatte. Obwohl er bereits im Ruhestand war, entschied er sich, nach der Wahrheit über das geheimnisvolle, tragische Geschehen um den kanadischen Flieger im sächsischen Frankenberg zu fahnden. Er war ebenso unwissend über unsere Militärgeschichte wie die meisten Kanadier. So war seine erste überraschende Entdeckung, dass Kanada in vollem Maße an der Operation THUNDERCLAP beteiligt gewesen war und dabei bis zu vierzig Prozent der Verluste erlitten hatte. Mindestens ein Drittel der Bomben, die den Feuersturm in seiner Geburtsstadt ausgelöst hatten, fielen aus kanadischen Flugzeugen. Frauen und Kinder, die in ihren Wohnungen verbrannten, Menschen, die in Fäkalien erstickten, wenn Abwasserleitungen platzten und ihre Luftschutzkeller überfluteten, alte Leute, die verbluteten, weil die Ausfallstraßen verstopft waren – daran waren auch Kanadier schuld.

Mit beeindruckender Energie, Anstrengung und Erfindungsgabe ließ Peter Hessel nicht nach, sondern erforschte die Identität des kanadischen Fliegers, der inmitten eines gewaltigen, globalen Sterbens allein und unnötig den Tod finden musste. Bestärkt in seinem Tun wurde er durch das Mitgefühl und die Wissbegier einfacher Menschen in Deutschland und Kanada, die ihm bei seinem Unternehmen halfen. Häufig frustriert war er durch die vielen Sackgassen und Irrlichter, die allen solchen Untersuchungen zu eigen sind. Wer war der junge Ermordete? Wer waren die Mörder?

Weder in Kanada noch in Deutschland hatten die Behörden viel zu bieten. Niemand hatte eine plausible Antwort, auch nicht die vielen Leute, die wohl von dem Fall gehört hatten, aber nie genug wussten. Trotz steigender Unkosten und häufiger Misserfolge ließ Peter Hessel nicht nach.

Am Ende seines fesselnden Buches findet der Leser Antworten auf die gestellten Fragen. Die Beantwortung anderer und noch viel tiefgründiger Fragestellungen – warum und wie konnten solche Tragödien geschehen und dann in Vergessenheit geraten? – dürften uns noch viel länger, vielleicht ewig beschäftigen.

Dr. Desmond Morton,
Professor für Geschichte, McGill University, Montreal

Kapitel 1
Frühling in Frankenberg – 1945

7. Mai 1945

Wir waren schon Tage und Nächte im Luftschutzkeller. In einem kleinen fensterlosen Raum. Nur eine einzelne Glühbirne baumelte an der Decke. Dann flackerte auch sie und starb. Der Strom war weg. Wir saßen in totaler Finsternis. Ab und zu leuchtete eine Taschenlampe trübe auf. Manche Leute rauchten. Das konnte ich am roten Schimmern der Glimmstängel erkennen. Auch meine Mutter rauchte. Niemand hatte was dagegen. Könnte ja ihre letzte Zigarette sein. Irgendwo gab es einen Luftschacht, aber die Luft, die wir einatmeten, war faul. Draußen war alles ruhig, doch niemand wagte sich hinaus, um nachzuschauen. Plötzlich klopfte es laut an der Kellertür. Eine Männerstimme schrie: „Ihr könnt alle raus, die Amis sind hier." Wir zogen die Köpfe ein, um uns nicht an dem niedrigen Stahlträger zu stoßen, und verließen nacheinander den Keller. Ich musste meine Augen vor dem grellen Tageslicht schützen. Dann holte ich tief Luft. Frische Frühlingsluft.

„Ist der Krieg vorbei?" fragte eine Frau.

„Noch nicht ganz, aber lange kann's nicht mehr dauern."

Ich ging hinauf in die Wohnung, stieg vom Schlafanzug in meine kurzen Manchesterhosen und zog ein weißes Hemd an. Dann lief ich in die Stadt hinunter, zum Markt. Dort erwartete ich massenhaft amerikanische Soldaten mit Panzern und Kanonen. Stattdessen standen nur ein paar Jeeps vor dem Rathaus. Jemand hatte drei feindliche Flaggen gehisst: das Sternenbanner, den Union Jack und in der Mitte Hammer und Sichel der Sowjetunion. Zum ersten Mal im Leben sah ich Neger. Sie kamen mir fremd und beängstigend vor, besonders in ihren Ami-Uniformen. Ich staunte aber, wie lässig und unbesorgt sich die Soldaten zeigten. Manche saßen faul in ihren offenen Jeeps und ließen ihre Füße über die Seiten baumeln. Manche hockten auf dem Fußweg und hatten ihre Maschinenpistolen einfach vor sich aufs Pflaster gelegt. Am Bordstein waren ein paar Motorräder abgestellt. War das nun das Kriegsende? Ein Ami nagelte ein großes Plakat ans Rathausportal, eine Bekanntmachung auf Deutsch. Allen wurde befohlen, Waffen und militärisches Gerät zum Sammelpunkt im Rathaus zu bringen. Bei Nichtbefolgung drohte die Todesstrafe. Ich rannte was ich konnte nach Hause. Dort nahm ich den Spaten und grub meinen Schatz aus.

Ein paar Tage zuvor hatte ich im Garten hinter dem Haus ein tiefes Loch gebuddelt, um mein Zeug zu verstecken: meine aus einem verlassenen Heeresdepot geplünderte blanke Leuchtpistole mit Munition, „Mein Kampf", den ich im Aufsatzwettbewerb gewonnen hatte, mein eingerahmtes Führerbild, mein Jungvolk-Fahrtenmesser in der Lederscheide und mein größtes Wertstück: das Schießabzeichen mit dem Hakenkreuz im Karo.

Ich hob die Leuchtpistole, die Schachtel Munition und mein Fahrtenmesser heraus. Die anderen Sachen ließ ich im Loch, das ich schnell wieder abdeckte. Dann rollte ich eine leere Regentonne darüber. Meine Tante reichte mir einen Offiziersdegen ihres Mannes, den sollte ich den Amis auch übergeben. Sonstige Waffen hatten wir nicht im Haus.

Mit Leuchtpistole, Munitionsschachtel, Fahrtenmesser und Degen ging ich zum Markt zurück. Ich stellte mich an in der ordentlich gebildeten Schlange. Die Leute kamen mit allen möglichen Waffen angeschleppt, darunter altertümliche Schrotbüchsen und Pistolen. Im Rathaussaal war ein Tisch aufgestellt worden. Auf jeder Seite stand ein Soldat. Ein Ami, den die anderen „Luh-tenant" nannten, saß hinter dem Tisch auf einem Stuhl. Endlich kam ich an die Reihe, meine Waffen auszuhändigen. Der Leutnant zeigte auf die Schachtel, die ich unter dem Arm geklemmt hielt und fragte: „What's in there?"

Frankenberger Rathaus mit 3 Flaggen, 1945. Zeichnung von Johannes Dorsch

Stolz, ihn verstanden zu haben, antwortete ich: „Ammunition".

„Oh, you speak English?"

„I speak a little."

Er öffnete die Schachtel und lachte, als er die Leuchtmunition sah. Er nahm mein Fahrtenmesser, besah es sich genau und wog es in der Hand. Im Knauf war ein schwarzes Hakenkreuz auf rot-weißem Karo.

„You in the Hitler Youth?" fragte er.

„In the Jungvolk. I'm only thirteen."

„That your sword?" Sord? Das Wort kannte ich nicht.

„That yours?"

„No, Sir. My uncle's."

„And where's your uncle?"

„At the front. I don't know."

Er langte in seine Tasche, zog eine Tafel Schokolade heraus, brach ein paar Stücke ab und gab sie mir.

„Have some American chocolate."

„Thank you, Sir", stotterte ich.

Das war meine erste englische Konversation außerhalb des Klassenzimmers.

Februar 2004

Ich hatte genug geschrieben. Meine Memoiren waren fertig. Das heißt: meine Kindheitserinnerungen, an denen ich jahrelang gearbeitet hatte. Hin und wieder. Sie fingen in den frühesten Jahren des Naziregimes in Deutschland an, in der Vorkriegszeit, als ich schon langsam, aber systematisch und erfolgreich, in die national-sozialistische Ideologie indoktriniert wurde. Das intensive Nachdenken und Schreiben über meine Kindheitserfahrungen in den sechs Kriegsjahren hatten oft zu Albträumen geführt. Nun war ich zu dem Schluss gekommen, endlich an diesem Punkt zu stoppen – am Ende des Zweiten Weltkriegs, im Mai 1945. Ich hatte bereits mehr als 300 Seiten geschrieben. Genug. Der Frühling dieses letzten Kriegsjahres war die Zeit, in der meine Kindheit abrupt endete.

Bis hierher und nicht weiter. Ich wollte nur noch ein paar Detailfragen klären. Im Internet suchte ich nach Fakten und Informationen über das Kriegsende in Frankenberg. Welche Wehrmachtseinheiten sind in der Hindenburg-Kaserne stationiert gewesen, die nur fünf Minuten von unserem Haus entfernt war? Welche Einheit der US-Armee hatte die Stadt mit Haubitzen beschossen? Welche amerikanischen Truppen waren am 7. Mai

– am Tag vor Kriegsende – so plötzlich in Frankenberg aufgetaucht? Welche Einheiten der Roten Armee besetzten die Stadt schon am nächsten Tag, nachdem die Amerikaner den Rückzug angetreten hatten und Frankenberg den „Russen" überließen?

Am 22. Februar 2004 tippte ich „Frankenberg 1945" ein und hoffte auf eine Yahoo-Antwort. Es tauchten gleich mehrere relevante Websites auf. Eine davon war von Ulrich Koch in Deutschland eingestellt worden. Sie wies genau in die gesuchte Richtung. Hier wurde offenbart, was ein Mann namens Ernst Rossberg über die „kurze amerikanische Besetzung von Teilen Ostdeutschlands im Jahre 1945" berichtet hatte. Die Website enthielt brauchbare Informationen über deutsche, amerikanische und sowjetische Einheiten, die sich bei Kriegsende in der Frankenberger Gegend im Einsatz befanden. Einige Daten deckten sich zwar nicht genau mit meinen Erinnerungen und Tagebuchaufzeichnungen, aber immerhin wurde nicht nur die sowjetische, sondern auch die amerikanische „Okkupation" geschildert. Ulrich Koch suchte Augenzeugen, die in den letzten Kriegstagen in Sachsen wohnten. Ich schickte ihm eine E-Mail und teilte ihm mit, dass ich mich noch genau an die Amerikaner in Frankenberg erinnern kann.

Am Abend klingelte dann das Telefon. Der Anrufer war Ulrich Koch, Dokumentarfilmemacher in Berlin. Er hatte meine E-Mail erhalten und wollte mit mir über Frankenberg sprechen. Er las mir vor, was in seinen Unterlagen stand: Die amerikanischen Einheiten, die Frankenberg unter Beschuss gehalten hatten, gehörten zu den Feldartillerie-Bataillonen 302 und 355. Sie waren Teile der 76. Infanteriedivision. (Später erfuhr ich, dass die amerikanischen Soldaten, die Frankenberg am 7. Mai besetzt hatten, zur 76. Division der US-Armee, und zwar zum 2. Bataillon des US-Infanterieregiments 304 unter Oberstleutnant Donald Richardson gehörten.) Zufrieden notierte ich diese interessanten Angaben. Es wurde ein langes Gespräch. Ich kalkulierte, dass es in Berlin schon 2 Uhr morgens war. Als ich Ulrich Koch darauf hinwies, lachte er. Eine Nachteule, ein Arbeitstier.

„Sie leben jetzt also in Kanada und haben bei Kriegsende in Frankenberg gewohnt. Das ist interessant. Wissen Sie denn, dass ein Kanadier in den Straßen von Frankenberg ermordet wurde?"

Nein, davon hatte ich keine Ahnung. „Wann denn?" fragte ich.

„Na kurz vor Kriegsende. Ich schau' mal nach und schicke Ihnen die genauen Angaben. Ich glaube, er wurde als namenloser Kanadier begraben."

„Was hatte denn damals ein Kanadier in Frankenberg zu suchen?"

„Sie sagten, Sie stammen aus Chemnitz. Da müssten Sie doch wissen, dass die Kanadier eine wichtige Rolle bei der Zerstörung Ihrer Heimatstadt gespielt haben."

Nein, das wusste ich nicht. Es fiel mir auch schwer, das zu glauben.

„Ich hatte keine Ahnung. Ich dachte, es waren die Briten in der Nacht und die Amerikaner am Tage. Ich weiß allerdings, dass in der Royal Air Force (RAF) auch einige Kanadier mitgeflogen sind. Meinen Sie das?“

„Nein. Ich meine, dass Angehörige der kanadischen Luftwaffe, der Royal Canadian Air Force (RCAF), in kanadischen Bombern von kanadischen Fliegerhorsten in England aus geflogen sind. Bei den schweren Angriffen auf Dresden wie auch auf Chemnitz, Leipzig usw. waren mehrere kanadische Geschwader beteiligt. Im März 1945 stürzte einer ihrer Bomber in der Nähe von Chemnitz ab. Ein kanadischer Flieger stieg wahrscheinlich mit dem Fallschirm aus und geriet in Gefangenschaft, wurde aber von der SS ermordet.“

Meine Neugier war erregt. Als ich bei Kriegsende, noch keine 14 Jahre alt, in Frankenberg wohnte, hatte ich nie etwas von Kanadiern – oder überhaupt von Kanada – gehört.

Frankenberg ist eine Kleinstadt im Hügelland an der Zschopau, einem kleinen Fluss, der aus dem nahen Erzgebirge herunter plätschert und bei Döbeln in die Freiberger Mulde mündet. Im Jahre 1945 hatte die Stadt etwa 16 000 Einwohner. Außerdem beherbergte Frankenberg damals Tausende von Ostflüchtlingen. Zu denen gehörte auch meine Familie – meine Mutter, meine Schwester und ich. Wir waren vor der siegreich vordringenden Roten Armee geflüchtet.

Obwohl in Chemnitz beheimatet, hatten wir seit 1942 in Kalisch (Kalisz) gewohnt. Kalisch gehörte zu dem polnischen Gebiet, das als „Reichsgau Wartheland“ ins Großdeutsche Reich eingegliedert worden war. Hitler hatte geplant, das ganze Wartheland „einzudeutschen“. Meine Mutter war seinem Ruf nach Osten gefolgt. Nachdem wir dort Fuß gefasst hatten, ließ sie 1943 unseren gesamten Hausstand in einem großen Möbelwagen aus Chemnitz nach Kalisch transportieren. Dort besuchte ich die deutsche Oberschule, Oberst-Mölders-Schule genannt, und gehörte dem Jungvolk an. Im Januar 1945 mussten wir vor der vorrückenden Roten Armee fliehen und – mit Ausnahme von zwei Koffern und einem Spankorb – unser Hab und Gut in Kalisch zurücklassen. Wir gerieten in den langen, elenden Flüchtlingstreck, der sich langsam auf allen Straßen nach Westen wälzte. Nach kurzen Aufenthalten in notdürftigen Flüchtlingsunterkünften in Dresden und im Osterzgebirge fanden wir schließlich bei meiner Tante in Frankenberg Unterschlupf.

Ab Februar 1945 beherbergte Frankenberg nicht nur viele Ostflüchtlinge, sondern auch zunehmend ausgebombte Familien aus dem nur 15 km westlich gelegenen Chemnitz. Die Industriegroßstadt Chemnitz hatte vor dem

Krieg 350 000 Einwohner. Sie war bereits im Februar mehrere Male von alliierten Bomberverbänden angegriffen worden. Am 3. März erlebte sie einen weiteren Angriff. Dann, in der Nacht vom 5. auf den 6. März 1945, wurde sie in einem gewaltigen Feuersturm weitgehend zerstört. Chemnitz ist meine Geburtsstadt. Hier hatte ich die ersten zehn Jahre meines Lebens verbracht. Frankenberg war unsere vorübergehende Zufluchtstätte.

Nach meiner Unterhaltung mit Ulrich Koch suchte ich einige Websites auf. Dabei fand ich überraschende Tatsachen und Zahlen. Es war durchaus richtig: Tatsächlich hatten kanadische Bomberverbände eine bedeutende Rolle bei der Zerstörung meiner Heimatstadt gespielt! Konnte es wahr sein, dass ein Kanadier in Frankenberg ermordet wurde, ohne dass ich je etwas davon erfahren hatte? Ich fand die ganze Nacht keinen Schlaf. In meinem Kopf spukten Bilder vom März 1945, Erinnerungen an die Zeit kurz vor Kriegsende.

Am nächsten Tag beschloss ich, mich über den Fall des kanadischen Fliegers zu informieren. Ich fühlte mich gezwungen, mehr über die Geschichte dieses Mordes zu erfahren. Irgendwie kam es mir vor, als sei dieses Geschehen tief mit meiner eigenen Geschichte verwachsen. Sicher war ich der einzige Mensch, in dem diese drei Umstände zusammentrafen: gebürtig in Chemnitz, dem damaligen Bombenziel, zur Zeit des Mordes in Frankenberg wohnhaft, und nunmehr in Kanada sesshaft. Außerdem war ich Journalist, hatte bereits acht Bücher geschrieben, und sprach fließend Englisch und Deutsch. Gewiss befand ich mich in einer einmaligen Lage. Zunächst dachte ich daran, einen Artikel über den Fall zu schreiben.

Im Anfang hatte ich nur gehofft, etwas mehr über die mysteriöse Angelegenheit zu erfahren. Laut Ulrich Koch und Ernst Rossberg war der Name des kanadischen Fliegers unbekannt. Meine erste Aufgabe war also, ihn zu identifizieren. Ich wollte aber nicht nur seinen Namen wissen, sondern auch die Umstände seines Todes ergründen. Ich wollte sein Grab finden und den vielleicht überlebenden Angehörigen etwas Trost verschaffen. Doch recht schnell begann mein Projekt, seine eigene Dynamik zu entwickeln. Ich spannte den Bogen der Nachforschungen weiter. Von Anfang an erschien mir der Fall wie ein umgekehrter Kriminalroman. In erster Linie ging es hier darum festzustellen, wer das Mordopfer war. Die Namen der Täter waren mir weniger wichtig, und ihr Motiv konnte ich ahnen.

Ich erinnerte mich an die Tagebücher meiner Mutter, die ich nach ihrem Tod im Jahre 1983 gefunden hatte. War darin womöglich die Ermordung in Frankenberg erwähnt? Ich selbst hatte zwar nie davon gehört, aber sie vielleicht? Ich fand das Heft aus dem Jahre 1945. Leider war es kein persönliches Tagebuch mit intimen Gedanken, sondern ein ganz kurz und sachlich gefasstes, nahezu täglich geführtes Journal, aufgezeichnet in einem grob gebundenen, auf minderwertigem Papier der Kriegszeit gedruckten Taschenkalender genannt *Geschäfts-Tagebuch 1945*.

Ich öffnete die Seiten von Anfang März 1945 und war enttäuscht über die extreme Kürze ihrer Eintragungen. Sie musste doch das historische Ausmaß der Geschehnisse, die sie als Erwachsene miterlebte, das Ende des Dritten Reiches und des Zweiten Weltkriegs, begriffen haben. Natürlich war ihre eigene Familie ihre größtes Besorgnis. Wie aufschlussreich wäre es heute, ihre Gefühle aus der damaligen Zeit erfahren zu können! Leider schrieb sie nichts davon in ihrem Tagebuch nieder. Und von der Ermordung eines kanadischen Fliegers in Frankenberg war keine Rede. Entweder hatte sie nichts davon gehört, oder sie hielt den Tod eines einzigen Menschen – zumal eines Feindes – für nicht erwähnenswert in einer Zeit, da täglich überall in Deutschland Tausende umkamen.

Zwei Tage nach dem Anruf von Ulrich Koch wandte ich mich an Dr. Steve Harris, den Leiter des Hauptarchivs für das kanadische Verteidigungsministerium in Ottawa. „Haben Sie jemals etwas von dieser Ermordung eines kanadischen Fliegers gehört?"

Nein, aber Dr. Harris lud mich ein, ins Archiv zu kommen, das in einem bescheidenen Gebäude in einer wenig interessanten Gegend der Hauptstadt untergebracht ist. Dort fand ich nicht nur diverse Unterlagen über die Beteiligung der *Royal Canadian Air Force* an der Zerstörung meiner Geburtsstadt Chemnitz, sondern auch eine alte Akte, die Kopien eines faszinierenden Berichts enthielt.[2]

Der Bericht war am 30. März 1946 von einer Militäreinheit mit dem Bandwurmnamen *Canadian War Crimes Investigation Unit on Miscellaneous War Crimes against members of Canadian Armed Forces in the European Theatre of Operation, 9 September 1939 to 8 May, 1945* (Kürzel: *CWCIU*) an das Hauptquartier der kanadischen Streitkräfte eingereicht worden. Später erfuhr ich im kanadischen Bundesarchiv [Library and Archives Canada] in Ottawa, dass diese Einheit mit dem langatmigen Namen auf Befehl des Hauptquartiers (dem Vorgänger des kanadischen Verteidigungsministeriums) am 4. Juni 1945, also knapp einen Monat nach dem Kriegsende in Europa, aufgestellt worden war. Sie befasste sich hauptsächlich mit der Strafverfolgung von SS-Brigadeführer Kurt Meyer, den man für die Hinrichtung kanadischer Kriegsgefangener in der Normandie verantwortlich machte. Der Bericht verzeichnete aber auch den Fall eines Mordes in Frankenberg, wie er der kanadischen Einheit von ihrem britischen Gegenstück, der British War Crimes Section, am 8. September 1945 zugeleitet worden war.

Unter der Überschrift „Tatort, Gräueltat und Ermittlung“ schrieb der Kommandeur, Oberstleutnant B. J. S. MacDonald: „[Der Fall] betrifft die Ermordung eines nicht identifizierten kanadischen Fliegers durch deutsche Zivilisten. Es ist unmöglich gewesen, eine Ermittlung durchzuführen, weil der Tatort in der russischen Zone liegt.“

Laut diesem Bericht „stieg Anfang April ein kanadischer Flieger mit dem Fallschirm aus seinem Flugzeug und landete in Frankenberg (Deutschland). Nach seiner Gefangennahme wurde er von der IV. Veterinär-Reserve- und Ausbildungsdivision in Frankenberg in Gewahrsam gebracht. Fünf Soldaten der 2. Kompanie dieser Division, als Zivilisten verkleidet, haben den Gefangenen überfallen und angeblich erschlagen, als er zum Bahnhof dieser Stadt geführt wurde. Das Opfer wurde auf dem Frankenberger Friedhof beerdigt.“

Die britischen Ermittler hatten die im Bericht aufgeführten Informationen von einem „Alfred Hermann Paul aus Leipzig-Großzschocher“, erfahren, der „die Tat nicht selbst beobachtet, aber später am selben Tag den Toten gesehen hat, dessen Schädel vollständig zerschmettert war“. Dieser Informant Paul gab an, ein gewisser „Dr. Katz oder Kaatz“ sei möglicherweise auch Zeuge gewesen, aber weder die britische noch die kanadische Einheit hat anscheinend versucht, ihn zu finden. Aus dem Bericht geht nicht hervor, ob Angehörige der britischen Einheit überhaupt jemals nach Frankenberg reisten, um dort Zeugen zu vernehmen. Fest steht, dass die kanadischen Ermittler nie dort waren und ihre Informationen nur aus zweiter Hand erhalten hatten. Leider gelang es mir nicht, den Bericht der britischen Einheit aufzufinden.

Unter der Rubrik „Disposition“ schloss der Bericht: „Da der Tatort des mutmaßlichen Verbrechens und alle Zeugen in der russischen Zone des besetzten Deutschlands sind, wurde die Ermittlung aufgeschoben, bis eine Genehmigung erhalten werden kann, diese Zone zu betreten.“

Dieser Schluss ist nicht ganz einleuchtend. Es gibt Beweise, dass amerikanisches und britisches Personal in der sowjetischen Besatzungszone Deutschlands reisen durfte, bis 1948/49 der Kalte Krieg ausbrach. So konnte z. B. eine britische Einheit sogar noch im Dezember 1948 die Leichen britischer und kanadischer Soldaten in Sachsen und anderen Gebieten der „Ostzone“ exhumieren und auf britische Militärfriedhöfe überführen. Es ist anzunehmen, dass die sowjetischen Behörden 1945/46 der britischen oder der kanadischen Einheit ohne Weiteres erlaubt hätten, ihre Ermittlungen fortzusetzen, wenn Interesse bestanden hätte, die Sache weiter zu verfolgen.

Auffallend war, dass der Bericht einen Zeitraum nannte („Anfang April“), der nicht damit übereinstimmte, was Ulrich Koch mir gesagt hatte, nämlich, dass der Kanadier am 6. März 1945, nach dem Großangriff auf Chemnitz, ermordet worden sei. Ebenfalls widersprüchlich war die Mutmaßung, der Mord sei „von Soldaten, die als Zivilisten verkleidet waren", verübt worden. Ulrich Koch hatte von der SS gesprochen. Später konnte ich auch feststellen, dass die seinerzeit in Frankenberg stationierte Einheit keine Division, sondern eine Abteilung (etwa von Bataillonsstärke) gewesen ist.

Frankenberg war schon seit dem frühen 18. Jahrhundert eine wichtige Garnisonstadt. Ein Jahr vor Ausbruch des Ersten Weltkrieges wurde hier mit der Errichtung umfangreicher Kasernenanlagen begonnen. Im Juli 1914 befanden sich bereits achtzehn Gebäude im Bau. An den Arbeiten, die bis 1917 fortgesetzt wurden, waren zum Teil 400 Kriegsgefangene beteiligt. Damals lagen in der Kaserne Infanterie- und Artillerieeinheiten sowie eine Unteroffiziersschule. Als nach dem Versailler Vertrag Deutschlands Heer auf 100 000 Mann reduziert wurde, war auch die Frankenberger Kaserne betroffen. Die Gebäude standen zeitweise sogar leer, und ab 1927 bauten die Frankenberger Motorenwerke dort ihre leichten Lastfahrzeuge, die Framo-Dreiräder. Als Hitler mit der Aufrüstung begann, wurde die Kaserne wieder für militärische Zwecke genutzt, und ein Artillerieregiment rückte ein. Von 1936 bis 1937 beherbergte die inzwischen umbenannte „Hindenburgkaserne" auch den III. SS-Totenkopfsturmbann „Sachsen", der Wachmannschaften für das Konzentrationslager Sachsenburg stellte. 1940 wurde das Artillerieregiment als Reserve- und Ausbildungseinheit neu gebildet.[3]

Der Grund, warum ich von Februar 1945 bis Juni 1946 in Frankenberg wohnte, war mit der Kaserne verbunden. Mein Onkel, Dr. med. vet. Hans Brodauf, war frischgebackener Tierarzt, als der Krieg ausbrach. Er wurde sofort zur Wehrmacht eingezogen, um im Rang eines Leutnants als Veterinäroffizier zu dienen. 1941 heiratete er eine Schwester meiner Mutter. Ein Jahr später wurde er nach Frankenberg versetzt, und seine Familie – inzwischen war meine Cousine geboren – bezog unweit der Kaserne Wohnung. In den großen Stallungen der Kaserne waren viele Pferde untergebracht. Die Veterinäre gehörten zu einer Einheit, die „Fahnenschmiede" genannt wurde und die Pferde versorgte. Insofern stimmte der britisch-kanadische Bericht von 1945/46: Zur Abteilung gehörte eine Veterinäreinheit.

Als ich das Militärarchiv in Ottawa nach meinem ersten Besuch verließ, hatte ich eine Menge Informationen über Kanadas Beteiligung am Bomber Command[4] gefunden. Auch über einen massiven Angriff auf Chemnitz am 14./15. Februar 1945 konnte ich dort Material sammeln. Er war bis dato der schwerste Bombenangriff auf die Stadt gewesen. Mein wichtigster Fund war die offizielle Bestätigung von kanadischer Seite, dass sich die Ermordung des Kanadiers tatsächlich begeben hatte. Ich war jedoch enttäuscht, dass weder der Name des Opfers noch die Einzelheiten der Tat aufzutreiben waren.

Trotz der scheinbaren Abweichungen ließ der CWCIU-Bericht keinen Zweifel: Jemand in Frankenberg hatte von dem Mord gewusst und mitgeteilt, dass kurz vor Kriegsende ein kanadischer Flieger getötet worden war. Die Tat war den kanadischen Militärbehörden zu Ohren gekommen. Kurz darauf wurde die Akte allerdings einfach abgelegt. Die kanadischen Militärdienststellen und die kanadische Regierung hatten zugelassen, dass die Ermordung eines kanadischen Kriegsgefangenen in Vergessenheit geriet.

Später entnahm ich den Unterlagen im kanadischen Bundesarchiv, dass die am 4. Juni 1945 aufgestellte CWCIU den Frankenberger Mord nicht nur in Form ihres Berichts, sondern auch in einem ihrer „Geheimen Kriegstagebücher", allerdings nur am Rande, erwähnt hatte, nämlich in einer kurzen Notiz vom 14. September 1945. Darin steht, dass der „Frankenburg"-Fall dem Hauptquartier gemeldet wurde. Elf Monate nach ihrer Aufstellung wurde die Einheit schon wieder aufgelöst. Der letzte Eintrag am 22. Mai 1946 lautet: „Alle Akten und alles Gerät abgegeben und abgerechnet. Damit ist die Tätigkeit als Kriegsverbrechen-Ermittlungseinheit eingestellt."[5]

In dieser Phase war ich zunächst von der Schwierigkeit meiner Aufgabe überwältigt. Sogar die britischen und kanadischen Streitkräfte hatten ihre Bemühungen aufgegeben und den Fall zu den Akten gelegt. Ich erkundigte mich, ob die „Abteilung Kriegsverbrechen" (*War Crimes Section*) im kanadischen Bundesjustizministerium – mit ihrem aufwendigen Budget – den Fall vielleicht untersuchen könnte. Schließlich war der Ermordete Kanadier, und es war offensichtlich gegen ihn ein Kriegsverbrechen verübt worden. Ich war jedoch an die falsche Adresse geraten. Kanadas Untersuchungsbehörde für Kriegsverbrechen wurde im Jahre 1987 aufgestellt, nachdem im Vorjahr die Deschênes-Untersuchungskommission für Kriegsverbrechen dem Parlament einen umfangreichen Bericht vorgelegt hatte. Nahezu 20 Jahre später ist die Abteilung noch immer tätig. Allerdings gehört die Untersuchung von Verbrechen gegen Angehörige der kanadischen Streitkräfte im Zweiten Weltkrieg nicht zu ihrem Mandat. Sie beschäftigt sich ausschließlich mit der Untersuchung und strafrechtlichen Verfolgung mutmaßlicher in Kanada ansässiger Kriegsverbrecher.[6]

Kapitel 2
Operation Thunderclap

Natürlich war mir im Laufe meiner 52 Jahre in Kanada zu Ohren gekommen, dass auch Kanadier am Luftkrieg gegen Deutschland beteiligt waren. So hatte ich zum Beispiel in den 1980er Jahren das Buch *Terror in the Starboard Seat* (Terror im Steuerbordsitz)[7] von meinem guten Freund, dem verstorbenen Dave McIntosh, gelesen. Dave war Korrespondent für die kanadische Presseagentur *Canadian Press* und später Chef des Buchverlags der Bundeshauptstadt-Kommission (*National Capital Commission*) in Ottawa. Dave signierte ein Exemplar seines Buches für mich. Er war etwas pikiert, als ich ihn fragte: „Was meinst du denn genau mit dem Wort Terror? Den Terror, den du selbst empfunden hast oder den Terror, den du mit ausgeteilt hast?" Die Antwort: „Ich meine, dass ich täglich Scheißangst in den Hosen hatte". Dave war im Zweiten Weltkrieg Navigator in einem Jagdgeschwader gewesen.

Aber ich hatte noch nie gehört und konnte kaum glauben, dass ganze kanadische Einheiten im Bombenkrieg gegen Deutschland eingesetzt waren. Warum wusste ich das nicht? Hatte man es bewusst von offizieller Seite verschwiegen?

Als ich – zu meinem Erstaunen – nun endlich darüber informiert war, dass Kanadier tatsächlich in großem Maßstab an der Bombardierung meiner Geburtsstadt Chemnitz beteiligt waren, beschloss ich, mehr zu erfahren, nicht nur über *Bomber Command* und über die Luftoffensive *Thunderclap*, sondern insbesondere über Kanadas Rolle.

Warum führte das ferne Kanada, dieses zweitgrößte Land der Erde, überhaupt Krieg gegen Deutschland und seine Verbündeten? Das Dominion of Canada war weder direkt bedroht noch durch Abkommen gezwungen, am Kriegsgeschehen teilzunehmen. Zur Beantwortung dieser Frage muss man die politische und soziale Situation Kanadas im Jahre 1939 verstehen. Im Gegensatz zu den Vereinigten Staaten war Kanada nicht durch Revolution, sondern auf dem Wege der friedlichen Evolution allmählich von Großbritannien unabhängig geworden. Schon im Versailler Vertrag von 1919 und im Völkerbund war Kanada als selbständiger Staat aufgetreten. Im Jahre 1931 hatte Großbritannien im Statut von Westminster Kanada und andere Commonwealth-Länder zu souveränen Staaten erklärt und ihnen die formale Unabhängigkeit – allerdings mit dem Monarchen als Staatsoberhaupt – gewährt. Während im Ersten Weltkrieg noch die britische Regierung für das gesamte Empire einschließlich Kanada Deutschland den Krieg erklärt hatte, erfolgte Kanadas Kriegserklärung am 10. September 1939 als Akt des kanadischen Parlaments. Die geringe zeitliche Verzögerung sollte die Unabhängigkeit des Landes gegenüber Großbritannien herausstellen.

Es wird heute manchmal in den Medien, in Leserbriefen usw. – allerdings kaum von Historikern – unterstellt, Kanada habe sich am Zweiten Weltkrieg beteiligt, um das verhasste nationalsozialistische Regime niederzuschlagen, die demokratische Rechtsordnung zu schützen oder gar, um Europas Juden vor dem Holocaust zu retten. In Wirklichkeit wusste man in der kanadischen Öffentlichkeit wenig über die deutsche Politik und so gut wie nichts über die Judenverfolgung. Die Wahrheit über den Massenmord an Juden wurde im Westen erst nach Kriegsende bekannt, und der Ausdruck Holocaust kam erst in den 1960er Jahren als Synonym für die berüchtigte „Endlösung der Judenfrage" auf.[8] Premierminister William Lyon Mackenzie King war sogar ein Bewunderer Hitlers, und der Antisemitismus war in Kanada zwar unterschwellig, aber wohl ebenso verbreitet wie in vielen anderen Staaten der westlichen Welt.[9]

Kanada litt stark an den Folgen der Weltwirtschaftskrise und außerdem an der anhaltenden katastrophalen Dürre im landwirtschaftlichen Westen des Landes, der umfangreiche Getreideanbauflächen zum Opfer gefallen waren. Kanada hatte bei einer Bevölkerung von 11 Millionen 750 000 Arbeitslose. Trotz dieser sozialen Belastungen bejubelte die kanadische Bevölkerung König Georg VI. und Königin Elizabeth während ihrer Royal Tour im Mai 1939. Obwohl aufgrund der Einwanderung aus vielen Ländern Europas und Asiens weite Kreise der Bevölkerung weder französischen noch britischen Ursprungs waren, herrschten in der Öffentlichkeit Gefühle der „Königstreue" vor. So dürfte die Kriegserklärung des kanadischen Parlaments an Deutschland weitgehend aus Solidarität mit Großbritannien erfolgt sein. Aus welcher Sicht man auch Kanadas Gründe für den Eintritt in den Zweiten Weltkrieg heute betrachtet, es steht fest, dass der militärische und wirtschaftliche Beitrag der kanadischen Nation enorm war. Dieser Beitrag ist in der Welt bisher viel zu wenig gewürdigt worden. Die Tatsachen und Zahlen bekunden, dass Kanada nicht nur zu Lande und auf See, sondern besonders im Luftkrieg eine ausschlaggebende Rolle gespielt hat. So war die *Royal Canadian Air Force (RCAF)* bei Kriegsende die viertstärkste – und nach Ausschaltung der deutschen Luftwaffe sogar die drittstärkste – Luftmacht der Welt.

Im Jahre 1936 wurde die britische *Royal Air Force (RAF)* in sechs Einsatzgruppen (Commands) eingeteilt. Der Ausdruck *Bomber Command* bezeichnete zunächst das Oberkommando aller britischen Bombereinheiten. Schon zu Anfang des Zweiten Weltkriegs wurden Geschwader der kanadischen, australischen, neuseeländischen und anderer Commonwealth-Luftwaffen im *Bomber Command* integriert. Vom Februar 1942 bis zu Kriegsende stand Air Vice Marshal Arthur T. Harris an der Spitze von *Bomber Command.* Obwohl Kanadier sofort nach Kriegsbeginn im *Bomber Command* eingesetzt waren, wuchs Kanadas Beteiligung im Laufe des Krieges sprunghaft an. Auf 151 Flugplätzen in Kanada – weit ab vom Schuss – wurden im Rahmen des *British Commonwealth Air Training Plan* rund 131 500 Flugschüler aus Commonwealth-Ländern sowie Belgier, Franzosen, Niederländer, Norweger, Polen und Tschechen als Piloten und andere Besatzungsmitglieder ausgebildet. Mehr als die Hälfte von ihnen (über 72 800) gehörten zur RCAF – als Piloten, Navigatoren, Bombenschützen, Bordfunker, Bordschützen und Bordmechaniker.

Bomber Command hatte 1944 sieben Einsatzgruppen. Fünf davon, die Gruppen Eins, Drei, Vier, Fünf und Sechs, waren die eigentlichen Bombergruppen. Gruppe Sechs, die größte, bestand aus 16 kanadischen Geschwadern der RCAF, jeweils mit 18 bis 26 schweren Bombern.[10] Als Gruppe Sechs im Oktober 1942 gebildet worden war, gehörten ihr vorwiegend Kanadier an, doch Anfang 1944 kamen bis zu einem Drittel ihrer Mannschaften aus den Luftwaffen anderer Commonwealth-Länder. Nun flogen allerdings auch mehr Kanadier in den RAF-Gruppen als in der kanadischen Gruppe Sechs.

Josef Goebbels, Hitlers Minister für Volksaufklärung und Propaganda, nach Juli 1944 auch Generalbevollmächtigter für den totalen Kriegseinsatz, war sich des kanadischen Beitrags im Bomber Command bewusst und soll in einem seiner Tagebücher bemerkt haben:

> Es macht mich irrsinnig, wenn ich denke, irgend so ein kanadischer Bauerntölpel, der wahrscheinlich nicht einmal Europa auf dem Globus finden könnte, fliegt hierher aus einem Land, das vor Naturschätzen strotzt, die es überhaupt nicht auszunutzen weiß, um einen dicht bevölkerten Kontinent zu bombardieren.[11]

Kanadas Beitrag im Bomber Command erreichte seinen Höhepunkt im Jahr 1944, in dem Gruppe Sechs 25 353 Einsätze flog. Während des gesamten Krieges flog Gruppe Sechs fast 41 000 Einsätze. Ihre Besatzungen verbuchten 271 981 Flugstunden und warfen ca. 120 000 Tonnen Bomben ab – fast ein Drittel der insgesamt von Bomber Command eingesetzten Bombentonnage. Die von Gruppe Sechs abgeworfenen Bomben verursachten einen großen Teil der nahezu 600 000 Todesopfer und ca. 650 000 Verwundeten unter der deutschen Zivilbevölkerung. In ihren 30 Einsatzmonaten verlor Gruppe Sechs 814 Flugzeuge, und 3 500 ihrer Besatzungsmitglieder fanden

den Tod. Außerdem verloren weitere 4 700 Kanadier aus den anderen Bomber Command-Gruppen sowie rund 1 800 Kanadier, die als Bodenpersonal und in anderen Funktionen im Bomber Command dienten, das Leben. Insgesamt fanden nahezu 10 000 RCAF-Angehörige im Bomber Command den Tod. Im Bomber Command, in den Jagd- und Transportgruppen sowie im Laufe der Fliegerausbildung in Kanada sind rund 17 000 Kanadier gefallen. Ein weiterer Beweis für den außerordentlich hohen Beitrag Kanadas am Luftkrieg ist, dass insgesamt 8 000 Tapferkeitsorden an gefallene und überlebende kanadische Bomberbesatzungen verliehen wurden.[12]

> Unser Wachstum wurde stark durch die Royal Canadian Air Force gefördert, die am 1. Januar 1943 eine ganze Gruppe, die Gruppe Sechs im Bomber Command, und weitere Geschwader außerhalb ihrer eigenen Gruppe aufstellte. Kanada zahlte die gesamten Kosten für diese Gruppe sowie für alle eingesetzten kanadischen RCAF-Geschwader, einschließlich ihrer Kosten für Treibstoff und Munition, aus kanadischen Steuergeldern und Staatsanleihen. Im Januar 1943 gehörten 37 Prozent aller Piloten im Bomber Command zu den Luftwaffen der Commonwealth-Länder, und davon waren 60 Prozent Kanadier.[13]

Es ist in Kanada kaum bekannt, dass allein im Bomber Command weit mehr Kanadier den Tod fanden als bei als der gescheiterten britisch-kanadischen Probelandung an der französischen Kanalküste nahe Dieppe und bei der gelungenen Normandie-Invasion (*D-Day*) zusammen. Diese beiden fest in Kanadas Kriegsgeschichte eingegangenen Ereignisse sind in den kanadischen Medien stets auf breitester Basis publiziert worden, während Kanadas starke Beteiligung am Bomber Command kaum öffentliche Beachtung gefunden hat. Bei der für die Alliierten verheerenden Niederlage von Dieppe (unter dem Codenamen *Operation Jubilee*) am 19. August 1942 fielen mindestens 913 kanadische Soldaten, und 1 874 gerieten in Gefangenschaft. Die RAF verlor 93, die RCAF 13 Maschinen.[14] Am *D-Day*, dem 6. Juni 1944 (dem Beginn der Invasion unter dem Codenamen *Operation Overlord*), sind von 21 400 angelandeten Kanadiern 359[15] gefallen, und 47 kamen in Gefangenschaft. Während des gesamten Normandie-Feldzugs sind 5 020 Kanadier gefallen.[16] Die Medien haben sich jedoch darüber ausgeschwiegen, dass fast 10 000 kanadische Flieger im Bomber Command ihr Leben gelassen haben. Es stimmt zwar, dass sich die Verluste von Dieppe und am D-Day jeweils an einem einzigen Tage ereigneten und die in der Normandie in etwas mehr als zwei Monaten, während sich die Verluste im Bomber Command auf den gesamten Krieg beziehen. Man darf auch in Kanada die Zahlen der zu Lande und zur See Gefallenen keineswegs herunterspielen. Doch sollte man besser verstehen, wie hoch die kanadischen Todesopfer im Bomber Command gewesen sind. Es scheint, dass die Medien vergessen haben, den Verlust so vieler junger kanadischer Bomberbesatzungen zu würdigen. Wahrscheinlich sind die meisten Journalisten ahnungslos über das wahre Ausmaß. Auch die Kontroverse um die „strategische" Bombardierung nichtmilitärischer Ziele ist sicherlich ein Faktor für das Schweigen gewesen. Gewiss möchte man in der kanadischen Öffentlichkeit auch heute noch nicht erfahren, dass ihre Kriegshelden als Mörder von Frauen und Kindern dargestellt werden könnten. Die Erkenntnis der Wahrheit ist jedoch der erste Schritt zum Verständnis der Geschichte.

Anfang 1945, nach der erfolgreichen Landung der Alliierten in Frankreich und Italien, und nach dem rapiden Vormarsch der Sowjets im Osten war es deutlich geworden, dass der Zweite Weltkrieg in Europa bald zu Ende gehen würde. Die Führung der Alliierten handelte nach dem Prinzip: Je schneller das Naziregime in die Knie gezwungen wird, desto weniger alliierte Soldaten sterben an allen Fronten. Um dieses Ziel zu erreichen, sollte die Moral der deutschen Zivilbevölkerung unterminiert werden. Es ist auch argumentiert worden, die Männer, die damals das große Finale planten, seien von Rachegedanken gepeitscht worden. Das trifft zweifellos ebenfalls zu. Allerdings waren deutsche Städte schon seit 1941 nahezu pausenlos vom Bomber Command und später auch von der 8. US Army Air Force in Schutt und Asche gelegt worden. Nun jedoch wurde ein noch viel gewaltigerer Schlag vorbereitet. Mit der größten Konzentration von Bomberflotten und Sprengstoff, die es jemals gegeben hat, waren die Voraussetzungen für eine Katastrophe von beispiellosem Ausmaß geschaffen.

Abends am 25. Januar 1945, fragte der britische Premierminister Winston Churchill den Luftfahrtminister Sir Archibald Sinclair, welche Pläne die RAF habe, um „die auf der Flucht aus Breslau befindlichen Deutschen zu verbläuen". Sinclair antwortete, man würde jetzt Lufteinsätze über diesen Gebieten in Erwägung ziehen. Damit war Churchill jedoch nicht zufrieden. Er brauchte eine überzeugende Demonstration, um Stalins Behauptung entgegenzuwirken, die Briten und Amerikaner hätten ihre Bemühungen verlangsamt und würden der Roten Armee den Löwenanteil der Kämpfe überlassen. Aufgrund Churchills Ungeduld gab Air Marshal Sir Norman Bottomley am 27. Januar 1945 dem Mann, der für *Bomber Command* verantwortlich war, Air Vice Marshal Sir Arthur Harris („Bomber Harris"), den Befehl, die Operation Thunderclap zu realisieren.[17]

Der Codename *Thunderclap* war ursprünglich vom britischen Nachrichtendienst *Joint Intelligence Committee (JIC)* im Juli 1944, kurz nach dem misslungenen Attentat auf Hitler, geprägt worden. Ein massiver Luftangriff auf

Berlin sollte die bereits schwer mitgenommene Reichshauptstadt dem Erdboden gleichmachen. 220 000 zivile Todesopfer waren eingeplant, in der Hoffnung, dies würde eine „erschütternde Wirkung auf die politische und zivile Moral in ganz Deutschland" auslösen.[18] Das Vorhaben wurde vorübergehend zurückgestellt und schließlich im Januar 1945 wieder belebt, aber – aus militärischen und politischen Gründen – mit veränderten Zielen. Nun war die deutlich zum Ausdruck gebrachte Absicht, der Roten Armee an der Ostfront Unterstützung zu leisten. Gemäß Churchills und Bottomleys Anweisungen schlug Harris vor, Magdeburg, Chemnitz, Leipzig, Dresden und andere Städte in Ostfrontnähe anzugreifen, „wo schwere Bombenangriffe nicht nur zur Verwirrung inmitten der Evakuierung aus dem Osten führen, sondern auch die (deutschen) Truppenbewegungen aus dem Westen erschweren würden".[19] Churchill stimmte zu. Mit seiner Unterstützung befahl das Luftfahrtministerium grünes Licht für *Thunderclap*. Der Plan wurde mit den Amerikanern koordiniert und im Laufe der nächsten Monate ausgeführt.[20]

Die schweren Bombenangriffe auf Dresden sind weltbekannt geworden. Der Name Dresden wurde zu einem Synonym für die rücksichtslose Einäscherung von Zivilbevölkerungen und die barbarische Zerstörung von kostbarem Kulturgut.[21] Mit 13 Jahren war ich Augenzeuge bei der Vernichtung Dresdens – aus einer Entfernung von etwa 80 Kilometern. Der folgende Auszug aus meinen Memoiren schildert diesen Anblick, den ich nie vergessen werde.

Februar 1945

Es ist Fastnachtsdienstag, der 13. Februar. Wieder heulen die Sirenen. Wir sind so stark an Fliegeralarm gewöhnt, dass wir schon gar nicht mehr schnurstracks in den Luftschutzkeller flüchten. Stattdessen schalten wir das Radio an und stellen den Drahtfunksender ein. Wir wissen, dass wir ihn gefunden haben, wenn wir sein gleichmäßiges Ticktack hören. Alle paar Minuten wird das Sendezeichen von einer Stimme unterbrochen: „Achtung! Achtung! Hier ist eine Drahtfunkmeldung. Ein starker feindlicher Bomberverband mit Jagdschutz befindet sich im Anflug über dem Raum Hannover-Braunschweig mit Kurs Südsüdost." Wir sind hauptsächlich an Bombern interessiert, die in Richtung Sachsen fliegen könnten. Dies ist nun der Fall. Wir stellen den Polizeifunk ein, der auf Kurzwelle aus Chemnitz funkt. Er meldet, der genannte Bomberverband sei im Anflug auf den Raum Halle-Leipzig und dass ihm ein weiterer starker Verband auf demselben Kurs folgt. Wir wissen, dass etwas Großes auf uns zukommt. Wir trommeln die ganze Familie zusammen und bereiten uns darauf vor, in den Keller zu gehen. Ich nehme das Radio mit.

Dresden – nur eine der zahlreichen deutschen Städte, die gegen Ende des Krieges durch alliierte Flächenbombardements vernichtet wurden

Jetzt meldet der Polizeifunk, dass ein Verband nach dem anderen über Dresden im Einsatz ist. Das haben wir nicht erwartet. Obwohl der Feind überall in Deutschland Großstädte vernichtet, haben wir Gerüchte gehört:

> Dresden solle verschont bleiben. Dies nicht nur, weil es etwa 20 große Krankenhäuser enthält und zur „Lazarettstadt“ erklärt wurde, sondern auch dank seiner weltberühmten Bauten und Kunstsammlungen und weil es praktisch keine Großindustrie hat. Ich kann mir die Szenen in den Häusern und öffentlichen Gebäuden sowie in den mit Flüchtlingen überfüllten Straßen gut vorstellen, denn es ist noch keine drei Wochen her, dass wir selbst dort notdürftig als Flüchtlinge untergebracht waren. Also Chemnitz wird diesmal nicht angegriffen. Wir verlassen den Keller und gehen hinaus in die sternenklare, eiskalte Nacht. Der östliche Horizont ist blutrot und reflektiert die in Dresden wütenden Feuerstürme.
>
> Am Morgen hören wir, dass die gesamte Innenstadt von Dresden ein Flammenmeer ist. Man nimmt an, Hunderttausende sind umgekommen oder liegen im Sterben. Am Tage, als die Überlebenden mit Brandwunden und anderen Verletzungen verzweifelt versuchen, sich zu retten, greifen weitere Bomberverbände Dresden an und verwandeln es in ein Massengrab von gigantischem Ausmaß. Als das Inferno vorbei ist, kommt die Bekanntmachung, dass Dresden, das Elbflorenz, aufgehört hat zu existieren.

Allerdings ist die Geschichte dieser Angriffe auf Dresden vielleicht berühmter oder berüchtigter geworden, als sie bei näherer Betrachtung verdient hat. Ich habe viele Kanadier kennen gelernt, die, bevor ich sie anderweitig aufklärte, glaubten, Dresden sei die einzige deutsche Stadt gewesen, die durch Flächenbombardements der Alliierten im Zweiten Weltkrieg zerstört wurde. Dresden war aber nur eine von vielen Städten. Hätten die Alliierten Dresden nicht zerstört, so wäre es wohl die einzige deutsche Großstadt gewesen, die der Vernichtung entkommen wäre. Die Todesopfer unter der Zivilbevölkerung waren zum Beispiel in Hamburg weit größer als in Dresden.

Mit den Angriffen auf Dresden hatten die Alliierten auch lange noch nicht den Gipfelpunkt ihrer strategischen Bomberoffensive auf Deutschland erreicht. Während die auf Hiroshima und Nagasaki in kurzer Folge abgeworfenen Atombomben den Krieg gegen Japan beendeten, änderte sich nach den katastrophalen Feuerstürmen in Dresden gar nichts. Im Gegenteil, im März 1945 – also im Monat nach den Großangriffen auf Dresden – warf Bomber Command mehr als 67 000 Tonnen Bomben auf das übrige Deutschland ab. Der März 1945 war der Monat mit der größten Bombentonnage des gesamten Krieges. Tatsächlich war diese enorme Bombenfracht kaum geringer als die insgesamt in den ersten drei Jahren des Krieges abgeworfene Tonnage.[22] Trotzdem kapitulierte Deutschland erst zwölf Wochen nach den Großangriffen auf Dresden.

Unersetzbare Kulturschätze sind in allen angegriffenen deutschen Groß- und Kleinstädten vernichtet worden. Bedeutende Bauten und künstlerische Werte wurden auch durch die deutschen Bombenangriffe auf Guernica, Warschau, Rotterdam, London, Coventry usw. zerstört. Hätte die deutsche Luftwaffe bei ihrem Angriff auf Coventry am 14./15. November 1940 die Kapazität gehabt, die zerstörerische Gewalt von 1 000 schweren Bombern statt „nur“ 437 Flugzeuge einzusetzen, wäre das Ergebnis ebenfalls ein Feuersturm gewesen. Statt 500 Menschen wären dabei vielleicht Zehntausende umgekommen. Immerhin prahlte Propagandaminister Goebbels über den Erfolg der deutschen Luftwaffe bei diesem Angriff im Jahre 1940 und münzte das diabolische Wort „coventrieren“, das zum Ausdruck bringen sollte, eine Stadt nach dem Beispiel von Coventry auszuradieren.

Nicht viele Kanadier haben jemals etwas von Chemnitz gehört und schon gar nicht von der Zerstörung dieser Stadt kurz vor dem Ende des Zweiten Weltkriegs. Im Anschluss an eine frühe sorbische Besiedlung (Chemnitz – kameniz = Steinbach) und die kaiserliche Stiftung eines Reichsklosters mit niedergelassenen Benediktinermönchen entwickelte sich dank der Lage an wichtigen Straßenkreuzungen hier eine der großen kursächsischen Städte, die im Zuge der Industriellen Revolution sprunghaftes Wachstum erfuhr. Bald zeichnete sich Chemnitz durch vielschichtigen Textil- und Werkzeugmaschinenbau, Lokomotiven- und Kraftfahrzeugbau und weitere Industrien aus, und man sprach von einem „deutschen Manchester“. In der Deutschen Demokratischen Republik wurde Chemnitz 1953 in Karl-Marx-Stadt umbenannt, 1990 erstand der ursprüngliche Name wieder. Weder als Chemnitz noch als Karl-Marx-Stadt hat die Stadt Schlagzeilen geliefert oder sich als Touristenziel ausgegeben. Reiseführer widmen ihr höchstens eine Fußnote.

Selbst als gebürtiger Chemnitzer, der seit Jahrzehnten in Kanada wohnt und die kanadische Staatsbürgerschaft besitzt, hatte ich keine Ahnung davon, dass die Zerstörung von Chemnitz in irgendeiner Beziehung zu Kanada steht. Ich hielt es immer für selbstverständlich, dass britische und amerikanische Bomber meine Geburtsstadt vernichtet hatten. Nun entdeckte ich jedoch im Archiv des kanadischen Verteidigungsministeriums [DND], dass gut 25 Prozent der Bomberverbände, die den großen Feuersturm am 5./6. März 1945 ausgelöst hatten, aus kanadischen Flugzeugen bestanden. Am Ende des Zweiten Weltkriegs war die kanadische Luftwaffe, die *Royal Canadian Air Force* (RCAF), eine Ehrfurcht gebietende Luftstreitmacht.

> Aus einer Vorkriegsstärke von einigen tausend Mann und einer Handvoll veralteter Flugzeuge entwickelte sich [die RCAF] zur viertgrößten Luftstreitmacht der Welt ... Hauptbestandteil der RCAF war Gruppe Sechs, die größte im Bomber Command.[23]

Im *DND*-Archiv fand ich detaillierte schriftliche und fotografische Unterlagen über zwei schwere Bombenangriffe auf Chemnitz im Jahre 1945, bei denen die RCAF eine bedeutende Rolle spielte. Beide Angriffe wurden im Rahmen der Operation Thunderclap durchgeführt, bei der auch Dresden, Leipzig, Halle, Magdeburg und andere Städte im damaligen mitteldeutschen Raum zerstört wurden. Bomber Command und die Dritte Luftdivision der 8. US Army Air Force hatten für den 14./15. Februar 1945 (einen Tag nach den Schlägen auf Dresden) einen Großeinsatz gegen Chemnitz geplant.[24]

> Wäre dieser Angriff erfolgreich gewesen, hätte er nicht nur die Vernichtung von zwei bedeutenden Städten vollendet, sondern auch das gesamte Industrie-, Verkehrs- und Kommunikationssystem in Ostsachsen zerstört, während die Sowjets anrückten. Die deutschen Verteidiger hätten nur noch Ödland im Rücken gehabt ... Chemnitz war vollgestopft mit Flüchtlingen, von denen viele aus Dresden gekommen waren.[25]

Im Kanadischen Bundesarchiv (*Library and Archives Canada*) in Ottawa fand ich Kartenmaterial, auf dem die Pläne, die Bomber Command für den Angriff auf Chemnitz in der Nacht vom 14./15. Februar 1945 entwickelt hatte, genau präzisiert waren. Der in zwei Phasen gestartete Hauptangriff galt dem „Primärziel" Chemnitz. Die Geschwader der ersten Phase waren von 20.51 Uhr bis 21.21 Uhr über Chemnitz, die der zweiten Phase von 0.21 Uhr bis 0.59 Uhr.[26]

Der Luftangriff sollte in weniger als 48 Stunden nach der Zerstörung Dresdens stattfinden. Es war nicht das erste Mal, dass Chemnitz von Bombern angegriffen wurde. Teile der Stadt waren bereits am 12. Mai, 29. Juni und 11. September 1944 bombardiert worden. Am 6. Februar 1945 warf die 8. US Army Air Force aus 474 Maschinen 900 Tonnen Bomben auf Chemnitz, da schlechtes Wetter über dem Hauptziel eines Präzisionsangriffs auf Erdölraffinerien zu einer Kursabweichung gezwungen hatte. In Chemnitz gab es 461 Tote. Ich kann mich gut an dieses Datum erinnern, weil das Haus meiner Großmutter in der Vorstadt Furth von einer Bombe getroffen wurde. Sieben Menschen im Haus gegenüber verloren ihr Leben. Das Städtische Krankenhaus wurde getroffen, und acht Patienten, alles Ausländer, mussten ihr Leben lassen. Die Angriffe am 14./15. Februar waren der erste Großeinsatz, der Chemnitz zum Hauptziel hatte. Manchen Berichten zufolge erachteten die Alliierten die Aktion als Fehlschlag.

Die 8. US Army Air Force griff Chemnitz am 14. Februar bei Tage an. Doch nur ein Drittel der 441 für Chemnitz bestimmten Bomber konnten ihr Ziel finden. Die anderen Maschinen mussten alternative Städte (Bamberg und Eger) angreifen. Bomber Command hatte 717 Flugzeuge (einschließlich

118 RCAF-Bomber von Gruppe Sechs) für die Nachtangriffe eingesetzt, die dem amerikanischen Angriff folgten. Die erste, aus ca. 350 RAF- und RCAF-Flugzeugen bestehende Welle traf um 20.51 Uhr über Chemnitz ein. Eine dichte Wolkendecke schützte die Stadt. In dieser Phase erlitt die Innenstadt relativ wenig Schaden. Nach Mitternacht, als die zweite aus 350 Bombern bestehende Welle eintraf, war die Sicht null, und der gesamte Einsatz wurde für Bomber Command zum Fiasko. In dieser Nacht warf das kanadische Kontingent knapp 200 Tonnen Brandbomben und ca. 132 Tonnen Sprengbomben ab.

> Statt einen vernichtenden Hammerschlag ähnlich dem von Dresden zu erleiden, war Chemnitz mit ein paar Kratzern davongekommen.[27]

Den Auswertungen von Bomber Command zufolge hatte sich der Angriff vom 14./15. Februar 1945 aber doch gelohnt.[28] Von Beobachtern aufgenommene und von der RCAF gleich nach Rückkehr der Bomber zu ihren Fliegerhorsten ausgewertete Fotos zeigten, dass Industrieanlagen wie auch manche Wohngebiete schweren Schaden erlitten hatten. Der sofort erarbeitete Auswertungsbericht zeigte an, dass über alle Teile der Stadt verstreut „verwüstete Objekte" zu sehen waren, dass es aber nirgendwo „großflächige Verwüstungen" gab. Laut Bericht wurden auch südwestlich und südlich der Stadt große Trichterfelder auf offenem Felde und in dünn besiedelten Gegenden beobachtet. Eines der Hauptziele, die ausgedehnten Bahnanlagen und Rangierbahnhöfe in Chemnitz, war unbeschädigt und – mit Ausnahme eines leicht beschädigten Gebäude – weiterhin „voll einsatzbereit geblieben".

Manche Fabriken in den südlichen Außenbezirken waren beschädigt, darunter die Gießerei Schubert & Salzer. Das Städtische Krankenhaus, das zum zweiten Mal getroffen wurde, erwähnte der Bericht nicht. Neun deutsche und sieben ausländische Patienten fanden den Tod. Zwei Patienten wurden getötet, als Bomben auf ein weiteres Krankenhaus, die Elisabeth-Klinik, fielen. Auch die südlichen Vorstädte Altchemnitz und Harthau erlitten schwere Schäden und registrierten zahlreiche Todesopfer.

Einem sehr ausführlichen und erfolgreichen Ausweichplan war es zu verdanken, dass die Verluste unter den Bomberbesatzungen der Alliierten auf ein Mindestmaß beschränkt werden konnten. Die meisten deutschen Nachtjäger waren an die Scheinziele beordert und dadurch von Chemnitz, dem Hauptziel der Bomberverbände, abgelenkt worden. Bomber Command verlor in dieser Nacht insgesamt 20 Flugzeuge einschließlich elf Maschinen beim Angriff auf Chemnitz. Von diesen elf Bombern wurden sechs von deutschen Jägern und zwei von der Flak abgeschossen. Drei stürzten aus anderen Gründen ab. Vier der verlorenen Bomber gehörten zur Gruppe

Sechs. Die Geschwader 427, 432 und 434 verloren je einen Bomber über deutschem Gebiet, während eine Halifax von Geschwader 420 bei der Landung in England abstürzte, nachdem die Besatzung gezwungen war, den Flug abzubrechen.[29]

Die Gesamtverluste der strategischen Bomberkampagne über Deutschland sind auf beiden Seiten extrem hoch gewesen. Bomber Command verlor 7 449 Bomber, und 47 130 Besatzungsmitglieder kamen bei Einsätzen ums Leben. Über 8 000 Mann verloren bei Übungsflügen und anderen nicht unmittelbar mit Bombenangriffen verbundenen Aktionen ihr Leben. Die im Bomber Command erlittenen Verluste stellen also zehn Prozent aller im Zweiten Weltkrieg gefallenen britischen und Commonwealth-Soldaten dar. Die 8. US Army Air Force verlor 8 067 ihrer schweren Bomber. All diese Zahlen beinhalten nicht die Jagdbegleiter der Alliierten und deren Besatzungen. Die deutsche Luftwaffe verlor im ersten Halbjahr 1944 allein 2 012 Jäger und 1 291 Besatzungsmitglieder. 70 deutsche Städte wurden bei Bombenangriffen verheert. Die 500 000 Bomben, die auf Deutschland fielen, forderten zwischen 500 000 und 600 000 Tote und zerstörten mehr als 3,5 Millionen Wohnungen, wodurch ca. 7,5 Millionen Zivilisten obdachlos wurden.[30] Der Bombenkrieg der Alliierten gegen Deutschland war das bei weitem schrecklichste Bombardement der Weltgeschichte.

Kapitel 3
Auf der Denison-Spur

Anfang März 2004 erhielt ich eine E-Mail von Ulrich Koch in Berlin mit einem langen Anhang. Darin fand ich einen im Jahre 2001 von Dr. Manfred Ahnert in Frankenberg verfassten Aufsatz mit dem Titel „Tod des abgeschossenen kanadischen Piloten in Frankenberg". Koch ließ mich wissen, er habe das Schriftstück vor zwei Jahren im Frankenberger Stadtarchiv gefunden. Gleichzeitig meldete er, dass Dr. Ahnert leider kürzlich verstarb.

Ahnert war ein paar Jahre jünger als ich und in Frankenberg aufgewachsen. In seinen späteren Jahren beschäftigte er sich als einer von mehreren Heimatforschern mit der Geschichte der Stadt Frankenberg im Dritten Reich und in den Nachkriegsjahren. Er hatte keine persönlichen Kenntnisse über den Mord in Frankenberg. Er hatte nur in der Stadt Gerüchte gehört und sich bemüht, etwas zu erkunden. Unter den Quellen, die er nannte, waren zwei deutsche Militärhistoriker: Dieter Miedtank in Dresden und Eberhard Hübsch in Chemnitz. Auch sie hatten Unterlagen im Frankenberger Stadtarchiv eingesehen und einige zum Thema *Bomber losses* (Verluste von Bomberbesatzungen) verfügbare kanadische und britische Websites zu Rate gezogen. Sie haben auch mit einigen Augenzeugen gesprochen, deren Erinnerungen sie aufgeschrieben und Dr. Ahnert übergeben hatten. Die von Dr. Ahnert, Miedtank und Hübsch daraus gezogenen Schlussfolgerungen lassen sich wie folgt zusammenfassen:

> Beim Bombenangriff auf Chemnitz in der Nacht vom 5./6. März 1945 wurde der Halifax-Bomber NP 799 vom kanadischen Geschwader 426 (genannt *Thunderbird*) von deutschen Nachtjägern abgeschossen. Er stürzte in der Nähe von Frankenberg ab. Alle Besatzungsmitglieder kamen um mit Ausnahme von RCAF-Flight Sergeant [Feldwebel] R.B. Denison, der sich mit dem Fallschirm retten konnte und überlebte. Als Kriegsgefangener wurde er in die Heereskaserne in Frankenberg gebracht. Am folgenden Tag, am 6. März, wurde er auf dem Weg zum Bahnhof von mehreren Männern überfallen und zu Tode geprügelt.

Natürlich begrüßte ich diese Auskunft als einen bedeutenden Schritt vorwärts bei meiner Suche. Jetzt hatte ich den Namen des Mordopfers: R.B. Denison. Ich wandte mich sofort ans Internet und fand die Website für Kanadas *Book of Remembrance*, das Buch der Gefallenen. Die eigentlichen Bücher mit den Namen sämtlicher in beiden Weltkriegen gefallenen Kanadier – in schöner

Kalligraphie mit künstlerischen Verzierungen – liegen stets in der Memorial Chamber, der Gedenkhalle im *Peace Tower* (Friedensturm) des Bundesparlaments in Ottawa, unter Glas und sind von Besuchern zu besichtigen. Jeden Tag wird eine neue Seite aufgeschlagen. Die entsprechende Website wird vom Bundesministerium für Angelegenheiten der Veteranen ins Internet gestellt. Ich meinte, es sei nun nur noch Routine, zu bestätigen, dass dieser R. B. Denison dort eingetragen ist und dass ich dann auch im Bundesarchiv mehr über ihn erfahren konnte. Zu meinem Erstaunen und mit Enttäuschung stellte ich fest, dass sein Name nicht im *Book of Remembrance* verzeichnet war.

Nun befragte ich die deutsche Website, Flieger-Lynchmorde im Zweiten Weltkrieg, die ein Rechercheur sehr gewissenhaft entwickelt hatte. Hier fand ich eine lange Aufstellung mit den Namen alliierter Soldaten, einschließlich vieler Kanadier, die in Deutschland und den besetzten Gebieten gelyncht[31] bzw. ermordet worden waren. Diese Website bestätigte Dr. Ahnerts Befund, denn sie führte an, dass RCAF Flight Sergeant R.B. Denison am 6. März in Frankenberg ermordet wurde. Als Quelle gab sie allerdings Ahnerts Beitrag im Frankenberger Stadtarchiv an. Ich setzte mich mit dem Autor der Website, Willi Wachholz, in Verbindung und fragte ihn, ob er noch andere Quellen für diese Information hatte. Er konnte mich aber außer auf Ahnerts Ausarbeitung im Frankenberger Archiv nur an Miedtank und Hübsch, die beiden Militärhistoriker, verweisen, auf deren Befunde sich Dr. Ahnerts Aufsatz berief. Wachholz hatte diese durchaus zuverlässig scheinenden Informationen über den Mord in Frankenberg in gutem Glauben akzeptiert und in seine Liste aufgenommen, die er dann ins Internet stellte.[32]

In der Hoffnung, einschlägige Informationen zu finden, befragte ich eine Reihe anderer Websites. Eine von ihnen hatte den langen Namen *www.rcaf.com/6group/March45/Mar5~645.htmlRCAF.com*. Sie war von einem Mann namens Richard Koval aufgestellt worden. Hier war zu sehen, dass ein Flight Sergeant W. Denison (nicht R.B. Denison!) in Kriegsgefangenschaft geraten war, nachdem sein Bomber, die Halifax NP-799 mit Code OW-J (Pilot: Flight Lieutenant Jack Kirkpatrick aus Red Deer in Alberta), vom Bombeneinsatz gegen Chemnitz am 5./6. März 1945 nicht zurückgekehrt war. Die anderen sechs Besatzungsmitglieder waren umgekommen, als ihr Bomber von einem Nachtjäger abgeschossen wurde und abstürzte. Ich vermutete, dass es sich hier trotz der anderen Initialen um denselben Denison gehandelt haben muss, der von Miedtank und Hübsch als das Mordopfer bezeichnet worden war. Tatsächlich hegte ich den Verdacht, dass diese kanadische Website die Quelle für Miedtanks und Hübschs Informationen gewesen ist und dass diese einfach die falschen Initialen eingesetzt hatten. Außerdem schien es mir, sie hätten – ohne genau nachzuprüfen – fälschlicherweise angenommen, dass eben dieses Flugzeug in der Nähe von Frankenberg und Chemnitz abgestürzt war. Sie hatten es wohl für folgerichtig gehalten, dass es sich bei dem Ermordeten um den einzigen Überlebenden seiner Besatzung handelte, der dann an dem bewussten Tag allein zum Frankenberger Bahnhof geführt wurde. Zunächst kam auch mir diese Vermutung völlig logisch vor: Ein kanadischer Bomber stürzt in der Nähe von Chemnitz ab, und nur ein Mann überlebt. Die Versuchung liegt nahe, nicht weiter zu forschen. Aber als Journalist habe ich früh gelernt, dass es sich bezahlt macht, alle Funde genau unter die Lupe zu nehmen. Ich schaute noch einmal im *Book of Remembrance* nach, diesmal aber suchte ich nach W. Denison. Auch unter dem Namen gab es keinen Eintrag. Tatsächlich steht in dem Buch der Gefallenen kein einziger RCAF-Angehöriger namens Denison, der im Jahre 1945 ums Leben gekommen ist.

Im April konnte ich Dieter Miedtanks Telefonnummer in Dresden ausfindig machen. Ich telefonierte mit ihm sowie mit Eberhard Hübsch in Chemnitz. Beide waren höchst überrascht und etwas verlegen, als ich ihnen sagte, ich hätte im *Book of Remembrance* keinen Hinweis gefunden, dass ein R.B. Denison oder W. Denison oder überhaupt irgendein Denison im Jahre 1945 gefallen war. Sie bestätigten schließlich, dass ihre Folgerung über die Identität des Mordopfers in der Tat einzig und allein auf der Website RCAF.com beruhte. Sie konnten mir nicht sagen, wieso sie die falschen Initialen mit Denison in Verbindung gebracht hatten.

Nun besuchte ich das Ottawa-Büro der Kriegsgräberfürsorge-Organisation *Commonwealth War Graves Commission (CWGC)*. Hier versorgte mich das freundliche Personal sofort mit einem Computerausdruck, der die Namen sämtlicher RCAF-Angehörigen aufzählte, die um den 6. März 1945 das Leben verloren hatten. Auch darin befand sich kein Eintrag unter dem Namen Denison. Ich besorgte mir *They Shall Grow Not Old*, ein umfangreiches Buch, das „über 18 000 Männer und Frauen sowie andere Nationalitäten" (sic) auflistet, die eine RCAF-Uniform trugen und zwischen dem 3. September 1939 und dem 12. August 1945 ihr Leben verloren. Ich suchte vergeblich nach einem 1945 gestorbenen Denison.

Das Bundesarchiv in Ottawa stellt die Personalakten aller im Zweiten Weltkrieg gefallenen RCAF-Angehörigen für historische Forschungen zur Verfügung. Ich forderte die Personalakte für entweder R.B. oder W. Denison oder irgendeinen anderen Flieger namens Denison an. Keine Akte war unter diesem Namen zu finden. Dank Richard Kovals Website kannte ich aber nun die Namen der anderen beim Absturz umgekommenen Besatzungsmitglieder von Denisons Halifax-Bomber. Sofort bestellte ich deren Personalakten im Bundesarchiv. Innerhalb von 48 Stunden erhielt ich alle außer einer Akte. Sergeant I. Giles war ein Schotte, der zwar einem Geschwader der RCAF zugeteilt war, aber der RAF angehörte. Seine Akte lag daher nicht in Kanada, sondern in Großbritannien. Aus den Akten des Piloten, Flight Lieutenant Jack Kirkpatrick (aus Red Deer in Alberta), und der anderen Besatzungsmitglieder, Flying Officer R. Fennell (aus Toronto), Flying Officer R. Stillinger (aus Norwood in Manitoba), Pilot Officer J. Larson (aus Montreal) und Pilot Officer R. Gunderson (aus Meadow Lake in Saskatchewan), erfuhr ich bald, dass ihr Bomber tatsächlich beim Anflug auf Chemnitz abgestürzt war, aber keineswegs in der Nähe von Chemnitz oder Frankenberg. (Als Grund des Absturzes wird Abschuss durch einen Nachtjäger angenommen.) Die Halifax war mit ihrer vollen Bombenfracht im Wald nahe der Kleinstadt Wippra im Ostharz abgestürzt. Wippra liegt etwa 250 Kilometer westlich von Chemnitz. Wie hätte Denison am 6. März bzw. überhaupt in der Kaserne von Frankenberg erscheinen können, wenn er am Abend des 5. März im Harz mit dem Fallschirm abgesprungen war? Das kam mir höchst unwahrscheinlich vor.

Schließlich entnahm ich den einzelnen Schriftstücken in den Akten der toten Besatzungsmitglieder eine erstaunliche Tatsache. Der einzige Überlebende der abgestürzten Maschine, RCAF-Flight Sergeant W.H. Denison (aus Lumby in British Columbia), war „nicht nur nicht" ermordet worden, sondern er war nach einer kurzen Kriegsgefangenschaft heil und gesund nach Kanada zurückgekehrt![33] Kein Wunder, dass ich Denisons Namen weder im *Book of Remembrance* noch irgendwo anders hatte finden können. Er war kein Opfer des Zweiten Weltkrieges, sondern ein Überlebender.

Im Internet suchte ich nun nach der Ortschaft Lumby, einem Dorf im Okanagan-Tal in British Columbia. Mit einigen Telefonanrufen versuchte ich, Leute aufzutreiben, die jemals etwas von einem W. Denison gehört haben. Ich hatte kein Glück. Obwohl ich nun wusste, dass Denison nicht das Mordopfer war, fühlte ich mich gezwungen, etwas über ihn zu erfahren.

Ich setzte mich per E-Mail mit dem Autor der Website RCAF.com, Richard Koval, in Verbindung. Dessen Antwort kam prompt, und danach führten wir auch viele Telefongespräche. Richard ist ein bewundernswerter Mensch. Er wohnt in Sioux Lookout, einer Stadt im einsamen Nordwesten der Provinz Ontario, 1 850 km nordwestlich von Ottawa. Dort arbeitet er als Fahrer für eine Ölgesellschaft. Über sein Hobby oder seine Passion – die Geschichte der Luftfahrt – kam er dazu, auch Kanadas Beteiligung am Bomber Command zu untersuchen. Er erzählte mir, er habe Informationen aus zahlreichen Quellen zusammengetragen, um seine Website zu entwickeln. So hat er zum Beispiel Zugang zu alten Unterlagen, die Adressen von

RCAF-Heimkehrern aus dem Jahre 1945 enthalten. Selbstverständlich sind viele dieser Adressen heute nicht mehr aktuell. Trotzdem hoffte ich, er könne mir vielleicht helfen, W. Denison zu finden, der das Glück hatte, als Einziger den Absturz der Halifax im Harz überlebt zu haben. Ich erzählte Richard, dass ich vergeblich versucht hatte, Denison in Lumby aufzutreiben. Ein paar Tage später rief Richard mich wieder an. Unglaublicherweise hatte er eine zeitnahe Adresse für William Henry (Harry) Denison in North Bay (Ontario) gefunden. Die Stadt North Bay liegt ungefähr 370 km nordwestlich von Ottawa. Ich konnte den Glücksfall kaum fassen. Richard hatte sogar eine Telefonnummer, wusste allerdings nicht, ob Denison überhaupt noch lebt.

Ich rief die Nummer sofort an, und als Harry Denison antwortete, kam es mir vor, als hätte jemand plötzlich ein Fenster zur fernen Vergangenheit geöffnet. Harry ist gesund und rüstig! Er bestätigte, er habe tatsächlich beim RCAF-Geschwader 426 (*Thunderbirds*) gedient, das im Jahre 1945 auf einem Flugplatz in Linton-on-Ouse stationiert war. Ja, er gehörte zur Besatzung der Halifax VII NP-799, Code OW-J, deren Pilot Flight Lieutenant Jack Kirkpatrick war. Er lachte, als ich ihm sagte, dass deutsche Websites und Druckschriften ihn als Opfer eines Mordes im sächsischen Frankenberg bezeichneten. Erwartungsgemäß hatte Denison noch nie etwas von Frankenberg gehört. Aber er ließ mich wissen, er habe sein ganzes Leben lang immer Glück gehabt.

„Ich hätte eigentlich in jener Nacht sterben sollen, als mein Flugzeug abstürzte, aber ich habe nun mal überlebt,“ sagte er trocken. Der zwanzigjährige Halifax-Heckschütze verlor das Bewusstsein, als der riesige Bomber durch die Bäume krachte und auf den Waldboden aufschlug. Denison lag im Wrack, zwar verwundet – mit einer gebrochenen Rippe und anderen verhältnismäßig leichten Verletzungen –, aber am Leben. Er erzählte mir alles, woran er sich erinnert:

> Plötzlich gab es einen Knall, und alles wurde schwarz. Als ich wieder zu mir kam, hing ich an der Seite des Flugzeugrumpfes, und meine Füße steckten noch zum Teil in der zerstörten Gondel. Ich konnte mich zwar bewegen, aber ich musste lange kotzen. Mein Gesicht war blutverschmiert. Schnee war ins Wrack des Rumpfes herein geweht und hatte schon fast meinen ganzen Körper bedeckt. Endlich konnte ich heraus kriechen in der Hoffnung, die anderen Besatzungsmitglieder zu finden. Es war aber keine Spur von meinen Kameraden zu sehen. Dann sah ich am Backbordflügel einen Fuß hängen ... und vom Steuerbordflügel waren ganze zwei Meter übrig geblieben.

Denison nimmt an, seine Halifax sei auf dem Flug nach Chemnitz mit einem anderen Bomber zusammengestoßen. Gesehen hat er nichts davon. Er sagt, er habe immer geglaubt, seine Maschine sei im *Black Forest* (Schwarzwald) abgestürzt. Doch auch der Harz ist mit sehr dunklen, „schwarzen" Wäldern bedeckt (auf Englisch *black forests*), die zum großen Teil aus Nadelbaumkulturen bestehen. Ich erklärte ihm, dass der Harz Hunderte von Kilometern von dem „Schwarzwald" genannten Gebirge in Südwestdeutschland entfernt ist. Das war ihm neu.

Als Denison sich aus dem Wrack befreite, schleppte er sich durch den verschneiten Wald. Er fand einen kleinen Bach, ging an ihm entlang und versuchte aus ihm zu trinken. Aber er brach wieder zusammen. Schließlich fanden ihn zwei russische Zwangsarbeiter, die ihn zu einem Posten der deutschen Wehrmacht trugen. Einen Monat verbrachte er in einem Krankenhaus in der Lutherstadt Eisleben, bevor man ihn in ein Kriegsgefangenenlager transportierte. Denison ist nie in der Nähe von Chemnitz oder Frankenberg gewesen.

Später korrespondierte ich mit dem in Sangerhausen wohnenden, in Wippra gebürtigen Werner Kick, der sich für diesen Flugzeugabsturz interessierte. Er starb leider im Oktober 2006. Er bestätigte, dass laut Augenzeugenberichten in jener Nacht zwei Bomber abstürzten und acht Flieger auf dem Friedhof in Wippra beerdigt wurden. Denisons Halifax hatte eine siebenköpfige Besatzung, und er selbst überlebte als Einziger. Es sind folglich außer den sechs Toten aus Denisons Maschine zwei Besatzungsmitglieder einer anderen Maschine in Wippra begraben worden. Die Augenzeugen berichteten ferner, dass „einige Überlebende" in das Wippraer Krankenhaus eingeliefert wurden, die man „an Fallschirmen in den Buchen des Absturzgebiets hängend" gefunden habe. Über ihr Schicksal ist noch nichts bekannt, da der zweite Bomber bisher nicht identifiziert worden ist. Es muss sich um eine britische Maschine (RAF) gehandelt haben, da ich den Verbleib aller kanadischen Maschinen dokumentieren konnte. Kick und andere Wippraer kannten die Absturzstelle von Denisons Bomber genau. Im Frühjahr 2006 bargen sie einige Trümmerstücke, die sie mir per Post zuschickten. Sie sollen in einem kanadischen Museum konserviert werden.[34]

Auf einer am 20. April 1945 aus STALAG VII an seine Eltern in Lumby abgesandten Postkarte schrieb Harry Denison, sie sollten sich keine Sorgen machen, es gehe ihm gut, und er würde „in Kürze" zuhause sein. Er beteuerte, er habe genug zu essen und sei vollkommen von seinen Verletzungen genesen, die er beim Absturz erlitten hatte. Nur sein Rücken täte ihm „noch etwas weh". Harry Denison landete am 5. August 1945 wieder in Kanada. Die Postkarte traf im Oktober ein.

W.H. (Harry) Denison im Jahre 1999

Der Autor und Harry Denison bei der Buchpremiere in Ottawa, November 2005

Nun hatte ich zwar eindeutig bewiesen, dass Denison nicht der Ermordete gewesen sein konnte. Es blieb jedoch eine unbestreitbare Tatsache: Ein junger Kanadier war in Frankenberg ermordet worden, nachdem er beim Bombenangriff auf Chemnitz am 5./6. März 1945 in Kriegsgefangenschaft geraten war. Wer war der Mann? Ich musste wieder von vorne anfangen.

Kapitel 4
Zurück auf Feld Eins

Der Bericht der kanadischen Untersuchungseinheit von 1945 hatte den Namen eines Zeugen genannt: Alfred Hermann Paul aus Leipzig. Als „womöglicher Zeuge" wurde ein Dr. Katz oder Kaatz, ebenfalls aus Leipzig, bezeichnet. Meine Versuche, etwas über Paul und Katz/Kaatz in Leipzig und Umgebung zu erfahren, verliefen im Sande. In Dr. Ahnerts Aufzeichnungen über den „Mord an Denison" waren jedoch die Namen von drei Zeugen erwähnt, die im Jahre 2000 Eberhard Hübsch erzählten, sie hätten zugesehen, wie ein junger kanadischer Flieger auf der Straße in Frankenberg totgeschlagen wurde. Mein Cousin Friedrich (Fritz) Neidhardt in Chemnitz besorgte mir die Telefonnummern dieser Zeugen. Ich rief sie von Kanada aus an und stellte mich vor. Ich erklärte, dass ich den Mord untersuche, den sie am Ende des Zweiten Weltkrieges beobachtet hatten. Alle drei waren sehr hilfsbereit.

Mein erster Anruf galt der Zeugin Anneliese (Anni) Bodenschatz geb. Hentschel, die heute noch in Frankenberg wohnt. In ihrem weichen sächsischen Tonfall, der mir von meiner Kindheit her noch wohltvertraut ist, sagte sie, ihre Wohnung sei gleich um die Ecke von der Stelle, an der sie den Mord beobachtet hatte. Sie lebt also nur einige Straßen von dem Haus entfernt, in dem ich selbst als 13-Jähriger im Jahre 1945 wohnte.

In seinem 2001 verfassten Artikel notierte Dr. Ahnert, was Frau Bodenschatz ein Jahr zuvor Eberhard Hübsch mitgeteilt und ihm selbst am 10. April 2000 telefonisch bestätigt hatte. Die Aussagen ließen sich wie folgt zusammenfassen:

> Während des anglo-amerikanischen Bombenangriffs auf Chemnitz am 5. März 1945 wurde ein Flugzeug abgeschossen. Gegen Mitternacht landete ein Pilot mit dem Fallschirm in der Nähe von Mühlbach-Hausdorf[35], wo er von deutschen Soldaten gefangen genommen wurde.
>
> Ich ging auf der Äußeren Freiberger Straße, die damals Hindenburgstraße hieß, den Berg hinauf. Da kamen mir zwei Gestalten entgegen: Ein deutscher Soldat mit Gewehr, der einen Gefangenen begleitete, einen hochgewachsenen, strammen, gut aussehenden jungen Mann. Sie gingen den Berg hinab, in Richtung Stadt. Aus der Richtung kamen plötzlich vier mit Holzknüppeln bewaffnete Männer. Auf Höhe des Sägewerks Werner & Dittrich trieben sie den Kanadier mit Schlägen von einer Straßenseite zur anderen und prügelten so lange auf ihn ein, bis er tot war.

Ahnert hatte vermerkt, dass Frau Bodenschatz meinte, der Kanadier sei erst später an dem Tag im Krankenhaus seinen Verletzungen erlegen. Das fand ich widersprüchlich. Auch ein weiterer Satz in Ahnerts Bericht machte mich stutzig:

> Frau Bodenschatz erinnert sich, dass der Gefangene ein Ahornblatt auf der Uniform trug, woran sie ihn als Kanadier erkannte.

Ein Ahornblatt? Es fiel mir leicht, mit Sicherheit festzustellen, dass die Uniform von RCAF-Angehörigen im Jahre 1945 kein Ahornblatt aufwies. Außerdem bezweifelte ich, dass damals in Deutschland jemand ein Ahornblattabzeichen mit Kanada in Verbindung gebracht hätte.

Als ich Frau Bodenschatz von Kanada aus anrief, hoffte ich, diese Widersprüche zu klären. Ich bat sie, mir die Geschehnisse so zu erzählen, wie sie in ihrem Gedächtnis waren. Zuerst meinte sie, ihren bereits Herrn Hübsch mitgeteilten Aussagen nichts mehr hinzufügen zu können. Sie war jedoch gern bereit, mit mir darüber zu sprechen. Dann wiederholte sie mehr oder weniger alles, was ich schon aus Dr. Ahnerts Aufzeichnungen wusste.

Als ich sie nach dem Ahornblatt fragte, gab sie zu, dass sie sich an dieses Detail eigentlich nicht mehr erinnern konnte und dass sie wohl erst viel später diese Verbindung mit Kanada hergestellt hatte.

„Woher wussten Sie denn, dass der Tote ein Kanadier war?"

„Das weiß ich nicht mehr."

Ich brachte auch die andere von Ahnert berichtete Diskrepanz zur Sprache.

„Haben Sie gesehen, wie der Mann auf der Straße starb, oder ist er im Krankenhaus gestorben?"

„Ich weiß nicht. Ich hatte gehört, er sei im Krankenhaus gestorben."

„In welchem Krankenhaus? Im städtischen Krankenhaus oder im Lazarett der Kaserne?"

„Das weiß ich nicht."

„Sie haben also nicht tatsächlich gesehen, ob er sofort nach dem Überfall tot war?"

„Das ist möglich, aber ich kann mich nicht mehr erinnern."

Sonst schien ihr Gedächtnis aber noch sehr klar zu sein. Leider erfuhr ich von Frau Bodenschatz, dass sie sich nicht mehr an das genaue Datum des Mordes erinnern kann. Als ich sie nach den möglichen Tätern fragte, antwortete sie: „Die Gruppe um Max Florschütz". Sie sagte, sie hätte auch diese Auskunft Herrn Hübsch telefonisch mitgeteilt.

Ich kündigte an, dass ich im Mai nach Deutschland reisen würde und vereinbarte ein persönliches Gespräch mit ihr. Erneut warnte sie mich:

Ich weiß nicht, ob ich noch etwas hinzufügen kann. Es ist ja so lange her. Ich habe ja auch den eigentlichen Überfall nicht aus der Nähe gesehen, wissen Sie. Ich hatte etwas gehört, nachdem ich an dem Soldaten und dem Gefangenen vorbei gegangen war. Als ich dann den Lärm hörte, schaute ich mich um und sah den Mann dort auf der anderen Straßenseite liegen. Ich weiß, dass er dunkle Haare hatte.

Als Nächstes rief ich den Zeugen Ulrich Köhler an, der jetzt in Noschkowitz wohnt, einem kleinen Dorf nördlich von Döbeln und ca. 30 km nördlich von Frankenberg. Als landwirtschaftlicher Beamter im Ruhestand ist er noch sehr aktiv. Sein Hobby ist die Pferdehaltung. Er war im März 1945 fünfzehn Jahre alt. Die folgende Zusammenfassung beruht ebenfalls auf dem Bericht von Dr. Ahnert:

Der alliierte Luftangriff auf Chemnitz fand am 5. März 1945 statt. Eines der angreifenden Flugzeuge muss von der deutschen Flak getroffen worden sein. Es stürzte in der Nähe von Rossau[36] ab. Der Flieger konnte sich retten, indem er mit dem Fallschirm absprang. Er geriet in Gefangenschaft und wurde in die Kaserne in Frankenberg gebracht.

Ich war damals 15. Ich wohnte mit meinen Eltern in einem Haus auf der Straße, die heute Äußere Freiberger Straße heißt. Da die Schule geschlossen war, blieb ich zuhause und hatte oft Langeweile. Oft schaute ich aus dem Fenster auf die Straße hinunter, wo immer irgend etwas los war. Von unserem Küchenfenster aus konnte ich die Straße hinauf und hinunter bis zum Bahnübergang beobachten. Gegenüber von uns war das Sägewerk Werner & Dittrich.

Eines Morgens – ich kann mich nicht mehr genau an das Datum erinnern – schaute ich wieder aus dem Fenster, als ich etwas Ungewöhnliches sah. Ein deutscher Soldat mit Gewehr und Stahlhelm kam den Berg herunter. Er begleitete einen Mann, der eine fremde Uniform trug. Beide gingen auf der rechten Straßenseite, unmittelbar neben dem Fußweg. Als sie an der Ecke Amalienstraße angekommen waren, rannten plötzlich drei Männer hinter dem Zaun hervor und schlugen mit Knüppeln auf den Gefangenen ein, bis er zu Boden stürzte. (Ich meinte, in einem der Männer einen SS-Mann aus unserer Nachbarschaft zu erkennen.) Das Opfer konnte sich noch auf die andere Straßenseite hinüber schleppen, wo er auf dem Fußweg vor Neumanns Haus liegen blieb. Die Blutlache war noch am nächsten Tag zu sehen. Ein oder zwei Fußgänger gingen vorbei, ohne sich einzumischen, denn der Soldat stand genau dabei.

> Ein junger Mann rannte den Berg hinauf, wahrscheinlich zur Kaserne. Bald kam ein Lastwagen, und der leblose Körper wurde fortgeschafft. Später hörten wir, der Ermordete sein ein Kanadier gewesen, wahrscheinlich einer der abgeschossenen Flieger.
>
> Ich beschrieb die Szene meiner Mutter, die nicht im Zimmer gewesen war. Wir kamen beide zu dem Schluss, dass es sich um ein geplantes Verbrechen gehandelt haben muss. Es war wahrscheinlich als Rache für den Luftangriff gedacht.

Als ich am Telefon mit Ulrich Köhler sprach, bestätigte er im Wesentlichen, was Dr. Ahnert bereits aufgezeichnet hatte. Er war überrascht, als ich ihm sagte, die Identität des Kanadiers sei unbekannt. Er hatte auch angenommen, dass Hübsch und Miedtank den richtigen Mann genannt hatten. Köhler war sehr an dem Fall interessiert und versprach Hilfe. Wir vereinbarten, uns bei meiner Deutschlandreise im Mai zu treffen. Ich wunderte mich immer noch, warum der Bericht der kanadischen Untersuchungseinheit von Anfang April gesprochen hatte statt von Anfang März. Ich fragte Köhler, ob er sich an das genaue Datum des Mordes erinnern konnte, aber er war sich nicht absolut sicher. Er sagte, es könne der Tag nach dem Großangriff vom 5./6. März gewesen sein oder vielleicht auch ein paar Tage später.

Kurz nach diesem Telefongespräch rief Ulrich Köhler mich in Kanada an. Er sagte, er habe in einigen seiner alten Unterlagen gestöbert. Er konnte jetzt bestätigen, dass er Frankenberg am 7. April 1945 verlassen hat, weil er nach Bautzen, in Frontnähe geschickt wurde. Dort diente der Fünfzehnjährige im Volkssturm. Das Verbrechen hätte also keineswegs nach dem 6. April verübt worden sein, denn Köhler hätte es an keinem späteren Datum beobachten können. Das engte den Zeitrahmen wenigstens etwas ein.

Ahnert hatte spekuliert, der SS-Mann, den Köhler zu erkennen geglaubt hatte, sei vielleicht Hans Hunger gewesen, der einer kleinen Gruppe angehörte, die bereits 1924 eine Zelle der NSDAP in Frankenberg gegründet hatte. Als Quelle für diese Annahme verwies Ahnert auf Max Kästner.

Max Eduard Reinhold Kästner (1874–1959) war Lehrer, Heimatforscher und Naturfreund. 1938, anlässlich des 750. Jahrestags der Stadt Frankenberg, gab er ein Buch heraus, das er „Aus dem Leben einer kleinen Stadt“ nannte. In Kapitel 64 „Frankenberg im Reiche Adolf Hitlers – Frankenberg vor und nach der nationalsozialistischen Erhebung“ wird Hans Hunger auf Seite 309 als eines der ersten NSDAP-Mitglieder gepriesen. Er gehörte zu „einer kleinen Gruppe aktiver Kämpfer“, einem „kampfesfrohen und arbeitsfreudigen Stamm, der in den folgenden Jahren die Idee des Führers im Herzen trug, sie verbreitete und somit zum Sieg der Idee an seinem Teile mithalf“.

Weiter über die Mörder spekulierend schrieb Dr. Ahnert auch über Max Florschütz, den Frau Bodenschatz erwähnt hatte:

> Ich weiß, dass der Anführer dieser Gruppe Max Florschütz, der Hausmeister der Realschule (gegenüber der Volksschule), gewesen sein soll. Laut Heimatbuch – Aus dem Leben einer kleinen Stadt (S. 312) von Max Kästner (Ed.) – gehörte Florschütz als Stadtverordneter der NSDAP bereits 1932 zu den Aktivisten des Nationalsozialismus.

Als Dr. Ahnert 2001 den Mord des kanadischen Fliegers untersuchte, erfuhr er im Stadtarchiv Frankenberg, dass die Friedhofsverwalterin 1945 Frau Lydia Birkner gewesen ist. Sie war tot, aber Dr. Ahnert gelang es, ihren Sohn, Dr. Siegfried Birkner, in Berlin ausfindig zu machen. Im März 1945 war Birkner Soldat, doch als er nach Frankenberg zurückkehrte, erzählte ihm seine Mutter, „eine Gruppe um Florschütz" habe einen kanadischen Flieger ermordet, der auf dem Friedhof beigesetzt war. Birkner hatte selbst das Grab gesehen, in das der Tote im Juni 1945 umgebettet worden war.

In seinem Aufsatz bemerkte Dr. Ahnert, die heutige Verwalterin des Frankenberger Friedhofs, Frau Schleicher, wüsste, dass die Leiche eines unbekannten kanadischen Fliegers in einem gewissen Bereich des Friedhofs begraben war. Ahnert hatte sich bereits einige Friedhofsakten angesehen. In seinem Aufsatz erwähnte er, die Leiche des Fliegers sei am 1. Juni 1945 exhumiert und in ein anderes Grab in Abteilung B, Grab Nr. B 4, in unmittelbarer Nähe des Haupteingangs, umgebettet worden.

Dr. Ahnert wusste nicht, wo sich das erste Grab befunden hat, vermutete aber, es sei „wahrscheinlich in dem Gräberfeld am westlichen unteren Ende des Friedhofs" gewesen, wo „Kriegsgefangene, Ostarbeiter u. a. beerdigt waren". Dr. Ahnert nannte die Beerdigung des Kanadiers eine „Nacht- und Nebelaktion". Wenn man den Mord auch nicht ungeschehen machen konnte, so sollte der Tote nach Möglichkeit so gut wie spurlos unter die Erde gebracht werden.

Offensichtlich war Dr. Ahnert verwundert und enttäuscht, dass er nicht genauere Informationen auftreiben konnte. Er schrieb nämlich: Warum gibt es von dem kanadischen Flieger keine Unterlagen über Namen, Geburtstag, Todestag und Datum der Beerdigung? Wenn nicht noch bis jetzt unbekannte Dokumente zu diesem Ereignis gefunden werden, bleibt eine Grauzone, und man kann darüber nur spekulieren.

Es war genau diese Grauzone, in die ich nun eindringen wollte. Ich konnte Dr. Ahnerts Schlussfolgerung nur zustimmen: „Es ist unwahrscheinlich, dass der Kanadier bei seiner Gefangennahme ... keine Identifikationsdokumente bei sich hatte." Dr. Ahnert fuhr fort:

> Von den Berichten der Zeitzeugen ausgehend war der Lynchmord die spontane Tat einer kleinen Gruppe von Endsiegfanatikern, die damit nach dem Terrorangriff auf Chemnitz ein Zeichen setzen wollten. Den „Realpolitikern" der Kommune, der Wehrmacht und der Partei war mit Sicherheit klar, dass der Krieg zu diesem Zeitpunkt bereits verloren war, der Lynchmord an einem Kriegsgefangenen einen eklatanten Verstoß gegen die Haager Landkriegsordnung von 1907 ... darstellte und die Täter nach Kriegsende von den Siegern zur Verantwortung gezogen werden könnten.

Dr. Ahnert bemerkte, dass über dem neuen Grab ein Eichenkreuz mit der Inschrift errichtet wurde: *Hier ruht ein unbekannter kanadischer Soldat, der noch in der Kriegsgefangenschaft sein Leben lassen musste.* Ahnert war nicht in der Lage, festzustellen, wer die Umbettung und die Errichtung des Kreuzes angeordnet hatte. Natürlich waren nun weder die Grabstelle noch das Kreuz vorhanden, denn Dr. Ahnert hatte festgestellt, dass die Leiche des „unbekannten Kanadiers" am 8. Dezember 1948 von Unbekannten exhumiert und an eine unbekannte Stelle überführt worden war.

Noch von Kanada aus rief ich nun Frau Schleicher, die Friedhofsverwalterin in Frankenberg, an. Ja. sie hatte von dem Fall gehört. Nein, sie besaß keine Unterlagen aus der damaligen Zeit. Sie ließ mich wissen, alle alten Friedhofsakten seien ans Stadtarchiv übergeben worden. Ich setzte mich mit der Archivarin, Frau Marion Rau, in Verbindung und erzählte ihr, was ich über den Fall wusste. Sie erinnerte sich, dass der nun verstorbene Dr. Ahnert in den Friedhofsunterlagen gestöbert hatte, ohne viel zu finden. Trotzdem vereinbarte ich mit ihr einen Termin für Mitte Mai. Sie versprach, mir alle relevanten Unterlagen zugänglich zu machen.

Ich rief auch die dritte Zeugin an, Frau Lieselotte Braune geb. Giersch, die weiterhin in Frankenberg wohnt. Sie ist Jahrgang 1927. Anfang 1945 war sie als junge Frau kriegsdienstverpflichtet und als Schreibkraft in der Frankenberger Kaserne, und zwar beim Wehrmeldeamt auf der Äußeren Freiberger Straße, eingesetzt.[37] Es folgt eine Zusammenfassung ihrer Erinnerungen an das Geschehen, die Dr. Ahnert – gestützt auf das von Hübsch geführte Telefoninterview – aufzeichnete:

> An diesem Tag wurden wir bereits am Vormittag nach Hause geschickt. Wir benutzten den linken Fußweg und sahen plötzlich am Straßenrand dicht am Bordstein in Höhe der Naumannschen Villa einen leblosen blutverschmierten Menschen, der mit dem Kopf stadteinwärts lag. Wir gingen unmittelbar ohne stehen zu bleiben an ihm vorbei und konnten kein Lebenszeichen feststellen. Ich erinnere mich, dass die Straße fast menschenleer war.

Am Telefon erzählte mir Frau Braune, dass Christa Böhme, die Frau, die sie damals begleitete, nicht mehr aufzufinden sei, da sie Frankenberg schon vor langer Zeit verließ und in den Westen gezogen ist. Frau Braune willigte ein, mit mir in Frankenberg persönlich zu sprechen, warnte mich aber ebenfalls, sie könne wohl nichts mehr dem hinzufügen, was sie schon Herrn Hübsch gesagt hat. Auch sie konnte das genaue Datum des Mordes nicht nennen, meinte aber, es sei schon bald nach dem Angriff auf Chemnitz gewesen.

Bei einem meiner vielen Telefongespräche mit Ulrich Koch in Berlin hatte er mich darüber informiert, dass Uwe Fiedler, Direktor des Schlossbergmuseums in Chemnitz, an seiner Doktorarbeit schreibt, einer Dissertation über die Bombenangriffe auf Chemnitz. Da ich plante, auf meiner Reise ein paar Tage in Chemnitz zu verbringen, hoffte ich, Herr Fiedler könne mich mit weiteren Informationen über die Ereignisse in jener Nacht im März 1945 versorgen. Ich rief ihn an, fand ihn sehr hilfsbereit und freute mich darauf, ihn kennen zu lernen.

Nun setzte ich mich mit der Freien Presse, der größten Tageszeitung im Chemnitzer Raum, in Verbindung und sprach mit dem für Frankenberg und Mittweida verantwortlichen Redakteur, Andreas Luksch. Nach meinen Schilderungen über das Vorhaben zeigte er sich sofort enthusiastisch. Per Fax sandte ich ihm eine Zusammenfassung in deutscher Sprache. In einem Zeitungsartikel erläuterte Luksch, warum ich nach Deutschland kommen würde. Leser, die meinen, etwas über den Fall zu wissen, forderte er auf, sich zu melden.

Es gab viele Vorbereitungen für meine Deutschlandreise. Meine privaten Ermittlungen waren inzwischen nicht nur sehr zeitraubend, sondern auch kostspielig geworden. Ich buchte meinen Flug von Ottawa über Montreal nach Frankfurt, reservierte einen Leihwagen und stellte einen Zeitplan für alle meine Termine auf.

Meine Lektüre der Augenzeugenberichte und die vielen Telefongespräche mit ihnen und anderen Quellen hatten nicht allzu viel Material für meine Ermittlungen geliefert. Ich wusste, wie der Flieger ermordet worden war. Ich hatte einige Hinweise auf die mutmaßliche Identität der Täter. Aber ich hatte immer noch keine Ahnung, wer das Mordopfer war. Die meisten Stücke des Puzzles fehlten mir noch. Ich setzte große Erwartungen auf Frankenberg, auf meine Begegnungen mit den Augenzeugen und besonders auf meine Recherchen im Stadtarchiv.

Kapitel 5
Eliminationsverfahren

In Vorbereitung meiner Deutschlandreise im Mai 2004 ordnete ich meine vielen Notizen und stellte einige Prioritäten für weitere Recherchen auf. Um optimale Erfolge von den erwarteten Begegnungen mit den deutschen Augenzeugen und meinen Nachforschungen im Frankenberger Stadtarchiv erzielen zu können, brauchte ich einen klaren Überblick über die vielen losen Fäden in meinem Netz. Nach zahllosen Autofahrten zum DND-Archiv und zum Bundesarchiv in Ottawa – jeweils 160 km hin und zurück – kam es mir manchmal vor, die Highway 417 sei mir zur Heimat geworden.

Ich suchte auch das Ottawa-Büro der Kriegsgräberkommission (CWGC) noch einmal auf, wo Joanne Neville auf die Idee kam, die Zentrale in England – in Maidenhead bei London – könnte vielleicht eine Namenssuche nach „Ursprungsfriedhof“ durchführen. Wir ersuchten Maidenhead, den Namen „Frankenberg in Sachsen“ zu finden. Etwa eine Woche später kam die enttäuschende Nachricht per E-Mail von Carol Gamble in der CWGC-Suchabteilung:

> Unsere archivalischen Unterlagen sind nicht nach den Namen der Ursprungsfriedhöfe geordnet, von denen aus die Umbettungen erfolgten. Wir haben nur die Namen der Friedhöfe, auf denen Soldaten gegenwärtig beerdigt sind. Es ist uns daher nicht möglich, eine Suche nach früheren Beerdigungsorten durchzuführen, wenn wir nicht den Namen des Gefallenen kennen und wissen, wo er heute beerdigt ist ... Es tut mir leid, dass wir Ihnen in diesem Fall nicht weiter helfen können.

Unmittelbar nach dem Krieg hatten die vier Besatzungsmächte (Briten, Amerikaner, Franzosen und Sowjets) die deutschen Gemeindebehörden angewiesen, alle bekannten Gräber von alliierten Soldaten und anderen ausländischen Bürgern auf deutschem Boden zu melden. Als die Berichte aus allen Teilen des besetzten Deutschlands einliefen, reisten britische Einheiten durch das Land, um die Gräber von Soldaten der Commonwealth-Länder zu registrieren. In den meisten Fällen wurden die Leichen dann exhumiert und an britische oder alliierte Soldatenfriedhöfe in Deutschland überführt. In manchen Fällen sandte man die Leichen jedoch an Soldatenfriedhöfe außerhalb Deutschlands (nach Belgien, den Niederlanden, Frankreich, Tschechoslowakei und Polen).

Über den unbekannten kanadischen Flieger wusste ich nur, dass seine Leiche am 8. Dezember 1948 in Frankenberg erneut exhumiert worden war. Ich konnte nur annehmen, dass sie von einer alliierten Einheit an einen der vielen alliierten Soldatenfriedhöfe in Deutschland überführt worden war. Aber auf welchen? Laut CWGC gibt es 44 Friedhöfe in Deutschland mit Gräbern von Soldaten aus Commonwealth-Ländern und auf 16 von ihnen auch Gräber von Kanadiern. Insgesamt liegen auf diesen 16 Friedhöfen in Deutschland die sterblichen Überreste von 3 226 gefallenen Kanadiern.[38]

Kanadische Soldatengräber aus dem Zweiten Weltkrieg auf Zivil- und Soldatenfriedhöfen in Deutschland (Quelle: CWGC)

Name / Ort des Friedhofs	*Kanadische Gräber*
Becklingen (bei Bergen), Soldatenfriedhof	140
Berlin, 1939–1945 Berlin War Cemetery	527
Berlin-Südwestfriedhof	15
Celle	3
Durnbach (Bayern)	484
Gießen, Judenfriedhof	1
Hamburg-Ohlsdorf	136
Hannover	333
Kiel	148
Köln, Südfriedhof	52
Münster	5
Niederzwehren bei Kassel	51
Oberschleißheim (Bayern), Kirchhof	2
Reichswald (bei Kleve)	706
Rheinberg	516
Sage bei Oldenburg	125
Insgesamt auf 16 Friedhöfen	3 226

Wo sollte ich anfangen? Zunächst meinte ich, mit Sicherheit könne ich wohl die außerhalb Deutschlands gelegenen Friedhöfe ausschließen. Ich konnte mir nicht denken, dass die westlichen Alliierten Ende 1948 – während der Kalte Krieg bereits aufgeheizt wurde – die Leichen kanadischer Soldaten in ein kommunistisches Land wie die Tschechoslowakei oder Polen transportiert hätten. Ich nahm an, dass die Leichen westlicher alliierter Soldaten aus der Sowjetischen Besatzungszone – die am 7. Oktober 1949 zur DDR erklärt wurde – wahrscheinlich auf alliierte Friedhöfe in Deutschland, und zwar so kurz wie möglich von den ursprünglichen Begräbnisstätten entfernt überführt wurden. So vermutete ich, dass Berlin vielleicht in Frage kam. Obwohl Berlin immerhin ca. 200 km nördlich liegt, ist dort der Frankenberg nächstgelegene Commonwealth-Friedhof.

Angenommen, der unbekannte kanadische Flieger sei mit großer Wahrscheinlichkeit nach Berlin überführt worden, wäre es nun eine Möglichkeit gewesen, im Bundesarchiv in Ottawa die Personalakten aller 527 Kanadier auf dem „1939–1945 Berlin War Cemetery" und die der 15 Kanadier auf dem Berliner Südwestfriedhof in der Hoffnung zu untersuchen, dass einer von ihnen aus Frankenberg überführt worden war. Würde das nicht zum Erfolg führen, könnte ich mir die Akten der übrigen 2 684 im Zweiten Weltkrieg in Deutschland beerdigten Kanadier vornehmen. Bevor ich mich an eine derartige Sisyphusarbeit wagte, wollte ich aber erst noch andere Ermittlungswege erkunden.

Mein nächster Ansatz war der Versuch, das Flugzeug zu identifizieren, zu dessen Besatzung der kanadische Flieger gehörte. Am logischsten erschien mir die Überlegung, es müsse sich um einen der Bomber gehandelt haben, die an dem massiven Angriff auf Chemnitz am 5./6. März 1945 beteiligt waren. Noch einmal sah ich mir die RCAF.com-Website an, um herauszufinden, welche zur Gruppe Sechs gehörenden kanadischen Maschinen nicht von der *Operation Bluefin* (Bomber Command-Codename für diesen Angriff auf Chemnitz) zurückgekehrt waren. Ich fuhr auch wieder zum DND-Archiv in Ottawa und schaute mir noch einmal genau den handgeschriebenen Einsatzbericht (*K Report*) für *Operation Bluefin* an.

Der Bericht nannte diesen Nachtangriff auf Chemnitz im Unterschied zu dem Einsatz vom 14./15. Februar sehr erfolgreich.

> Dieser Nachtangriff vom 5./6. März verursachte schwere Schäden in der Innenstadt. Wesentliche Bereiche der Stadt sind ausgebrannt, und die Panzerfabrik in Siegmar wurde zerstört. Einige Mannschaften berichteten, sie hätten durch die Wolken mehrere große Explosionen beobachtet. Der Feuerschein war aus einer Entfernung von 250 km noch sichtbar.[39]

Die kanadischen Geschwader mussten dafür einen hohen Preis zahlen. Schon der Beginn des Einsatzes wurde für Gruppe Sechs zur Katastrophe. Die 13 teilnehmenden RCAF-Bombergeschwader starteten am späten Nachmittag des 5. März von sieben verschiedenen Fliegerhorsten aus: 405 (Vancouver), 408 (Goose) und 426 (Thunderbird) von Linton-on-Ouse; 415 (Swordfish) und 432 (Leaside) von East Moor; 419 (Moose) und 428 (Ghost) von Middleton St. George; 424 (Tiger) und 433 (Porcupine) von Skipton-on-Swale; 429 (Bison) von Leeming; 431 (Iroquois) und 434 (Bluenose) von Croft, 420 (Snowy Owl) und 425 (Alouette) von Tholthorpe. Das Geschwader 405 startete außerdem 16 Pathfinder (Pfadfinderflugzeuge) von Leeming in

Bedfordshire aus. Das einzige kanadische Geschwader von Gruppe Sechs, das nicht an dem Angriff teilnahm, war 427 (Lion) in Leeming.

Insgesamt startete Bomber Command 760 Lancaster- and Halifax-Bomber gegen Chemnitz, von denen 40 verloren gingen. Mehr als ein Viertel dieser Luftstreitmacht, nämlich 195 Maschinen, gehörten zur Gruppe Sechs, die aus RCAF-Geschwadern bestand. Neunzehn der 40 verlorenen Bomber, also fast die Hälfte der Verluste, waren kanadische Flugzeuge der Gruppe Sechs. Allein sieben kanadische Maschinen stürzten schon beim Start in England wegen Vereisung ab.

Beim Start der Maschinen war es noch hell. Die Wettervorhersage lautete „veränderlich, mit Schichten von Stratokumuluswolken“ bei Gefriertemperaturen auf 1500 m und „dünnen Mittelschichten auf 3000 und 6000 m ... mit einem mäßigen Vereisungsindex“. Zwischen Tholthorpe und Linton entwickelte sich jedoch eine Wolkenformation von ca. 15 km Durchmesser. Ihr waren die meisten Probleme zuzuschreiben. Manche vermuteten Sabotage, aber diese Theorie wurde später aufgegeben. Alle Abstürze waren auf die Launen des Wetters zurückzuführen.

In Linton-on-Ouse stürzten innerhalb von Minuten nach dem Start drei Halifax-Bomber vom Thunderbird-Geschwader wegen starker Vereisung ab. Eine dieser Maschine stürzte in York ab, wobei mehrere Zivilisten am Boden getötet wurden. Auch die Snowy Owls hatten sofort nach dem Start zwei Maschinen verloren. Zwei Halifax-Bomber des Alouette-Geschwaders stürzten ab, der eine bei Ousebourne, der andere bei Linton. So geschah es, dass 40 kanadische Besatzungsmitglieder von Gruppe Sechs ums Leben kamen, eher ihre Piloten den Kurs auf Chemnitz gesetzt hatten. Außerdem verloren sechs britische Zivilisten das Leben, und 18 wurden verletzt, als eines der Flugzeuge in eine Schule und benachbarte Gebäude stürzte.

Zwei kanadische Maschinen stießen noch über England zusammen und stürzten ab. Ein Bomber, der über dem Ziel schwer beschädigt wurde, stürzte beim Rückflug über England ab. Einem weiteren ging beim Rückflug der Treibstoff aus, und auch dieses Flugzeug stürzte in England ab. Ein kanadischer Bomber wurde beim Rückflug über England von der eigenen Flak abgeschossen. Sein Pilot war Squadron Leader E.A. Hayes. Alle Besatzungsmitglieder kamen dabei um.

> Ich war Bordfunker/Bordschütze beim Geschwader 432 in East Moor. Meine Kameraden und ich sollten beim Angriff auf Chemnitz mit dabei sein. Aber unser Skipper, Flight Lieutenant Johnny Clothier, erhielt den Befehl, als 2. Offizier mit einer anderen Mannschaft zu fliegen. Unsere Mannschaft blieb zurück, und die Besatzung, mit der Johnny fliegen musste (Pilot: Squadron Leader Hayes), wurde von unserer eigenen Flak beim Rückflug

über England abgeschossen. Deshalb mussten wir nun mit einem anderen Skipper umschulen. Er hieß Flight Lieutenant Eastman ... Als wir mit der Umschulung fertig waren, war der Krieg aus. Man könnte wohl sagen, der Tod unseres Skippers hat uns allen das Leben gerettet.

Glenn Matthews, Victoria, BC.[40]

Ein weiteres kanadisches Flugzeug machte eine Bauchlandung in England, nachdem es mit einem der abstürzenden Bomber zusammenstieß. So gingen 12 kanadische Maschinen in England verloren. Außerdem vereiste ein weitere kanadischer Bomber, eine Lancaster mit Flying Officer W. Mytruk als Pilot, auf dem Rückflug vom Ziel und stürzte in den Ardennen in Luxemburg ab. Von den insgesamt 19 verlorenen kanadischen Bombern waren also 12 in England und einer in Luxemburg abgestürzt.

Ich fand einen zweiseitigen „Bericht über eine Fliegerbesatzung, die in einem von den Alliierten besetzten Gebiet landete". Er beruhte auf Aussagen der Überlebenden und war von Flight Lieutenant J.A. Rolfe unterschrieben („Vernehmungsoffizier für den Standort-Nachrichtenoffizier, RCAF-Standort Nr. 64").

Nachdem sie das Ziel um 21.45 Uhr bombardiert hatten und sich auf dem Rückflug befanden, befolgten sie den Kurs und die vorgeschriebene Taktik. Danach mussten sie etwa 600 bis 1200 m herunter gehen. Ab 3000 m war das Flugzeug in Wolken, und man versuchte, auf der vorgeschriebenen Höhe eine Wolkenlücke zu finden.

Es kam zu Vereisung, und die Kanzel des Turmschützen war völlig vereist. Der Turmschütze hörte, wie der Pilot sagte, er könne vor lauter Eis nichts sehen. Der Pilot fragte den Heckschützen, ob er unten Lichter sehen konnte. Der Heckschütze sagte ja, die Lichter seien ein Stück unter dem Flugzeug, und er merkte sich, sie seien etwa 60 bis 100 m tief gewesen.

Die beiden Schützen hörten, wie der Navigator dem Piloten sagte, er solle an Höhe gewinnen, weil sie sich über bergigem Gelände befanden. Der Reaktion des Flugzeugs nach schien es, als hätte der Pilot versucht, zu steigen, und er hatte gerade gesagt: „Ich kann nicht ...", als der Absturz auch schon erfolgte.

Das Flugzeug stürzte in einen Stand kleiner Fichten, und vorn brach ein Brand aus, bevor es zum Stillstand kam. In den Ardennen, wo der Absturz um 23.45 Uhr erfolgte, schneite es ... Der Boden war ca. 700 m über dem Meeresspiegel.[41]

Der Bordmechaniker, Sergeant C.R. Hazelby, wurde sofort getötet. Der Navigator, Flying Officer W.R. Ashdown, und der Bombenschütze, Flying Officer D.A. Wade, starben auf dem Weg ins Krankenhaus. Der Pilot wurde aus dem Flugzeug geschleudert und von Angehörigen eines RAF-Regiments, die in einer Radarstation in Nähe der Absturzstelle stationiert waren, nach Liege ins Krankenhaus gebracht. Er überlebte trotz seiner Verletzungen. Drei Besatzungsmitglieder entkamen unverletzt und lieferten die Informationen für den Bericht: der Bordfunker, Pilot Officer Robert Jack Snell, der Turmschütze, Flight Sergeant Louis Joseph Chevrier, und der Heckschütze, Flight Sergeant Edward L. Scofield.

Außer den Bombern waren mindestens 16 RCAF-Pfadfinderflugzeuge vom Geschwader 405 im Einsatz. Diese Flugzeuge gehörten zur „Pathfinder Force (PFF)". Sie hatten die Aufgabe, das Zielgebiet mit Leuchtbomben, den sogenannten „Christbäumen", zu markieren und zu erhellen. Sie warfen auch „Window", Millionen von einfachen Stanniolstreifen ab, die auf den deutschen Radarschirmen als Leuchtflecke in Bombergröße erschienen und verhinderten, dass die Bomber von Nachtjägern und Flak erfasst werden konnten. Nach dem Angriff auf Chemnitz wurden keine Verluste von Pfadfinderflugzeugen gemeldet.

Bei dem Bomber Command-Nachtangriff auf Chemnitz am 5./6. März 1945 fanden insgesamt 90 kanadische Besatzungsmitglieder den Tod. Davon gehörten 79 zu den kanadischen Geschwadern in Gruppe Sechs, während die übrigen in Geschwadern der anderen Gruppen flogen. 30 Kanadier gerieten in Gefangenschaft (26 von Gruppe Sechs und vier von anderen Gruppen).

Bomber Command, insbesondere die kanadische Gruppe, hatte schwere Verluste erlitten. Die bei diesem Angriff verlorenen Flugzeuge und Mannschaften zählten zu den schwersten Verlusten, die eine einzelne Gruppe in einer einzigen Nacht hinnehmen musste. Andererseits war der Angriff auf Chemnitz nicht so katastrophal wie etwa der Angriff auf Nürnberg am 30./31. März 1944, bei dem Bomber Command 106 Flugzeuge verlor, während 71 schwer beschädigt wurden. Von den 545 getöteten Besatzungsmitgliedern waren 112 Kanadier. Der Angriff auf Chemnitz zerstörte praktisch die gesamte Innenstadt durch Feuersturm, während der Angriff auf Nürnberg „nur" 256 Gebäude beschädigte.[42] Erst mit einem weiteren Angriff am 2. Januar 1945 konnte die altehrwürdige Stadt durch Feuersturm praktisch ausradiert werden. Dabei wurden fünfzig Prozent aller Gebäude einschließlich 61 200 Wohnhäuser vernichtet. Unersetzliche Kulturdenkmäler und Kunstschätze des Mittelalters und der Renaissance gingen verloren.[43] Das Ausmaß der Zerstörung erstaunte den von Spencer Tracy gespielten fiktiven amerikanischen Richter im Hollywood-Film „Urteil von Nürnberg" (1961). Im Jahre 1948 trifft er aus den USA in Nürnberg ein und wundert sich bei einer Stadtrundfahrt: „Ich wusste gar nicht, dass es so schlimm war." Der ihn begleitende US-Senator erklärt: „Ein paar Brandbomben, und diese alten Gebäude gehen wie Zellophan in Flammen auf.“ Damit wurde die Größenordnung der gegen Nürnberg geführten Bombenangriffe bewusst heruntergespielt. Es hatte unsagbar mehr als „ein paar Brandbomben“ dazu gehört, Tausende von Todesopfern unter der Zivilbevölkerung, den Tod vieler alliierter Flieger, und die nahezu totale Vernichtung der Stadt im Feuersturm herbeizuführen.

Welche Gefahren auf die Bomberbesatzungen warteten, beschrieb Kenneth Blyth, der als Halifax-Pilot am Großangriff auf Chemnitz teilnahm:

> Auf dem Rückflug fanden wir unseren Landeplatz in Nebel gehüllt. Wir wurden weiter östlich nach Mildenhall in Suffolk umgeleitet. Der Trip war lang gewesen – 9 Stunden und 18 Minuten, wobei ich 6 Stunden und 30 Minuten lang nur nach Instrumenten fliegen konnte. Mein Kraftstoffanzeiger stand auf leer, als endlich die Landeerlaubnis kam, aber Doug Grey, unser Bordmechaniker, beteuerte, er habe ganz genau kalkuliert, und wir wären noch OK ... Als ich zur Landung ansetzte, fing der äußere Steuerbordmotor an zu spucken. Ich drehte sofort den Propeller auf Segelstellung, damit der Motor zum Stillstand kam ... Ein viermotoriger Halifax-Bomber gleitet nicht zu Boden, wenn ihm der Sprit ausgeht, sondern er fällt senkrecht aus dem Himmel ... Meine Landung war besser als erwartet. Als das Bodenpersonal am nächsten Tag unsere Tanks auffüllte, hieß es: „Ihr habt noch zwei Tassen Sprit übrig gehabt“. Das war nun doch etwas zu knapp.[44]

Obwohl ich meine Suche nach der Wahrheit nun schon von verschiedenen Seiten angepackt hatte, konnte ich immer noch nichts über die Identität des kanadischen Fliegers erfahren: weder aus den Aufzeichnungen in Frankenberg noch von den Augenzeugen, weder durch den Bericht der kanadischen Kriegsverbrechen-Untersuchung noch aus vielen anderen archivalischen Quellen, noch aus dem Internet. Ich hatte mich ernsthaft bemüht, die kryptischen handschriftlichen *Bluefin*-Auswertungen von Bomber Command zu entziffern, die sofort nach Rückkehr der Bomber verfasst worden waren.[45] Manche dieser wie Hieroglyphen aussehenden Schriftzüge waren geändert, durchgestrichen und neu eingetragen worden. Sie gaben an, wie viele Halifax- und Lancaster-Bomber jedes Geschwader eingesetzt hatte, wie viele vermisst und wie viele abgestürzt waren.

Es war auch nicht leicht, die vielen verschiedenen Quellen auszuwerten, um einen genauen Überblick über die Verluste der RCAF beim Großangriff auf Chemnitz zu erhalten. Nirgendwo gab es eine deutliche tabellarische Aufstellung oder eindeutige Zahlen. Ich musste die Informationen mühsam aus Büchern, Artikeln und Dokumenten zusammen klauben, und in vielen

Fällen stieß ich auf widersprüchliche Angaben. Als meine zuverlässigste Quelle erwies sich Richard Kovals Website. Sie enthielt Daten über alle am Angriff vom 5./6. März beteiligten Flugzeuge der Gruppe Sechs (mit Typ, Nummer und Code), zeigte auf, welche Maschinen verloren oder beschädigt waren bzw. den Einsatz wegen technischen Störungen oder schlechtem Wetter vorzeitig beenden mussten. Hochwichtig war, dass die Namen der Besatzungsmitglieder sowie ihr Dienstrang aufgeführt wurden.

Ich kalkulierte, dass außer den Flugzeugen, die beim Start, auf dem Rückflug und bei der Landung verloren gingen, in der Nacht sechs am Angriff auf Chemnitz beteiligte kanadische Bomber über Deutschland abgestürzt waren.

Sechs kanadische Bomber von Gruppe Sechs,
die am 5./6. März 1945 über deutschem Gebiet abstürzten

Lfd. Nr.	*Flugzeug*	*Schicksal der Besatzungen*
1	Halifax III NA-204, Code 6U-J (Pilot: F/Lt W. Mitchell)	Alle acht in Kriegsgefangenschaft
2	Halifax III NP-959, Code PT-N (Pilot: F/Lt V. Glover)	Sieben Gefangene, ein Toter
3	Halifax III NP-173, Code KW-Q (Pilot: F/O J. Desbien)	Drei Tote, vier Kriegsgefangene
4	Halifax VII NP-799, Code OW-J (Pilot: F/Lt Jack Kirkpatrick)	Sechs Tote, ein Kriegsgefangener (W.H. Denison)
5	Lancaster X KB-858, Code SE-G (Pilot: F/O S. Reid)	Alle sieben getötet
6	Lancaster I NG-458, Code QB-H (Pilot: F/Lt D. Ross)	Sechs Tote, ein Kriegsgefangener

Theoretisch hätte der Ermordete auch Pilot eines begleitenden Jagdflugzeugs sein können, obwohl ich nicht wusste, ob kanadische Jäger überhaupt in der Luft waren. Oder er hätte als kanadisches Besatzungsmitglied in einer britischen oder australischen Maschine fliegen können. Oder war er vielleicht sogar an dem Angriff am 14./15. Februar beteiligt und wurde erst später aus der Kaserne abgeführt? Aber ich setzte zunächst voraus, dass er tatsächlich zu einem der in dieser Nacht eingesetzten Bomber der Gruppe Sechs

Siebenköpfige kanadische Bomberbesatzung 1945

gehört hatte. Wenn das stimmte, dann musste er aus einem dieser sechs Flugzeuge stammen. Ich entnahm den Unterlagen, dass in den sechs kanadischen Flugzeugen insgesamt 44 Besatzungsmitglieder flogen. Davon waren 21 in Gefangenschaft geraten und 23 umgekommen. Zu den als tot angegebenen Fliegern gehörten auch welche, die ursprünglich als vermisst gemeldet worden waren. Der Ermordete konnte also einer dieser 44 Mann gewesen sein.

Natürlich schloss ich Nr. 4 auf meiner Liste aus, die Halifax VII von Geschwader 426 (Thunderbird), deren Pilot Flight Lieutenant Jack Kirkpatrick war. Der Ermordete konnte nicht zu dieser Besatzung gehört haben, denn alle waren beim Absturz im Harz getötet worden, außer Harry Denison, der im Widerspruch zu den deutschen Quellen heil und gesund nach Kanada zurückgekehrt war.

Zu Beginn meiner Untersuchung hatte ich gemeint, alle Überlebenden hätten in demselben engen Bereich gelandet sein müssen, d. h. in Nähe der Absturzstelle. Es war mir nicht eingefallen, dass der Ermordete vielleicht zu einem Flugzeug gehört haben könnte, dessen Mannschaft weit verstreut wurde, als sie sich mit dem Fallschirm rettete. Aus dem Grunde hatte ich auch – ebenso wie die deutschen Militärhistoriker Miedtank and Hübsch – Denison, den einzigen Überlebendem der Halifax VII NP-799, anfänglich für das vermutliche Opfer gehalten. Der einzige Überlebende der Lancaster I NG-458, Nr. 6 auf meiner Liste, Flight Sergeant C. Antonek, erschien mir als eine weitere Möglichkeit. Dann dachte ich an das Gegenteil: Wäre es nicht auch möglich, dass der Ermordete als einziges Todesopfer einer Maschine gemeldet wurde, deren übrige Besatzungsmitglieder alle überlebt hatten? Das führte mich dazu, Pilot Officer J. Kastner aus der Halifax III NP-959 (Nr. 2) in Betracht zu ziehen.

Aufgrund all dieser anfänglichen Annahmen eliminierte ich natürlich auch Nr. 1, die von Flight Lieutenant Mitchell geflogene Halifax III von Geschwader 415 (Swordfish), denn deren gesamte Besatzung hatte überlebt. Auch Nr. 5, Flying Officer Reids Lancaster X KB-858 von Geschwader 431 (Iroquois), schloss ich zunächst aus, weil alle Besatzungsmitglieder als tot bezeichnet wurden, und ich meinte, ein Überlebender hätte ja angegeben sei müssen. (Später entdeckte ich, dass dieser Bomber von einem deutschen Nachtjäger abgeschossen wurde und mit seiner vollen Bombenfracht in Zollbuchen bei Oberweidbach in Hessen abstürzte, also lange bevor er in die Nähe von Chemnitz gekommen war.) Aus örtlichen Unterlagen erfuhr ich Einzelheiten über diesen Absturz:

> ... (das Flugzeug) stürzte gegen 21 Uhr in der Gegend von Zollbuchen ab. In Oberweidbach, das einen Kilometer entfernt ist, zerbrachen viele Fensterscheiben von der gewaltigen Explosion. Die sieben Besatzungsmitglieder, alles Kanadier, kamen um. Die Bomben, die das Flugzeug an Bord hatte, waren nicht detoniert und wurden aus dem Waldboden geborgen. Der Absturz musste geheim gehalten werden, und es war verboten, etwas darüber zu veröffentlichen ... Zwei der kanadischen Flieger wurden aus der Maschine geschleudert, und ihre Leichen waren relativ intakt. Sie wurden ursprünglich auf dem Friedhof in Oberweidbach beerdigt ...[46]

Endlich konnte ich meine Suche auf drei Flugzeuge beschränken, nämlich Nr. 2 (Pilot: V. Glover), Nr. 3 (Pilot: J. Desbien) und Nr. 6 (Pilot: D. Ross). Nun wurde mir jedoch die Zeit knapp. Ich musste meinen Flug nach Deutschland antreten. Kurz vor meinem Abflug entschied ich mich, die zwei Flugzeuge zu untersuchen, die mir am wahrscheinlichsten vorkamen. Beim Bundesarchiv in Ottawa bestellte ich die Personalakten von Kastner, dem einzigen Toten von Flugzeug Nr. 2, und von den toten Besatzungsmitgliedern des Flugzeugs Nr. 3, in dem nur Antonek überlebte.

Kastners Maschine, von Geschwader 420 (Snowy Owl), hatte das Ziel termingerecht bombardiert und war auf dem Rückflug von Chemnitz.[47] Sie stürzte bei Bad Kreuznach ab, also linksrheinisch, Hunderte von Kilometern westlich von Chemnitz und Frankenberg. Kastner war „innerhalb von Stunden nach seiner Gefangennahme in einem deutschen Krankenhaus gestorben". Nach dem Krieg war er auf dem Soldatenfriedhof Choloy in Frankreich beigesetzt worden. Er konnte also nicht das Mordopfer von Frankenberg gewesen sein, und ich strich ihn von meiner Liste.

Als Nächstes untersuchte ich den Absturz des Flugzeugs Nr. 6, der Lancaster I NG-458 von Geschwader 424 (Tiger). Auch hier war ein einziger Überlebender angegeben, der in Kriegsgefangenschaft geriet: Flight Sergeant C. Antonek. Ein oder zwei Tage lang spekulierte ich, dass Antonek vielleicht das Opfer gewesen sein könnte. Da seine Personalakte jedoch nicht im Bundesarchiv vorlag, war ich praktisch sicher, dass er nicht im Krieg umgekommen sein konnte. Von Richard Kovals Website kannte ich die Namen der andere sechs Besatzungsmitglieder: Ross, Rayner, Weaver, Cash, Seaby und Atchison. Sie waren alle als tot angegeben. Sergeant Rayner war Angehöriger der RAF, der in einer kanadischen Maschine flog, und seine Akte war daher nicht in Kanada. Aus den Akten der anderen fünf Flieger erfuhr ich, dass Flight Sergeant Antonek tatsächlich nach Kanada zurückkehrte, nachdem er aus dem Kriegsgefangenenlager entlassen wurde. Auch ihn strich ich nun von meiner Liste.

Ich wurde jedoch neugierig, als ich sah, dass diese Maschine unweit von Frankenberg abgestürzt war. Allein aus diesem Grund vermutete ich sofort, der Ermordete hätte womöglich zu dieser Besatzung gehört. Mein Verdacht (und meine Erwartung) stieg, als ich in den Dokumenten las, dass manche heute als tot bezeichnete Mitglieder der Besatzung ursprünglich als „vermisst und vermutlich tot" gemeldet waren. Daraufhin untersuchte ich ihre Akten noch gründlicher.

Alle fünf Personalakten enthielten Kopien des Berichts von Sergeant Antonek, den er bei der Befragung durch Bomber Command-Offiziere sofort nach seiner Rückkehr in England abgelegt hatte. Aus diesem Bericht erfuhr ich Interessantes. Kurz bevor die Lancaster ihr Ziel erreichte, „stieß sie mit einem unserer Jäger zusammen".[48] Antonek gelang der Absprung mit dem Fallschirm, aber er wusste nicht, ob sonst noch jemand aussteigen konnte, bevor die Maschine abstürzte. Die Lancaster schlug in der Nähe von Königshain zu Boden. Nach seiner Gefangennahme half Antonek den Deutschen, die Leichen seiner Kameraden zu identifizieren. Es gelang jedoch, nur zwei von ihnen einwandfrei zu erkennen, nämlich Pilot Officer J. Atchison und Flying Officer F. Seaby. Ihre Leichen wurden später auf dem Friedhof im benachbarten Altmittweida beerdigt. Die Ortschaften Königshain und Altmittweida liegen etwa 20 Kilometer nördlich von Frankenberg und nicht weit von dem Dorf Rossau, das der Augenzeuge Ulrich Köhler als mögliche Absturzstelle genannt hatte.

Außer den Leichen von Atchison und Seaby fanden Antonek und die Deutschen „über die ganze Absturzstelle verstreute Leichenteile". Antonek konnte diese grässlichen Überreste nicht identifizieren. Die Deutschen zeigten ihm jedoch zwei ungeöffnete Fallschirme. Einer gehörte einem der nicht identifizierbaren Besatzungsmitglieder, den Antonek nennen konnte. Der andere gehörte Weaver, und daraus konnte geschlossen werden, dass auch er umgekommen war.

Aufgrund dieser Informationen oder besser gesagt des Mangels an Informationen spekulierte ich, dass womöglich ein weiteres Besatzungsmitglied diesen Absturz überlebt haben könnte. Einer der als vermisst und vermutlich tot Gemeldeten hätte sich – wie auch Antonek – mit dem Fallschirm retten oder vom Wrack entfernen können, um später in Frankenberg in Gefangenschaft zu geraten. Es war ein ziemlich unwahrscheinliches Szenario, aber ich konnte es nicht ausschließen. In der Akte des Flying Officer Cash fand ich ein Schriftstück, aus dem hervorging, ein französischer Kriegsgefangener habe Cashs Dienstausweis „in der Nähe eines abgestürzten Bombers" gefunden, der „mit einem begleitenden Jäger zusammengestoßen war".[49] Daraus ließ sich schließen, dass Cash wohl doch auch beim Absturz umgekommen war.

Das ließ den Piloten, Flight Lieutenant Donald Alexander Ross, als den wahrscheinlichsten Kandidaten übrig. Seine Personalakte schien meinen Verdacht auch zu bestätigen.[50] *Bomber Command* war offiziell zu dem Schluss gekommen, Ross sei vermisst: „Es ist anzunehmen, dass er beim Absturz umkam, aber es waren keine sterblichen Überreste aufzufinden."

Die Namen von Cash, Rayner, Ross und Weaver sind alle in Runnymeade (England), der Gedenkstätte für Commonwealth-Flieger ohne bekannte Grabstelle, verzeichnet. Trotzdem, diesen Personalakten im Bundesarchiv nach zu schließen, war Ross noch immer plausibler als alle anderen. Ich konnte dieser Spur jedoch nicht weiter nachgehen oder meine Nachforschungen in Kanada fortsetzen, weil die Zeit gekommen war, die Reise nach Deutschland anzutreten. Auf dem Flug über den Atlantik fasste ich die noch immer ziemlich mageren Resultate meiner bisherigen Ermittlungen zusammen: Denison war nicht der Ermordete; Ross könnte der Ermordete gewesen sein. Ich setzte meine Hoffnungen auf die Unterlagen, die ich hoffentlich im Frankenberger Stadtarchiv finden würde.

Kapitel 6
Bomben auf Chemnitz

Die Hauptaufgabe, die ich mir für meine Deutschlandreise im Mai 2004 gestellt hatte, war, die Identität und möglicherweise das Grab des „namenlosen kanadischen Fliegers“ zu finden. Ich wollte auch die Mordstelle in Frankenberg fotografieren, die Augenzeugen kennen lernen, mich mit ihnen unterhalten und sie fotografieren. Ich hatte Termine mit Uwe Fiedler, dem Direktor des Schlossbergmuseums in Chemnitz, und mit Marion Rau, der Archivarin in Frankenberg. Außerdem hoffte ich, dass sich infolge des Artikels in der Freien Presse Leser gemeldet hatten, die mit weiteren Informationen oder Erkenntnissen aufwarten könnten.

Ich flog nach Frankfurt, unternahm zunächst per Bahn einige Familienbesuche in den „alten Bundesländern“ und mietete dann in Köln einen Leihwagen, um nach Chemnitz zu fahren. In meiner Geburtsstadt wurde ich von Friedrich und Irmgard Neidhardt gastfreundlich aufgenommen. Fritz war Ingenieur im Textilmaschinenbau und schon in seinen Sechziger Jahren. Nach der Wende war es mit der Textilindustrie in Sachsen und den übrigen „neuen Bundesländern“ vorbei. Nach dem Zusammenbruch der DDR konnte er keine andere Erwerbstätigkeit finden und hatte Zeit für andere Beschäftigungen. Mit seiner Hilfsbereitschaft, Wissbegierde und einem natürlichen Talent für Detektivarbeit hatte er mir bereits jahrelang unbezahlbare Dienste als Familienforscher geleistet. Auch jetzt bot er mir großzügig seine Unterstützung für mein Projekt an.

Am 19. Mai fuhren Fritz und ich zum Termin mit Uwe Fiedler im Schlossbergmuseum. Ich war sofort von der Aufgeschlossenheit des jungen, dynamischen Direktors beeindruckt. Das der Sammlung und Ausstellung stadtgeschichtlicher Objekte gewidmete Museum ist in zwei Flügeln des historischen Kloster- und Schlossgebäudes untergebracht, dessen Bausubstanz teilweise bis zum 12. Jahrhundert zurückreicht. Im Jahre 1995, anlässlich der fünfzigjährigen Wiederkehr der vernichtenden Bombenangriffe auf Chemnitz, veranstaltete das Museum eine große Ausstellung unter der Überschrift „Bomben auf Chemnitz“. Damals verfasste Uwe Fiedler den Text des Ausstellungsprospekts. Die Schau dokumentierte nicht nur die Zerstörung von Chemnitz, sondern auch die politischen und militärischen Ereignisse im Zweiten Weltkrieg, die zu den „Terrorangriffen“ auf die Zivilbevölkerung geführt hatten: Zuerst durch die Luftwaffe in Polen, den Niederlanden und England, und schließlich – im überwältigend größeren Maßstab – durch die Bomberstreitkräfte der Alliierten gegen sämtliche deutschen Großstädte.[51] Die Ausstellung im Museum und die begleitenden Veröffentlichungen brachten zur Geltung, dass die rücksichtslose Bombardierung ziviler Wohngebiete das Resultat der Eskalation im Kriege war und nicht plötzlich kurz vor Kriegsende von den Alliierten erfunden wurde.

Nach der Besprechung lud uns Uwe Fiedler zu einem Rundgang durch das Museum ein, in dem die Geschichte von Chemnitz seit prähistorischen Anfängen bis zur Gegenwart dargestellt wird. Leider war die Zeit knapp, aber ich betrachtete mit besonderer Anteilnahme die Fotos von meiner Geburtsstadt nach dem Feuersturm im März 1945. Ich konnte mich sehr wohl an diese Schreckenszeit erinnern.

5./6. März 1945

Der erste Fliegeralarm ertönte um neun Uhr abends am Montag, dem 5. März 1945. Wir waren in Frankenberg, nur 15 km von Chemnitz entfernt. Auch hier in der Stadt heulten überall die Sirenen. In der letzten Kriegsphase wurden überall in Deutschland nicht nur die Großstädte, sondern auch viele Kleinstädte und sogar Dörfer heftig bombardiert. Wir mussten jederzeit mit dem Schlimmsten rechnen. Aber in diesem Fall ergab es sich, dass Chemnitz das Hauptziel war. Wir hörten uns die Drahtfunkmeldungen an, um zu entscheiden, ob wir in den Luftschutzkeller gehen sollten oder nicht. Plötzlich hörte ich draußen ein merkwürdiges raschelndes Geräusch. Ich schob das schwarze Verdunklungsrollo etwas beiseite, um hinaussehen zu können. Die Nacht war zum Tag geworden. Hunderte von Leuchtbomben hatten das Ziel zum Angriff vorbereitet. So schnell wir konnten, rannten wir hinunter zum Keller. Ich war noch im Treppenhaus, als die Hölle losbrach. Das Ende der Welt schien gekommen zu sein. Meine Ohren platzten fast von dem Donnern und Getöse, dem Heulen und Einschlagen der Bomben und Luftminen. Nein, wir wurden nicht angegriffen. Es war das ferne Chemnitz, aber unser Haus schaukelte wie in einem Erdbeben.

Was wird aus unseren Leuten in Chemnitz? Aus Oma, meinen beiden Tanten, meinen fünf kleinen Cousins und Cousinen? Ist es denn überhaupt möglich, in diesem Inferno zu überleben? Um zehn Uhr ertönten die Sirenen in Frankenberg zur Entwarnung mit ihrem lang gezogenem Heulen ohne Auf und Ab. Es war alles vorbei. Wir rannten hinaus ins Freie. Mir kamen die Tränen. Obwohl der Himmel mit Wolken bedeckt war und Schnee fiel, sah ich den westlichen Horizont als ein einziges Flammenmeer. Die Stadt brannte. Alle Verbindungen waren abgebrochen. Kein Telefon, kein Rundfunk, kein Drahtfunk. Wie ein Wunder erschien uns, dass wir noch Strom hatten.

Gegen Mitternacht gab es wieder Fliegeralarm, und der zweite Angriff begann. Was wir nun hörten, war noch schlimmer als zuvor. Der dritte Angriff folgte um vier Uhr nachmittags. Ich weiß nicht, was wir alle gesagt oder getan haben in diesen langen Stunden. Haben wir nur im Keller gesessen? Haben wir geweint, gehofft? Standen wir draußen auf der Straße, um zu starren, oder sind wir wieder ins Bett gegangen?

Früh am Morgen standen wir auf. Nur die Kinder konnten weiterschlafen. Es war noch finster, und es schneite immer noch. Ich holte den Handwagen aus dem Schuppen. Meine Mutter, Tante Trautel und ich gingen zum Stadtausgang in Richtung Chemnitz. Dem brennenden Chemnitz entgegen. Ein ständiger Strom elender, verrußter, blutender, hinkender, bandagierter Menschen, fast nur Frauen und Kinder, ergoss sich aus der toten Stadt in Richtung Frankenberg und gewiss in alle andere Richtungen. Mit Handwagen und Kinderwagen, beladen mit Koffern und Bettenbündeln und allem möglichen Hausrat kamen sie direkt aus der Hölle gezogen. Eine erbärmliche Wanderung von Menschen in Not.

Wir fragten Leute: „Haben Sie etwas vom Kassberg gehört?" Dort wohnte Tante Liesel mit ihren drei Kindern.
„Alles steht in Flammen."
„Was ist mit Furth?" Dort waren Oma und Tante Gret mit ihren Kindern im Notquartier untergebracht, nachdem sie im schon im Februar ausgebombt waren.
„Ach, Furth ist eine der schlimmsten Gegenden. Und die gesamte Innenstadt ist ausgebrannt. Total vernichtet."

Aber jemand sagte, am Glücksberg in Furth stünden noch manche Häuser. Wir stießen auf keine unserer Verwandten. Später am Morgen, als wir einige Kilometer von Frankenberg entfernt waren, kam ein weiterer Angriff auf Chemnitz. Endlich trafen wir Tante Liesel. Sie hielt Benno und Karla an den Händen, und ihr Pflichtjahrmädchen schob den Kinderwagen mit Matthias, dem Jüngsten. Ihre Gesichter waren schwarz vor Ruß. Ihre Kleidung war mit dickem Schnee bedeckt. Sie waren total im Schock.

Ihre Wohnung lag im 5. Stock eines Hauses auf der Hübschmannstraße. Eine Bombe war auf dem Fußweg vor dem Haus eingeschlagen und hatte einen riesigen Krater ausgehoben. Auf dem Hof war eine Luftmine geplatzt. Alles war chaotisch. Wände und Decken waren eingestürzt, alle Fenster waren ohne Glas. Das Dach war abgehoben. Die Familie war beim Angriff im Luftschutzkeller. Alle hatten überlebt. Meine Mutter und Tante Trautel gingen zurück nach Frankenberg mit ihnen. Mir wurde befohlen, in Richtung Chemnitz weiterzugehen, bis ich die Anderen gefunden hatte.

Gegen Mittag, etwa auf der Höhe von Ebersdorf, stieß ich endlich auf Tante Gret, meine „Berliner Tante“ mit meiner Cousine Irmela und meinem Cousin Detlev. Diese Familie war in Berlin ausgebombt und danach in die Chemnitzer Wohnung meiner Großmutter gezogen. Am Dienstag, dem 6. Februar 1945, wurde das Haus meiner Großmutter in Furth beim Angriff der 8. US Army Air Force zerstört. Das Haus war ein zweistöckiger Neubau in einer ruhigen Lage am Glücksberg, einer Gegend mit vielen schmucken Gärten. Eine Sprengbombe war auf eine Ecke des Hauses gefallen und hatte den Vorgarten in einen riesigen Krater verwandelt. Das Obergeschoss war zusammengebrochen wie eine Streichholzschachtel. Der gesamte Dachstuhl mitsamt dem Dachboden stützte sich nun im Erdgeschoss auf Omas riesigen Kleiderschrank aus massivem Eichenholz. Die Kellertreppe war eingestürzt, der Keller einschließlich Luftschutzkeller halb mit Trümmern gefüllt. Alle Bewohner überlebten den Zusammensturz des Hauses, aber bald bemerkten sie Gasgeruch. Die Gasleitung war zerstört, und das Gas strömte in den Keller. Sie konnten sich durch den vielen Schutt durcharbeiten und verbrachten den Rest des Angriffs im unbeschädigten Haus nebenan. Dort fanden sie auch eine Notunterkunft, aber nur für einen Monat.

In der Nacht zum 6. März wurde auch das Haus, in dem Oma und die „Berliner“ Familie untergekommen waren, zerstört. Oma war nun zum zweiten Mal, die Berliner zum dritten Mal ausgebombt. Jetzt hatten sie alles verloren, auch die wenigen Dinge, die sie vorher noch retten konnten. Sie fanden vorübergehenden Schutz in einem überfüllten Luftschutzbunker. Als ich Tante Gret mit ihren Kindern endlich auf der Straße traf, war sie außer sich vor Sorge, weil sie nicht wusste, wo Oma war.

„Diese verrückte Frau hat heute morgen den Bunker verlassen. Sie sagte, sie müsse zu Fuß zur Arbeit gehen. Sie war einfach nicht zu halten. Sie lief in die brennende Stadt hinein, nachdem wir ausgebombt waren.“

Ich gab den Berlinern den Handwagen, damit sie nicht mehr so schwer zu schleppen hatten und ließ sie weiter in Richtung Frankenberg gehen. Ich selbst ging auf der Straße nach Chemnitz weiter. Immer noch kamen mir Hunderte von Menschen entgegen. Ich befürchtete schon, meine Oma nie wiederzusehen. Es war schwierig, im Schneematsch und teilweise bei Glatteis vorwärts zu kommen. Als ich endlich am späten Nachmittag Hilbersdorf erreichte, kam zum ersten Mal die Sonne hinter den Wolken hervor und schien mir direkt in die Augen. Dabei war es auch viel kälter geworden. Plötzlich sah ich sie taumelnd am Straßenrand gehen. Sie war verletzt und verbunden.

Oma erzählte mir, was passiert war. Früh am Morgen war sie an ihrem Arbeitsplatz, dem Gaswerk, angekommen und hatte gemerkt, dass außer ihr niemand da war. Normalerweise arbeitete sie dort als Lehrköchin und führte junge Hausfrauen ins Kochen auf Gasherden ein. Der Gebäudeteil mit der Lehrküche war noch unzerstört. Als sie darauf zuging, über den großen gepflasterten Hof, begann der Tagesangriff auf Chemnitz. Er war ohne Warnung gekommen, da alle Sirenen in der Nacht zerstört wurden. Plötzlich sah sie einen Tiefflieger genau auf sie zukommen. Er schoss auf sie, während sie über den Hof rannte, um im Gebäude Schutz zu finden. Unmittelbar neben ihr sprühten Schüsse aus dem Maschinengewehr aufs Steinpflaster. Es gelang ihr, sich ins Gebäude zu flüchten. Da sonst niemand zur Arbeit gekommen war, entschloss sie sich, auf den Kassberg zu gehen, um zu sehen, wie es ihrer Tochter und ihren Enkelkindern auf der Hübschmannstraße ging. Sie fand auch ihren Weg durch brennende Straßenzüge, oft über Leichen stolpernd. Als sie am Haus meiner Tante ankam, war die Familie bereits im Aufbruch. Oma half ihnen, in der verwüsteten Wohnung ein paar Sachen zu suchen. Dabei stürzte ein großer Fensterflügel aus seinem Rahmen und schlug ihr auf den Rücken. Während sich die anderen auf den Weg nach Frankenberg machten, blieb Oma in der Stadt, um einen Verbandsplatz zu finden. Sie hatte Angst, zu verbluten.

Nun war sie froh, mich zu sehen. Ich wollte sie umarmen, aber sie schrie vor Schmerzen auf, als ich ihren Rücken anfasste. Wir gingen zusammen, und ich stützte sie. Als wir in Frankenberg ankamen, war es stockfinster.[52]

Es ist anzunehmen, dass die überwiegende Mehrzahl der Menschen, die sich in der Stadt Chemnitz aufhielten, Zivilisten waren: Frauen, Kinder und Männer, die das Wehrpflichtalter überschritten hatten, d. h. Männer über 60. Mit Sicherheit waren auch Soldaten in der Stadt: in Kasernen, Verwaltungsstellen und im Heimaturlaub. Ebenfalls in Uniform waren Angehörige der SS und SA, des Reichsarbeitsdienstes, der Organisation Todt und vieler anderer nationalsozialistischer Organisationen einschließlich den erwachsenen Hitlerjugendführern, NSDAP-Ortsgruppenleitern und sonstigen Parteifunktionären. Die NSDAP und ihre zahlreichen Körperschaften unterhielten einen aufgeblasenen bürokratischen Apparat mit zentralen, regionalen und örtlichen Ämtern, vom paramilitärischen NSKK (Nationalsozialistisches Kraftfahrerkorps) bis zur NSV (Nationalsozialistische Volksfürsorge). Kein Bereich des Lebens im Dritten Reich war von der straffen staatlichen Regelung und der Integration in die politische Struktur verschont geblieben. Im März 1945 war das Ende des Krieges bereits in Sicht, und ein großer Teil dieses administrativen Gewebes war durch die Demolierung der

Verkehrs- und Kommunikationsverbindungen in ganz Deutschland empfindlich gestört. Chemnitz selbst hatte schon 1944 und dann besonders am 6. Februar und am 14./15. Februar 1945 durch alliierte Bombenangriffe sowohl in Wohngebieten als auch im industriellen und öffentlichen Bereich schwere Schäden erlitten. So war die Situation keineswegs normal, bevor der Angriff am 5./6. März den gewaltigen Feuersturm auslöste.

Gewiss hatte man unter der Bevölkerung mit einem massiven Angriff gerechnet. Es wäre geradezu abwegig gewesen, das nicht zu erwarten. Immerhin waren im Rahmen der *Operation Thunderclap* die mitteldeutschen Großstädte Magdeburg, Halle, Dresden usw. schon weitgehend zerstört worden. Während die Vernichtung Dresdens überraschend kam, weil die Stadt kaum kriegswichtige Industriebetriebe aufwies und für ihr reiches Kulturerbe weltberühmt war, konnte Chemnitz keine solche Ausnahmestellung beanspruchen. Die Stadt, die aufgrund ihrer Schlüsselrolle in der deutschen Textilindustrie oft das „sächsische Manchester" genannt wurde, war auch ein Zentrum der Autoindustrie (Wandererwerke der Auto-Union). Zu den weiteren Spezialgebieten gehörte der Maschinen- und Werkzeugbau, der im Krieg fast ausschließlich im Dienst der Rüstung stand. Von welcher Seite man sich Chemnitz auch näherte, was sofort beeindruckte, war ein Wald von hohen, qualmenden Fabrikschornsteinen (in Sachsen Essen genannt). Die Stadt war auch ein wichtiger Verkehrsknotenpunkt und ein bedeutendes regionales Glied in der Kette des Reichsbahnsystems. Der einzige Grund, warum Chemnitz noch keine massiven Bombenangriffe wie Hamburg, Berlin, Köln, Nürnberg usw. erlebt hatte, war seine Entfernung von den Bomberbasen in England.

Chemnitz war eine Stadt der Fabrikarbeiter. Die meisten Menschen hatten bescheidene Wohnungen, zum großen Teil in „Mietskasernen", fünf- bis sechsstöckigen Mietshäusern ohne Fahrstuhl, die dicht bebaute Straßenzüge und „Arbeiterviertel" bildeten. Hier waren Badezimmer unbekannt. Jeweils mehrere Familien mussten sich die „auf halber Treppe" eingerichteten Klos mit Spültoilette und Waschbecken teilen. So unbequem war diese Lösung, dass viele Familien noch Nachtgeschirre und Toilettenstühle in der Wohnung benutzten, die morgens geleert wurden. Im Keller gab es zumeist eine Waschküche, die allen Mietern zur Verfügung stand, und auf dem gemeinsamen Dachboden wurde die Wäsche getrocknet. Wer Wäsche im Hinterhof auf die Leine hing, musste gewärtig sein, dass sie bald mit Ruß bedeckt war.

Vor dem Krieg hatte Hitler versprochen, die sozialen Bedingungen für den Arbeiterstand in Deutschland zu verbessern. Schließlich hieß seine Partei die Nationalsozialistische Deutsche Arbeiterpartei. Große Teile des „Proletariats", die vorher an Erlösung durch den Kommunismus geglaubt hatten, meinten jetzt, ihr Heil in Hitler sehen zu können. Die Nationalsozialisten hatten auch tatsächlich begonnen, soziale Reformen einzuführen. Der Krieg hatte jedoch bald Vorrang, und Initiativen wie das Urlaubsprogramm Kraft durch Freude, die 1938 mit großem propagandistischem Aufwand begonnene Volkswagenaktion (jedem Volksgenossen ein eigenes Auto für 1 000 Reichsmark) und der soziale Wohnungsbau wurden unterbrochen. Obwohl auch in Chemnitz neue Arbeitersiedlungen mit Einfamilienhäusern, umrahmt von Gärten, entstanden waren, wohnte die überwiegende Mehrheit der Arbeiterbevölkerung immer noch in alternden, bedrückenden Mietshäusern.

Während die Chemnitzer also mit weiteren Bombenangriffen auf ihre Stadt rechnen mussten, hegten sie vor dem 5. März noch die Hoffnung, von einem „Großangriff" verschont zu bleiben. Sicher spekulierten viele Bürger bereits, der Krieg könne zu Ende gehen, ehe die Alliierten zum Vernichtungsschlag gegen Chemnitz ausholen würden. Wie viele Hammerschläge konnte das schwer geprüfte deutsche Volk noch aushalten? Vielleicht hatten manche Chemnitzer auch auf die Karte der „Wunderwaffe" gesetzt, die zumindest den Gerüchten nach stündlich zum Einsatz kommen und das Blatt des Krieges radikal wenden würde. Als jedoch auch die mit vielen Sondermeldungs-Fanfaren verkündeten unbemannten „Vergeltungswaffen" mit Raketenantrieb (V 1 und V2) keine ausschlaggebende, kriegsbeendende Wirkung hatten, sondern nur mäßigen Schaden in England anrichteten, leuchtete es den meisten Deutschen ein, dass bis zum endgültigen Zusammenbruch Wochen, höchstens Monate vergehen würden. Gewiss glaubten nur die Wenigsten noch an den lange erhofften deutschen Endsieg.

Die von der 8. US Army Air Force und von Bomber Command am 5./6. März 1945 durchgeführten kombinierten Angriffe kosteten 2 005 Zivilisten in Chemnitz das Leben.[53] Wenn man das Ausmaß der Verwüstungen, die Zahl der nachts und am folgenden Tag eingesetzten schweren Bomber sowie die enorme Menge der abgeworfenen Spreng- und Brandbomben bedenkt, ist es fast unglaublich, dass eine so relativ geringe Zahl an Menschenleben verloren ging. Vielleicht gab es hauptsächlich deshalb nicht noch mehr Todesopfer, weil jedes Haus, jeder Arbeitsplatz und jedes Gebäude einen mehr oder weniger stabil gebauten Luftschutzkeller aufweisen konnte. Schon lange vor Kriegsbeginn und besonders auch in den ersten Kriegsjahren gab es eine zentral geplante Aktion, alle Gebäude in Deutschland mit einem „Unterstand" zu versorgen, der mit Stahlträgern, Betondecken und Brandwänden versehen war. Die meisten Luftschutzkeller waren mit brandsicheren Türen, Rettungsvorrichtungen wie Sandkästen, Wasserkübeln, Feuerlöschgeräten, Einreißhaken und sonstigen Spezialwerkzeugen ausgerüstet. Außerdem bestand ein gut organisiertes Warn- und Rettungssystem. Die meisten Luftschutzwarte waren speziell ausgebildete Frauen oder ältere Männer, während Jugendliche in der HJ und im BDM zum Dienst als Melder eingesetzt wurden. Luftschutzübungen wurden schon vor dem Krieg und mit zunehmender Häufigkeit in den Kriegsjahren durchgeführt.

Fast sechs Jahre lang, vom 1. September 1939 bis zum Kriegsende, war Chemnitz nachts total verdunkelt. Wenn jemals ein kleiner Lichtschimmer durch unvorsichtig zugezogene schwarze Vorhänge oder Rollos aus einem Fenster auf die Straße schien, dauerte es nicht lange, bis ärgerliche Nachbarn klingelten oder an die Tür klopften und „Verdunkeln!“ riefen. Die Scheinwerfer von Autos und Lkw, Bussen und Straßenbahnen waren mit schwarzen Klebestreifen zu Schlitzen verkleinert, damit nur ein schmaler Lichtstreifen auf die Straße fallen konnte. Sogar Taschenlampen mussten verklebt werden und durften nur den dünnsten Lichtstrahl erzeugen. An den Schuhen von Fußgängern klebten Phosphor-Leuchtstreifen, damit man sie im Dunkeln kommen sehen konnte. Da Leder sehr knapp war, waren die meisten Straßenschuhe mit Holzstreifen besohlt. Dadurch konnte man die Füße der Passanten nicht nur im Dunkeln sehen, sondern auch schon von weitem hören, und das Klappern verhinderte Zusammenstöße. In der Stadt waren an vielen Stellen öffentliche Luftschutzbunker gebaut worden, in denen Leute Unterschlupf fanden, die auf der Straße von Alarm überrascht wurden. Manche dieser Betonbunker waren so stabil, dass nach dem Krieg alle Versuche scheiterten, sie niederzureißen. Sie mussten mit aufwendigen Mitteln gesprengt werden.

Niemand in Deutschland war allerdings auf einen Feuersturm vorbereitet, und derartige Maßnahmen wären gegen die planmäßig gelegten Bombenteppiche auch nutzlos gewesen. Zweifellos überlebten jedoch Hunderttausende von Menschen den Bombenkrieg dank des landesweiten Luftschutz- und Rettungssystems. In Dresden waren die Verluste so außerordentlich hoch, weil viele Tausende, vielleicht mehrere hunderttausend Ostflüchtlinge notdürftig in ungeschützten Gebäudeteilen und – trotz der kalten Jahreszeit – im Freien untergebracht waren. Als im März die großen Angriffe gegen Chemnitz kamen, hatte man auch schon aus dem Schreckensbeispiel in Dresden Lehren gezogen. Relativ wenige Menschen waren den Bomben und Bränden schutzlos ausgeliefert. Eine Chemnitzerin erinnert sich:

> Ich kann mich besinnen, dass vom Februar an eigentlich jeden Tag Fliegeralarm war. Wir lebten fast nur noch im Keller bzw. vor der Haustür. Weiter weg haben wir uns nicht getraut. Aber mit der Zeit haben wir Kinder die Sache als alltäglich angesehen und uns immer gewundert, dass die Erwachsenen das so ernst sahen. Wie recht sie damit hatten, beweist der 5. März. Es lag

noch Schnee. Wir waren im Keller, nachdem die Sirenen geheult hatten. Die Einwohner aus den Neubauten kamen z.T. mit in die Keller der Altbauten, weil die mit ihren gewölbten Kellerdecken angeblich besser den Bomben standhielten.

Plötzlich kam ein Luftschutzwart ... und teilte mit, dass „Christbäume" gesetzt wurden. Das mussten wir natürlich sehen. Ehe die Erwachsenen sich versahen, waren wir größeren Kinder schon vor der Haustür. Was wir da sahen, war schaurig. Der Himmel war taghell erleuchtet, und die sogenannten „Christbäume" schwebten ganz langsam zur Erde. Wir wurden sofort wieder in den Keller dirigiert, denn das Brummen der Fliegerverbände war bedrohlich nahe.

Und dann ging es los! Wir lagen auf den Knien, eine Wolldecke über Rücken und Kopf, den Kopf nach unten, eine Wäscheklammer zwischen den Zähnen (sollte angeblich die Lungen vor dem Luftdruck schützen), und die Erde bebte. Jeder Einschlag hob uns vom Boden. Die Kellermauer bekam einen Riss, und der Inhalt der im Hof befindlichen Jauchegrube ergoss sich in den Kellereingang, es stank erbärmlich. Hysterisch schrieen einige ältere Leute und wollten den Keller verlassen, weil das Haus angeblich getroffen sei. Aber der Luftschutzwart ließ uns nicht.

Wie lange das anhielt, kann ich nicht sagen. Dann hieß es: „Raus, löschen!" Wir rannten auf die Straße, vier Häuser brannten. Es gab vier Wasserpumpen mit Pumpenschwengel. Wir bildeten Eimerketten. Ein Doppelhaus brannte vollkommen aus, zwei Doppelhälften wurden gerettet, indem die Erwachsenen ständig mit Wasserpatschen (das waren Schaufelstiele mit Scheuerlappen, die in Eimer getaucht wurden), versuchten, die Funken zu löschen. Die Pumpen gaben bald kein Wasser mehr her. Gegen drei Uhr morgens holte uns eine Frau, die wir nicht näher kannten, ab, und sie bot uns ihr Schlafzimmer zum Ausruhen an, denn wir waren todmüde ...

Bei der Fa. Ernst Fischer jr. AG, Altendorfer Straße ... lagerten auf dem Hof Dutzende Benzinfässer, die durch die Hitzeentwicklung explodierten. Es war ein einziges Chaos. Auf der Sidonienstraße ... sind Menschen in ihren Wohnungen verbrannt, die um nichts in der Welt in einen Luftschutzkeller gingen.

An die Tage danach kann ich mich nur noch besinnen, dass die Brände in den Ruinen wochenlang immer wieder aufflammten. In fast allen Häusern der Siedlung sind die Fenster zersprungen.[54]

Es folgen einige Beispiele von Todesanzeigen für Opfer des Angriffs am 5./6. März 1945. Sie erschienen in der Chemnitzer Zeitung (48. Jahrgang, Nr. 74, 1./2. April – Ostern 1945), unter der Überschrift „Durch Terror

Die Chemnitzer Innenstadt ein Jahr nach dem Feuersturm vom 5./6. März 1945 – Blick von der Theaterstraße zum Rathaus (im Hintergrund rechts)

gefallen". Es ist anzunehmen, dass in Chemnitz unmittelbar nach dem Angriff keine Zeitungen erschienen, denn die Zeitungsgebäude werden wohl zerstört gewesen sein. Eine Ausgabe der Chemnitzer Zeitung kam am 12. März heraus, es ist aber kein Exemplar aufzutreiben. Die Ausgabe vom 1./2. April ist die erste nach dem Angriff, die in der Mikrofilmsammlung des Stadtarchivs Chemnitz enthalten ist.

Hildegard Manger, * 5.3.1929. Unsere liebe Tochter und Schwester fiel am 5.3. In tiefem Schmerz: Kurt Manger u. Frau sowie Bruder Herbert und Willy.

Marieluise. Nach Gottes heiligem Ratschluss verloren wir am 5.3. unser geliebtes Kind im Alter von 10 Jahren. Familie Alexander Hauptmann.

Charl. Eichbichler geb. Schröder, * 27.1.11. Meine liebe Frau mit ihren sechs Kindern wurde mir am 5.3. grausam entrissen. In tiefem Weh: Soldat Max Eichbichler, z.Zt. i. F. [im Felde], nebst Mutter und Geschwistern.

Helene Schmieder geb. Winkelmann, *Ursula Schmieder, Alma* verw. *Schmieder* geb. Petzold fielen am 5.3. Frau, Tochter, Mutter gleichzeitig zu verlieren, ist schwer. Kurt Schmieder.

Diese Ausgabe der Tageszeitung enthielt 18 Todesanzeigen für an der Front gefallene Soldaten und 57 Todesanzeigen für 127 zivile Opfer des Bombenangriffs. Auf derselben Seite erschien als öffentliche Bekanntmachung:

> *Meldepflicht aller Wohnungen*
> ... die Beschlagnahme allen verfügbaren Wohnraums [ist] ausgesprochen worden. Gleichzeitig sind die Hauseigentümer oder Hausverwalter – in ihrer Abwesenheit die Luftschutzhauswarte – verpflichtet worden, umgehend zu melden, wie viele Wohnungen in ihrem Haus noch bewohnbar sind bzw. leicht wieder bewohnbar gemacht werden können. Dabei sind nähere Angaben über die Zimmerzahl usw. zu machen ... Wer die Meldung unterlässt, wird nach der Verordnung vom ... mit Geldstrafe oder mit Haft bestraft.

In einem Leitartikel auf der Titelseite der *Chemnitzer Zeitung* vom 3. April 1945 hieß es unter der Überschrift „Die apokalyptischen Reiter“, dass die vier legendären Reiter den überlebenden Bürgern von Chemnitz nun nicht mehr in Gestalt der von Dürer, Cornelius, Böcklin und anderen Malern dargestellten Symbole als Krieg, Tod, Hunger und Pest erscheinen, sondern

> als die Köpfe von Churchill, Stalin, Roosevelt und einem ihrer „Hofjuden“ Baruch oder Morgenthau oder Ilja Ehrenburg, mit hasserfüllten Mördergrimassen ... Auch ihre Reittiere sind der Unterwelt entstiegen, von Räude und anderen Krankheiten angefressen. Gift ist ihr Atem, Feuer bricht aus ihren Nüstern – ein teuflischer Reiterpulk! Volksgenossen, ... wir blicken kalt in ihr satanisches Grinsen und fassen uns zusammen zum Widerstand bis zum letzten Atemzug.

So lautete die offizielle Botschaft in Erwiderung auf die strategischen Bombenangriffe der Alliierten. Sie war offensichtlich in einem Stil verfasst, der dem Herrn und Gebieter aller Nazi-Journalisten, Josef Goebbels, gefiel. Die Realität des Volkes sah anders aus.[55]

Am 6. März 1995 zitierte die *Freie Presse* die 101-jährige Alma Fritzsche. Sie war fünfzig, als Chemnitz genau ein halbes Jahrhundert zuvor vom Bomber Command angegriffen wurde. Sie erinnerte sich klar und deutlich an das Gebrüll der Bombermotoren in der Luft und an Menschen in den Straßen, die außer sich vor Furcht in Bunker oder in den nahe liegenden Wald rannten, um Sicherheit zu finden.

> Ich ging zu dieser Zeit oft auf dem Städtischen Friedhof spazieren, und dort wurden in diesen Tagen -zig Meter lange Gräber ausgehoben. Die Toten wurden einfach so, ohne einen Sarg begraben, manche einfach in einer vorne und hinten zugebundenen Decke oder in einem Schrank.[56]

Irene Pornitz geb. Vogel (1893–1977) war die Frau des Chemnitzer Fabrikbesitzers Ulrich Pornitz. Im März 1945 wohnte sie auf dem Rittergut in Leukersdorf bei Chemnitz. In ihrem Tagebuch beschrieb sie die Ereignisse am 5. und 6. März:

> 5. März: Ein grauenvoller Nachtangriff auf Chemnitz. Der Himmel blutrot von der brennenden Stadt. Unaufhörlich Einschläge. Früh passierten 5 geflüchtete Russen aus der Fabrik ein, erzählten, die ganze Stadt sei vernichtet, die Fabrik völlig verbrannt. Uli und ich fuhren gleich hinein, der Schlitten ging bis Haydnstraße. Dann alles Feuer, Qualm, einstürzende Häuser. Mutterles Haus ausgebrannt, Mutter Gulden ebenso.
>
> 5./6. März: Die ganze Stollberger Straße, Parkstraße ... alles ausgebrannt, vernichtet. Lodernde Flammen oder geschwärzte Ruinen. Von der Fabrik auch nur noch die Mauerreste. Unendlich viel Menschen erstickt und tot. Auf der Stollberger Straße wälzt sich ein Strom von Tausenden Flüchtlingen heraus, geschwärzte Gesichter, Brandwunden, erschöpft, apathisch, verzweifelt. Sie fahren Hand- und Kinderwagen mit geretteter Habe, kleine Kinder, alte Leute konnten nicht mehr weiter. Manche in bunten Bademänteln oder nur in Wolldecken, ein unbeschreiblicher Elendszug, den man nie vergessen wird. Mittags gingen wir zu Fuß wieder zurück, halfen schieben und tragen. Im Straßengraben lag eine tote alte Frau mit weitoffenen, blauen Augen. Wohl vor Erschöpfung gestorben. Die Nacht in Chemnitz muss die Hölle gewesen sein. Von der Innenstadt soll auch fast nichts mehr stehen.[57]

Auch in Frankenberg war niemand von der Katastrophe in Chemnitz unberührt geblieben. Doch in der einzigen Tageszeitung der Kleinstadt, im *Tageblatt*, wurde am 6. März nichts davon berichtet. Am 7. März standen auf Seite 2 zweieinhalb Zeilen unter der Überschrift „Der Wehrmachtsbericht vom Dienstag". Nach Berichten über die Kämpfe in der Slowakei und in Pommern, in Ostpreußen und im Raum von Xanten, wo „Angriffe der Engländer und Kanadier wiederum abgewiesen wurden", erschien eine kurze lakonische Meldung:

> In der vergangenen Nacht war Chemnitz erneut das Ziel eines schweren Angriffs der Briten, die außerdem Bomben auf Städte im westlichen, südlichen und mittleren Reichsgebiet warfen. Durch Luftverteidigungskräfte wurden 32 amerikanische Flugzeuge, in der Mehrzahl viermotorige Bomber, zum Absturz gebracht.

Im selben Bericht hieß es weiter unten:

> Deutsche Flugzeuge, die in breiter Front in den Bereich der britischen Insel vorstießen, erzielten außer den bereits gemeldeten Abschüssen britischer

Chemnitz 1946 – Blick vom Kaufhaus Schocken zur Ruine des Opernhauses (im Hintergrund links) und zur Petrikirche

> Terrorbomber noch weitere Erfolge durch Bomben und Bordwaffenangriffe gegen kriegswichtige Industrieziele und militärische Anlagen in beleuchteten Orten. London liegt weiter unter unserem Vergeltungsfeuer.[58]

Kein Wort in der Zeitung über die in Chemnitz entstandenen Zerstörungen, vom Feuersturm, von den schweren Verlusten unter der Zivilbevölkerung oder den Scharen verzweifelter Frauen, Kinder und alten Leuten, die Unterschlupf in Frankenberg suchten, viele von ihnen an Brandwunden und anderen Verletzungen leidend.

Am 19. März 1945 legte Bomber Command den „Auswertungsbericht Nr. K. 3899“ vor, in dem die Auswirkungen der Angriffe auf Chemnitz durch die 8. US Army Air Force am 2., 3. und 5. März sowie die Angriffe durch Bomber Command am 5. März beschrieben wurden. Die „allgemeine Aussage“, beruhend auf der Auswertung der am Nachmittag des 15. März von Aufklärungsflugzeugen aus aufgenommenen Fotos, lautete wie folgt:

> Die bisher nur leicht beschädigte Stadt Chemnitz hat schwer gelitten. Die meisten Schäden entstanden durch Brände. Etwa 60 % der voll bebauten Innenstadt sind ausgebrannt. Schwere Schäden wurden den östlichen, nördlichen und südlichen Außenbezirken zugefügt. Siebzehn der fünfzig

Schwerpunktindustrien in der Stadt sind beschädigt worden. Möglicherweise sind weitere getroffen worden, denn nicht alle Industriewerke sind einwandfrei identifiziert worden.

Chemnitz, die drittgrößte Stadt Sachsens, war eine Industriestadt, seit 80 Jahren für ihren Spinnereimaschinenbau bekannt. Die Stadt war außerdem Standort für den Maschinen- und Werkzeugbau, den Bau von Motorradbeiwagen, Fahrrädern, Textilwaren und verwandten Industrien. Es hatte eine eigenartige, geschlossen bebaute Innenstadt, in der sich nicht nur Geschäfts- und Verwaltungsgebäude sowie Werkzeugmaschinenfabriken befanden, sondern wo auch ein großer Teil der Bevölkerung in Mietshäusern wohnte.

Die überaus wichtigen, gut ausgerüsteten Anlagen der Werkzeugmaschinenfabrik J. E. Reinecke AG (Priorität 1) wurden sehr schwer beschädigt. Fast jedes Gebäude dieses großen Werks war ausgebrannt, und manche wurden außerdem durch Sprengbomben beschädigt. Auch die Firma Schubert und Salzer AG, die gegenwärtig Handfeuerwaffen herstellt (Priorität 2), war ebenfalls durch Brand schwer beschädigt. Neun Werke von Priorität 3, Hersteller verschiedener mechanischer Vorrichtungen, erlitten beim Angriff Schäden von unterschiedlichem Ausmaß.

Das Verkehrssystem ist stark beeinträchtigt worden. Etwa ein Drittel der Eisenbahnreparaturwerkstätten (Priorität 2) sind ausgebrannt. Jedes Gebäude des Güterbahnhofs Chemnitz-Süd (Priorität 3) wurde durch Brände zerstört, und manche Gleisanlagen sind durch Bombenkrater unterbrochen. Der Güterbahnhof Sonnenberg, der Hauptbahnhof und der Nikolaibahnhof wurden alle leicht beschädigt.

Das Elektrizitätswerk und eine Anzahl öffentlicher Gebäude einschließlich des Postamts, des Gerichts, der Stadtbibliothek sowie drei Kasernengelände sind durch Brände beschädigt worden.

Bomber Command kalkulierte peinlich genau, welchen Schaden die verschiedenen Fabriken, Verkehrseinrichtungen, Versorgungsbetriebe und öffentlichen Gebäude erlitten hatten, und kam zu dem Schluss, dass zusätzlich zu den 60 Prozent der „vollbebauten Fläche“ weitere 29 Prozent der weniger dicht bebauten Flächen zerstört oder schwer beschädigt waren.

Abends am Donnerstag, dem 12. April 1945 wurde Chemnitz noch einmal von alliierten Bombern angegriffen.

Kapitel 7
Auf der Papierspur

Als ich im Mai 2004 bei meinem Cousin in Chemnitz eintraf, freute ich mich, zu hören, dass sich auf den Artikel von Andreas Luksch in der Freien Presse (8./9. Mai 2004 unter der Überschrift „Schicksal eines kanadischen Soldaten auf der Spur") zwei Leser gemeldet hatten. Beide wohnten zufällig in Sachsenburg, nur wenige Kilometer von Frankenberg entfernt. Sobald ich meinen Koffer ausgepackt hatte, rief ich zunächst Wolfgang Hammer an. Er sagte, er könne sich leider nicht mit mir treffen, da er sich gerade auf eine Geschäftsreise vorbereite. Er teilte mir aber mit, sein mütterlicher Großvater, Oskar Liebhaber, 1945 Polizist in Frankenberg, sei damals beauftragt worden, den Mord des kanadischen Fliegers zu untersuchen. Er empfahl mir, im Stadtarchiv nach Unterlagen über die polizeiliche Ermittlung zu suchen. Dann rief ich Elfriede Rupprecht an, die sich schriftlich gemeldet und geschrieben hatte, sie habe den Mord mit angesehen. Sie war mit einem Interview einverstanden. Ich setzte große Hoffnungen auf sie und ihr Gedächtnis.

Mein Termin mit Margot Rau im Stadtarchiv Frankenberg war für 8.30 Uhr am 21. May 2004 angesetzt. Nach einer kurzen Fahrt von 20 Minuten kamen Fritz Neidhardt und ich frühzeitig in Frankenberg an. Wir hatten Zeit, uns das Haus anzuschauen, in dem meine Mutter, meine Schwester und ich 1945 wohnten. In seinem frischen Putz sah es freundlich und einladend aus. Der Garten, in dem ich meine Schätze vergraben hatte, existiert nicht mehr, denn an dem Platz ist ein neues Haus entstanden. Ob wohl bei der Ausschachtung jemand mein kleines Kästchen gefunden hat? Das Haus – heute Badstraße 6 – war gar nicht weit von der Mordstelle auf der Äußeren Freiberger Straße (damals Hindenburgstraße) entfernt. Ich erinnerte mich, was Ulrich Köhler in seinem Augenzeugenbericht erwähnt hatte: „Da die Schule geschlossen war, hatte ich oft Langeweile und schaute ... auf die Straße, wo es immer etwas zu sehen gab".

Ich wusste genau, was er damit meinte, denn meine Schule – die Frankenberger Oberschule – war zu diesem Zeitpunkt gleichfalls bereits „auf unbestimmte Zeit" geschlossen. Auch ich hatte viel Zeit damit verbracht, lesend auf einem breiten Fensterbrett zu sitzen oder nur zur Straße hinunter zu schauen, die damals Ludendorffstraße hieß.[59] Irgend etwas geschah immer auf der Straße: Militärfahrzeuge rollten vorbei, in schwarze Rauchwolken gehüllt, Kolonnen von Soldaten kamen anmarschiert. Ich beobachtete Pferdefuhrwerke, die mit allem möglichen Vorrat beladen waren. Offiziere saßen hoch zu Ross. Alte Frauen zogen klapprige, mit Kohlen- oder Kartoffelsäcken beladene Handwagen.

Eigentlich war das Frankenberger Stadtarchiv geschlossen, weil dieser zwischen Himmelfahrt und dem Wochenende gelegene Freitag quasi als Feiertag galt. Frau Rau hatte sich jedoch freundlicherweise bereit erklärt, ihren freien Tag zu opfern und wenigstens bis mittags zur Verfügung zu stehen. Sie hatte bereits einige Sammlungen herausgesucht, die mir eventuell bei meiner Suche helfen könnten.

Ich fing damit an, mir Unterlagen anzuschauen, die als „Akten der Stadt Frankenberg" ausgewiesen waren. Dazu gehörten die „Friedhofsanlagen", also Schriftstücke, die im Laufe der Jahre von den Verwaltern des städtischen Friedhofs zusammengestellt worden waren.[60] Nur wenige dieser Dokumente stammten aus der nationalsozialistischen Zeit. Im Februar 1944 hatte der Reichsminister des Innern einen Runderlass herausgegeben,[61] in dem alle Gemeindeverwaltungen angewiesen wurden, die Gräber ausländischer Arbeitskräfte in die „Gräberfürsorge" zu übernehmen. Diesem Erlass zufolge wies das Arbeitsamt in der Kreisstadt Flöha den Bürgermeister der Stadt Frankenberg an, die Personendaten für alle auf dem städtischen Friedhof beerdigten Zwangsarbeiter mitzuteilen. In einem Schreiben vom 4. April 1945 warf das Arbeitsamt dem Frankenberger Bürgermeister vor, widersprüchliche Zahlen genannt zu haben: „Mir sind nur 8 Fälle bekannt, während nach Ihren Angaben 13 Ausländer auf dem dortigen Friedhof beerdigt sind." Der Bürgermeister wurde nun angewiesen, eine vollständige Liste aufzustellen, und zwar mit Angabe von Namen, Vornamen, Geburts- und Sterbetag und Nationalität der Verstorbenen. Das Schreiben trug den Vermerk „Erledigung Friedhofsverwalterin Birkner, 12.4.45".

Am 13. April 1945 teilte der „mit der Wahrung der Geschäfte Betraute" des Bürgermeisteramtes der Behörde in Flöha mit, dass in Wirklichkeit 14 Ausländer auf dem Friedhof beerdigt waren. Er fügte eine Aufstellung aller „im Friedhof zu Frankenberg beerdigten Zivilarbeiter und Kriegsgefangenen" bei. Die Liste enthält alle verfügbaren Angaben über 13 Zivilarbeiter und einen „englischen" Kriegsgefangenen namens Matthew Orr (geschrieben Mathew), geboren am 21. September 1915, gestorben am 8. Januar 1945, beerdigt am 12. Januar 1945. Ich notierte, dass auf dieser Liste kein „unbekannter Kanadier" stand. Ich stellte auch fest, dass sie mindestens einen Fehler enthielt: Man hatte den Todestag des „Ostarbeiters" Viktor Namenko als 2. November 1945 eingetragen, also sieben Monate nach Aufstellung der Liste. Diese Korrespondenz beweist aber auch, mit welcher Akribie die hierarchische Nazi-Bürokratie selbst einen Monat vor Kriegsende noch Einzel-

Akten über die Aufhebung von Toten und über außerordentliche Vorfälle, Stadtarchiv Frankenberg

heiten über Todesfälle protokollierte. Die Tatsache, dass weder der in Frankenberg verübte Mord an dem kanadischen Flieger noch die Existenz seines Grabes festgehalten wurde, führt zur Annahme, dass diese Informationen absichtlich und auf illegale Weise unterschlagen wurden.

Weitere noch aus der Kriegszeit stammende Unterlagen, die etwas zu dem von mir untersuchten Fall beigetragen hätten, konnte ich nicht finden. Auch die während des Krieges geführten standesamtlichen Sterberegister enthielten keine Eintragung über den Tod eines kanadischen Fliegers im März oder April 1945. Dafür entdeckte ich aber interessante Papiere, die unmittelbar nach Kriegsende entstanden waren.

Unter dem genannten Aktentitel fand ich Unterlagen „über die Aufhebung von Toten u. über außerordentl. Vorfälle. Ergangen im Jahre 1945“. Ein am 5. Juni 1945 vom Bestattungsamt ausgefülltes Formular wies aus, dass vom Wohlfahrtsamt 50 Reichsmark beantragt wurden, die dem Tischler Jacob für den Sarg eines Kanadiers gezahlt werden sollten. „Die Einsargung erfolgte am 3. Juni und die Bestattung hier am 3. Juni 45.“ Der „namenlose Kanadier“ wurde also 26 Tage nach Kriegsende in einem Sarg auf dem Frankenberger Stadtfriedhof begraben. Unter Name und Nummer war eingetragen: „1 Canadier, Nr. 162“. Sterbeort, Sterbezeit, Todesursache usw. blieben unausgefüllt.

Am Dienstag, dem 26. Juni 1945 fand eine „Beratung der verantwortlichen Leiter der Stadtverwaltung mit den Vertretern der Einwohnerschaft" statt. Anwesend waren Bürgermeister Dirks, zwei weitere Stadtratsmitglieder, Polizeileiter Geßner, Polizeibediensteter Mühl, Arbeitsamtsleiter Herzog und sieben weitere Bürger der Stadt. Laut Protokoll standen 22 Themen zur Debatte, darunter der Bedarf an Heiz- und Treibstoffen für die Industrie und Landwirtschaft, die Knappheit an Bargeld, die Wiedereröffnung der Kindergärten, und unter Tagesordnungspunkt 19:

> Zur Kennzeichnung des Grabes des auf dem hiesigen Friedhof beerdigten kanadischen Soldaten soll ein Grabkreuz mit einer entsprechenden Inschrift angefertigt werden. Mit der vorgeschlagenen Inschrift des Herrn Bürgermeisters Dirks ist man einverstanden.[62]

Unter den Friedhofsakten war ein am 15. September 1945 von Dr. Wolff, dem Chefarzt des „ehemaligen Reservelazaretts Frankenberg" an den Bürgermeister gerichtetes Schreiben:

> Es ist mir besonders daran gelegen, noch vor endgültiger Auflösung des Res.Laz. den Laz.-Friedhof, in dem etwa 100 verstorbene Verwundete beerdigt sind, in einen würdigen Zustand zu versetzen. Hierzu ist beabsichtigt, ein großes eichenes Kreuz zu errichten und außerdem eine Gedenktafel aufzustellen, die sämtliche Namen der Verstorbenen und ihre Grabnummern bezeichnet ... Das ist besonders deshalb notwendig, weil mit Verbesserung der Verkehrsmöglichkeiten mit dem Besuch von Angehörigen der Verstorbenen zu rechnen ist und ich Wert darauf lege, dass dann der Friedhof in einem würdigen Zustand ist.[63]

Es gelang mir nicht, weitere Unterlagen über diesen Lazarettfriedhof zu finden, den ich auf dem Gelände der Frankenberger Kaserne, unweit des Lazaretts, vermutete. Dr. Wolffs Schreiben beweist jedoch, dass es im September 1945 einen solchen Friedhof gab und dass er ca. 100 Gräber enthielt. Es ist möglich, dass der Ermordete zunächst ebenfalls dort begraben wurde und die Leiche im Juni 1945 auf den Städtischen Friedhof an die Stelle überführt wurde, an der sich die Gräber anderer Ausländer befanden. Ein mögliches Szenario wäre, dass am Tag des Mordes Soldaten aus der Kaserne im Wehrmachtsfahrzeug die kurze Strecke zur Ecke Äußere Freiberger Straße und Amalienstraße fuhren, die Leiche an der Mordstelle aufluden und im Lazarett ablieferten. Dort muss eine Person mit Amtsbefugnis angeordnet haben, die Leiche heimlich auf dem Lazarettfriedhof zu verscharren, ohne den Tod oder die Beerdigung den zuständigen Behörden zu melden und ohne das Grab mit dem Namen oder der Erkennungsmarke des toten Kanadiers zu kennzeichnen. Dort wird die Leiche geblieben sein, bis man sich einen

Monat nach Kriegsende entschloss, sie auszugraben und kurz danach auf den Städtischen Friedhof als die eines „Unbekannten" in ein gekennzeichnetes Grab umzubetten.

Ich fand weitere Nachkriegskorrespondenz zwischen dem Landratsamt in Flöha und dem Bürgermeister sowie dem Standesbeamten in Frankenberg. Am 13. November 1945 ersuchte das Landratsamt Flöha den Bürgermeister, eine Verordnung des Chefs der Sächsischen Polizei zu befolgen und sofort („mittels Kurier bis zum 14.11. nachmittags 3 Uhr") zu melden, welche „Bürger der UdSSR, der Alliierten Staaten und andere Ausländer" in Kriegsgefangenschaft verstarben. Anzugeben waren Name und Vorname, Nationalität, „Untertanschaft", Zeitpunkt des Todes, Begräbnisstelle, Todesursache und Zustand der Grabstelle.

Prompt am 14. November übersandte der Frankenberger Standesbeamte die Liste mit Begleitschreiben. Die handgeschriebene Liste enthält die Angaben über 27 Gräber von Ausländern einschließlich des Eintrags, dass am 1.6.1945 ein „unbekannter kanadischer Flieger" in Abteilung B, Grab 4 umgebettet wurde. In diesem Fall fehlen alle weiteren Angaben. Insgesamt stehen auf der Liste – außer dem Kanadier – 7 männliche und 3 weibliche „Ostarbeiter"[64], 1 Belgier, 1 Bulgare, 3 Franzosen, 1 Italiener, 1 Pole und 2 Polinnen, 4 Russen (darunter ein „Russe von der Kommandantur", der erst im Juni 1945 „auf der Landstraße aufgefunden" wurde), ein unbekannter politischer Häftling unbekannter Nationalität, ein Mann namens Angelo Bardoni von unbekannter Nationalität und ein englischer Kriegsgefangener (Mathew Orr, geb. 21.9.15, gest. 8.1.45).[65]

Eine Akte des Standesamts enthält ein Schreiben des Bestattungsamts vom 26. April 1946 (vermutlich an den Bürgermeister oder das Landratsamt), aus dem hervorgeht, dass im Vorjahr ein „namenloser kanadischer Flieger" in Grab B 4 beerdigt wurde:

> Das Grab befindet sich in gutem gepflegtem Zustand und ist mit einem Eichenkreuz geschmückt. Beerdigt am 1.6.1945 (umgebettet). Die Inschrift lautet: „Hier ruht ein unbekannter kanadischer Soldat, der noch in der Kriegsgefangenschaft sein Leben lassen musste."

Am 2. Mai 1946 wies dasselbe Bestattungsamt darauf hin, dass die Inschrift des Kreuzes zu berichtigen sei. Anscheinend hatte der Text den Unbekannten fälschlicherweise als Amerikaner ausgewiesen.

> Da es sich bei dem auf dem hiesigen Friedhof beerdigten ausländischen Flieger ... nicht um einen amerikanischen, sondern um einen kanadischen Flieger handelt, soll die Inschrift des auf seinem Grab errichteten Gedenkkreuzes entsprechend berichtigt werden.

Am 11. Januar, 1946, acht Monate nach Kriegsende, sandte der Standesbeamte eine Aufstellung von 23 in Frankenberg begrabenen „Angehörigen der Vereinten Nationen".[66] Diese Liste wurde in Befolgung des Befehls 163 des Obersten Chefs der Sowjetischen Militäradministration (SMA) erstellt und wahrscheinlich vom Bürgermeister auf dem Behördenweg weitergereicht. Die SMA hatte allen zuständigen deutschen „Mächten und Organen" befohlen, die Gräber von „Bürgern der Vereinten Nationen" zu melden. Auf dieser Liste stehen die bereits im April 1945 gemeldeten Gräber. Nicht mehr in Frankenberg waren die Gräber des bulgarischen und des italienischen Staatsangehörigen, des politischen Häftlings und von Angelo Bardoni, die wahrscheinlich bereits auf andere Friedhöfe überführt worden waren. Die im April 1945 als „Ostarbeiter" bezeichneten Toten wurden jetzt „annehmbar Russe/Russin" genannt. Als letzter Eintrag stand wieder der „namenlose kanadische Flieger – umgebettet am 1.6.45".

Auffällig ist, dass selbst bei der Exhumierung und Umbettung des Kanadiers nach dem Krieg seine Identität nicht preisgegeben wurde. War man nicht auf den Gedanken gekommen, wenigstens die auf der Erkennungsmarke des Toten befindlichen Angaben zu notieren? Auch das Todesdatum und die ursprüngliche Grabstelle waren nicht vermerkt worden. Wollte man seinen Namen und die Umstände seines Todes auch nach Kriegsende noch bewusst geheim halten, womöglich um eine Untersuchung des Falles zu erschweren bzw. zu verhindern und die Täter zu schützen? Bekleideten die Täter oder zumindest die Wissenden immer noch einflussreiche Positionen? Diese Fragen müssen wohl unbeantwortet bleiben.

Eine offensichtlich später (ohne Datum) aufgestellte Liste der 23 Gräber enthält neben der Zeile „Namenloser kanadischer Flieger" die handgeschriebene Notiz „am 8.12.1948 überführt". Dabei wurde nicht erwähnt, wer die Überführung der Leiche veranlasste und wohin sie überführt wurde. All diese wichtigen Fragen blieben weiterhin Rätsel. Auch der britische Soldat Matthew Orr stand auf dieser Liste mit demselben mysteriösen Eintrag: „am 8.12.1948 überführt".

Eine meiner Notizen, die ich im Frankenberger Stadtarchiv machte, war der an mich selbst gerichtete Vermerk: „In Ottawa bei Commonwealth War Graves Commission anfragen, ob Grab des Matthew Orr auffindbar". In diesem Fall hatte ich wenigstens einen Namen. Sollte es mir gelingen, Orr zu finden, könnte ich vielleicht auch entdecken, wohin der unbekannte Kanadier im Dezember 1948 überführt wurde.

Ich befolgte Wolfgang Hammers Empfehlung, blätterte in den wenigen im Stadtarchiv vorhandenen Polizeiakten und suchte nach dem Namen von Hammers Großvater Oskar Liebhaber. Ich fand zwar einige Hinweise auf ihn, aber nichts, was irgendetwas mit dem Mord oder einer damit zusammenhängenden Fahndung zu tun hatte. Es standen weder Tagesberichte noch Polizeitagebücher für 1945 zur Verfügung.

Die Archivarin zeigte mir einen Stapel von etwa 40 Karteikarten mit den Namen und Funktionen von Nazi-Amtsträgern und anderen Nazi-Aktivisten in Frankenberg. Die Karten waren wahrscheinlich von der *Antifa* zusammengestellt worden, einer nach dem Zusammenbruch meist aus ehemaligen Kommunisten und Sozialdemokraten gebildeten antifaschistischen und pro-sowjetischen Gruppe, die auf kurze Zeit die Gemeindeverwaltung übernahm. Bis zur Wiedervereinigung Deutschlands waren diese Karten an einer anderen Stelle als beschränkt zugängliches Material aufbewahrt worden. Die Karten waren soeben erst dem Archiv übergeben worden, nachdem man diese Beschränkung aufgehoben hatte. Ich hoffte, die Namen Florschütz und Hunger zu finden, die von Dr. Ahnert und Frau Bodenschatz als mutmaßliche Täter genannt worden waren. Max Florschütz war ein prominentes SA-Mitglied, und Hunger war in der SS. Merkwürdigerweise gab es keine Karten für diese als Nazis stadtbekannten Leute. Hatte sie jemand entfernt? Wer hätte wo und wann Zugang zu diesen Karteikarten gehabt?

Im Gegensatz zu Nordamerika bestand (und besteht auch heute noch) eine An- und Abmeldepflicht für alle in Deutschland wohnenden Personen. Das sogenannte Einwohnermeldeamt registriert jeden Umzug. In Frankenberg werden die Akten dieser Behörde auch nach langer Zeit nicht etwa dem Stadtarchiv übergeben, sondern sie bleiben im Rathaus. Es gelang mir nicht, Zugang zu den dort vorhandenen Unterlagen zu erlangen, und ich war deshalb im Mai 2004 nicht in der Lage, festzustellen, wo die lange Jahre in Frankenberg ansässigen mutmaßlichen Täter Florschütz und Hunger 1945 und nach dem Krieg gewohnt hatten.

Später, als ich bereits wieder in Kanada war, erhielt ich von einer zuverlässigen Quelle, die nicht genannt werden möchte, folgende Fragmente statistischer Angaben, die den Feuerwehrunterlagen der Stadt Frankenberg entstammen: Max Florschütz (auch Flohrschütz geschrieben) wurde am 28. November 1888 in Frankenberg geboren. Zur Zeit des Mordes im März 1945 war er also 56 Jahre alt. Im Jahre 1912 heiratete er in Rosswein. Das Ehepaar hatte vier Kinder. Ich weiß nun auch genau, wo Florschütz zwischen 1933 und 1945 in Frankenberg gewohnt hat und dass er gelernter Glaser war. Wie lange er diesen Beruf ausgeübt hat, wurde mir nicht mitgeteilt. Später diente er bei der Feuerwehr. Am 1. April 1934 wurde er zum Halbzugführer, am 13. Juli 1936 zum Löschmeister, am 19. Mai 1940 zum Haupttruppenführer und endlich am 1. Juni 1943 zum Wachtmeister befördert. Zwei Tage nach Kriegsende, am 10. Mai 1945, wurde er „abgemeldet". Ob sich dieser vage

Ausdruck auf seine Entlassung aus der Feuerwehr oder auf seinen Umzug aus Frankenberg bezog, konnte ich nicht ermitteln. Max Florschütz starb am 10. Juni 1967 in Frankenberg im Alter von 77 Jahren.

Manche Unterlagen, die wohl nähere Informationen enthalten hätten, scheinen nicht mehr zu existieren. Die Archivarin, Frau Marion Rau, sagte mir, dass während der DDR-Zeit zum Teil archivalisches und statistisches Material vernichtet wurde. Es gäbe auch Gemeindeakten, die außerhalb des Archivs aufbewahrt werden und nicht eingesehen werden können. Aus diesen Gründen war es mir bei meinem Aufenthalt in Frankenberg nicht möglich, festzustellen, wo sich Max Florschütz zwischen 1946 und 1967 aufhielt.

Am 25. Mai 2004 erschien in der *Freien Presse* ein Leserbrief von Ernst Roßberg, in dem er mitteilte, nach dem Einmarsch sowjetischer Truppen in Frankenberg sei u.a. auch der ehemalige SA-Sturmführer Max Florschütz verhaftet worden, der seitdem verschollen sei. „Gerüchteweise erfolgte diese Verhaftung, weil er in Zusammenhang mit dem Geschehen um den toten Kanadier gebracht wurde. Ob zu Recht oder zu Unrecht, das vermochte mir mein Vater, der Max Florschütz persönlich gut kannte, auch nicht zu sagen, als ich im Juli 1945 aus kurzer amerikanischer Gefangenschaft heimkehrte."[67]

Diese anekdotenhafte Auskunft über Max Florschütz bestätigte, was mir Frau Bodenschatz berichtet hatte, nämlich, dass Florschütz „irgendwie für seine [mutmaßliche]Tat bestraft worden" war. Roßbergs Mitteilung, Florschütz sei „seitdem vermisst", steht jedoch im Widerspruch zu ihrer Aussage, sie habe ihn mehrere Jahre nach dem Krieg wieder in Frankenberg gesehen, und auch im Widerspruch zu den standesamtlichen Eintragungen, wonach Florschütz 1967 in Frankenberg starb.

Noch weniger konnte ich über Hans Hunger ausfindig machen, der mutmaßlich ebenfalls etwas mit dem Mord zu tun hatte. Von derselben Quelle, die ich nicht nennen darf, erhielt ich die folgenden lückenhaften Angaben: Zwischen 1933 und 1934 wurde Hunger in den meldeamtlichen Eintragungen unter der Berufsbezeichnung Bücherrevisor und Steuerberater geführt. Später war sein Beruf Geschäftsleiter. Die verfügbaren Unterlagen beweisen nur, dass er in den 1930er Jahren in Frankenberg gewohnt hat. Zeugen berichten jedoch, er habe auch in den 1940er Jahren und mit Bestimmtheit bei Kriegsende in der Stadt gewohnt.[68]

Ich las die Anfang März 1945 erschienenen Nummern des *Tageblatts für Frankenberg und Hainichen*, war aber nicht überrascht, keine Erwähnung des Mordes zu finden. Zeitungen der damaligen Zeit berichteten nur, was ihnen befohlen wurde oder als „politisch belanglos" betrachtet wurde.

Bei der Gelegenheit überflog ich auch die Ausgabe vom 4. Mai 1945, die letzte vor der Kapitulation des Dritten Reiches erschienene Nummer des

Tageblatts. Dort fand ich folgende Zeilen, die mich an meine eigene Furcht erinnerten, als wir in den letzten Kriegstagen im Keller zusammengedrängt saßen und von Stunde zu Stunde erwarteten, beim Einzug der Roten Armee in Frankenberg getötet oder auf grässliche Weise gefoltert zu werden:

> [... beiderseits der Elbe brachten Vorstöße deutscher Verbände] die erneute Befreiung deutscher Ortschaften, die einige Tage lang die Schrecken der sowjetischen Besatzung erdulden mussten. Wie in Bautzen, Bischofswerda und Kamenz, so auch in jeder, auch der kleinsten Ortschaft, berichten die unter dem Zwang der Verhältnisse zurückgebliebenen Einwohner schauerliche Einzelheiten über das Wüten der roten Soldateska. Es gibt Ortschaften, wo selbst Greisinnen nicht vor Vergewaltigung verschont blieben. Ein junges Mädchen wurde von viehischen asiatischen Horden mehr als 50 Mal missbraucht und erlitt schwerste Verletzungen.
>
> Das, was unsere Truppenärzte auch in diesen letzten Tagen an Berichten weinender Frauen und Mädchen, die Schreckliches erleben mussten, erfahren haben, ist so scheußlich, dass man es nicht wiederzugeben vermag ...

Am Ende meiner Suche im Frankenberger Stadtarchiv kam ich zu dem Schluss, dass mir die Frankenberger Friedhofsakten, standesamtlichen Eintragungen und sonstigen archivarischen Unterlagen nichts über den Tod und das erste Begräbnis des kanadischen Fliegers verraten hatten. Seine Leiche war Anfang Juni 1945 – drei Wochen nach Kriegsende – auf den Stadtfriedhof umgebettet worden, und man hatte ein hölzernes Kreuz auf seinem Grab errichtet. Dann wurde die Leiche am 8. Dezember 1948 erneut ausgegraben und an eine unbekannte Stelle überführt. Das alles stimmte. Ich konnte zwar die bisher nur anekdotenhaften Berichte teilweise mit dokumentarischen Beweisen untermauern, war aber noch weit davon entfernt, das Rätsel zu lösen.

Kapitel 8
Die Augenzeugen

Anni Bodenschatz ist eine aktive 85-jährige Frankenbergerin. Ihre adrette Seniorenwohnung auf der Pestalozzistraße ist praktisch um die Ecke von der Mordstelle. Bei einer Tasse gutem Kaffee wiederholte sie, was sie mir schon am Telefon gesagt hatte, gab mir aber auch einige weitere Details.

Im März 1945 war sie eine junge Frau von 25 Jahren. An einem Tag, dessen genaues Datum sie nicht mehr weiß („... es muss aber gleich nach dem Großangriff auf Chemnitz gewesen sein“) war sie mit ihrer Schwägerin und deren zwei kleinen Kindern (einem dreijährigen Mädchen und einem etwas älteren Jungen) auf der Äußeren Freiberger Straße (damals Hindenburgstraße) bergaufwärts zur Wohnung ihrer Mutter unterwegs. Aus der Gegenrichtung kam ihnen ein deutscher Soldat entgegen, der einen Mann in einer fremden Uniform begleitete.

„Seine Uniform war dunkler als das Feldgrau des deutschen Soldaten. Ich glaube, er trug so etwas wie ein Essgeschirr.“

Zuerst dachte sie, der Mann gehöre vielleicht zum Löschzug, dessen Fahrzeuge in Nähe der Kaserne parkten. Diese Feuerwehrleute waren von auswärts gekommen und hatten in Chemnitz beim Löschen geholfen. Als die beiden Männer näher kamen, erkannte sie den jüngeren, dunkelhaarigen Mann als einen ausländischen Soldaten und nahm an, er sei ein Kriegsgefangener. Nachdem die beiden Frauen und Kinder ein Stück an den Männern vorbeigegangen waren, hörten sie plötzlich einen Tumult hinter sich.

> Ich drehte mich um und sah, dass vier Männer wild auf den Gefangenen mit Holzknüppeln einschlugen. Der fiel gleich hin. Dann sah ich Hans Hunger den Berg herunter kommen und auf die Stelle zugehen, wo die anderen den Gefangenen schlugen. Er schien sehr aufgeregt zu sein, und sein Gesicht war ganz blass und bestürzt. Ich erinnere mich, dass ich Hunger fragte: „Ist das aus Rache wegen dem Angriff auf Chemnitz?“ An seine Antwort kann ich mich aber nicht erinnern. Wir gingen mit den Kindern weiter den Berg hoch. Kurz nach diesem Ereignis kam wieder Fliegeralarm, und wir mussten rennen, um einen Luftschutzkeller zu finden. Ich weiß nicht, was mit dem Soldaten danach geschah.

„Trug Hunger Uniform?“ fragte ich.

„Nein, er war in Zivil.“

„War er in der SS?“

„Nein, das glaube ich nicht."

„Was ist aus Hans Hunger geworden?"

„Er ist nach dem Krieg verschwunden. Ich habe nie wieder etwas von ihm gehört."

„Was meinen Sie, warum er verschwunden ist?"

„Es sind damals so viele Leute einfach verschwunden. Niemand stellte Fragen. Vielleicht haben sie ihn irgendwohin gebracht."

„Wer?"

„Die Russen. Oder er ist einfach fortgegangen."

Später erfuhr ich von einem anderen Zeugen mehr über Hans Hunger. Dr. Ewald Kuschka in Flöha meldete sich nach dem dritten Artikel in der *Freien Presse*, im Mai 2004. Er war anderer Ansicht als Frau Bodenschatz. Kuschka ist etwa in meinem Alter und war Schüler in derselben Oberschule, die ich 1945 besuchte. Ich kann mich aber nicht auf ihn besinnen. Er schrieb einen Leserbrief an die Zeitung und sandte mir anschließend eine Kopie von Auszügen seiner Memoiren. Dort schreibt er auf Seite 87:

> Am Nachmittag des 6. März [1945] ereignete sich am Hochwartenberg etwas Entsetzliches: Unterhalb Figuras Villa lag auf der Straße eine große Blutlache, von einer Menge geschockter Leute umstanden. Nach und nach erfuhr ich aus dem Gerede der Leute, was passiert war.

Kuschka erinnert sich, dass die Leute über den Mord an einem Kriegsgefangenen außer sich waren. Sie sagten, der Kanadier sei „so ein junger Kerl" gewesen, und der Wachtposten habe einfach dabei gestanden und nichts getan. Kuschka hörte, dass die Täter Latten von einem Zaun abgebrochen und den jungen Mann „auf offener Straße erschlagen" hatten. Jemand habe eingeworfen: „Das war doch ein Bombenflieger!" Andere sprachen von einem feigen Mord.

> Und dass der Hunger so ein rabiater Kerl ist ... Total erschüttert reimte ich mir alles zusammen. Der Nazianwalt Hunger, der neben Buschiks ein Einfamilienhaus auf der Friedrich-Albert-Straße und einige kleine Jungs hatte, erschlug den wehrlosen kanadischen Gefangenen aus Hass wegen seiner Bombeneinsätze. Schlagartig sah ich die brutale Fratze der Nazis und des Krieges, konnte mich lange nicht beruhigen.

In seinem Leserbrief fügte Kuschka hinzu, Hans Hunger sei Rechtsanwalt in Frankenberg gewesen und habe den Krieg nicht überlebt: „Etwa um den 14. oder 15. April 1945, im größten Chaos, hieß es, der Rechtsanwalt Hunger habe mit seiner Familie Selbstmord begangen. Das redeten die Leute damals. Ob etwas Wahres dran ist, weiß ich nicht."

Später, im Herbst 2004, sprach ich noch einmal mit Frau Bodenschatz über Hans Hunger. Sie war überrascht, dass jemand glaubt, er sei Rechtsanwalt gewesen. Sich dachte, er sei Angestellter beim Elektrizitätswerk gewesen. Während sie nie etwas von Selbstmord gehört hat, konnte sie aber bekräftigen, er sei nach dem Krieg „verschwunden".

Bei meinem Besuch im Mai 2004 stellte ich viele Fragen an Frau Bodenschatz und hoffte, sie könne sich an weitere Einzelheiten erinnern.

„Früher haben Sie gesagt, der kanadische Kriegsgefangene sei seinen Wunden in einem Lazarett erlegen. Wieso hatten Sie das angenommen?"

„Das habe ich nur von anderen Leuten gehört."

„Vor ein paar Jahren sagten Sie in einem telefonischen Interview, Sie hätten den Gefangenen als kanadischen Flieger erkannt, weil er ein Ahornblatt trug. Als ich Sie vor meiner Deutschlandreise aus Kanada anrief, sagten Sie, dass Sie sich eigentlich nicht erinnern können, ein Ahornblatt gesehen zu haben und dass Sie wohl erst später zu dieser Annahme gekommen sind. Haben Sie denn zur Zeit der Tat mit Sicherheit gewusst, dass der ausländische Soldat ein kanadischer Flieger war?"

„Na ja. Da muss wohl etwas anderes gewesen sein, das mich zu dieser Erkenntnis geführt hat. Ich kann mich jetzt nicht erinnern, wie ich das herausgefunden habe. Viele Leute hatten ja über den Fall gesprochen, und alle sagten, es sei ein kanadischer Flieger gewesen. Am Nachmittag, als wir zuhause waren, erschrak ich, denn ich sah, wie mein kleiner Neffe und andere Kinder auf dem Hof mit Holzstangen herumrannten und dabei schrieen: ‚Schlag den Kanadier tot! Schlag den Kanadier tot!' Die Kinder spielten, was sie vorher mit angesehen hatten."

Frau Bodenschatz sagte mir, sie glaube, die „Gruppe um Max Florschütz", den örtlichen SA-Führer, sei für den Mord verantwortlich gewesen.

„Ich glaube, Florschütz wurde abgeholt und nach dem Krieg irgendwie für das Verbrechen bestraft, aber ich weiß nicht, ob es die Russen waren oder erst in der DDR-Zeit. Ich war später beim Konsum an der Ecke Lärchenstraße und Hohe Straße beschäftigt. Dort hatte Florschütz irgendeine ehrenamtliche Funktion bei dem Komitee, das den Konsum unter sich hatte."

Frau Bodenschatz wusste auch, dass Florschütz „vor etlichen Jahren" gestorben war. Mehr erzählte sie mir aber nicht. Etwa vier Monate nach unserem Gespräch erhielt ich dann die Auskunft, eine Tochter von Florschütz wohne in einem Frankenberger Alterspflegeheim. Sofort bat ich meinen Cousin, ihr einen Besuch im Seniorenheim „Im Sonnenlicht" auf der Einsteinstraße abzustatten. Im Oktober 2004 sandte er mir einen schriftlichen Bericht:

Augenzeugin Anni Bodenschatz, Frankenberg (Foto 2006)

Martha Opitz geb. Florschütz ist eine 88-jährige Witwe. Gleich anfangs bekundete sie, dass ihr Gedächtnis an die Jugendzeit nicht sonderlich sei. Stolz verkündete sie, ihr Vater sei „Kompaniechef" der Frankenberger Feuerwehr und in der SA-Reserve Frankenbergs gewesen. Er und zwei Weitere seien zu Schützenfesten, Kundgebungen oder an Feiertagen in Uniform mit je einer Trommel an den obengenannten Tagen 6 Uhr früh durch Frankenberg gezogen, um die Leute zu wecken. Auch sei er ein guter Klavierspieler, der in Gaststätten für beste Stimmung gesorgt hätte. In der Familie hätte es keine Gespräche über Kriegsgefangene oder den Kriegsverlauf gegeben, sie hätte dazu keinerlei Erinnerungen. Nach dem Krieg sei der Vater Hausmeister in der Berufsschule in der heutigen Humboldtstraße gewesen.

Ich dankte Frau Bodenschatz für die Unterhaltung und für den Kaffee. Ich bat sie, mich zu benachrichtigen, wenn ihr irgendwelche weitere Einzelheiten über den Mord einfallen. Dann ging ich zu Fuß den kurzen Weg von ihrer Wohnung zum Frankenberger Bahnhof. Es dauerte nur drei Minuten, von ihrer Haustür auf der Pestalozzistraße bis zur Ecke Äußere Freiberger Straße und Amalienstraße zu gelangen, wo der Mord geschah, und in weiteren drei Minuten war ich am Bahnhof. Dort wartete Ulrich Köhler auf mich. Er war mit dem Wagen aus Noschkowitz bei Döbeln gekommen.

Köhler ist zwei Jahre älter als ich. Im März 1945 besuchte ich als dreizehnjähriger Schüler die Oberschule in Frankenberg. Er war fünfzehn und wurde bereits an der Lehrerbildungsanstalt (LBA) – neben der Oberschule – zum Lehrer ausgebildet. Wir waren beide in der Hitlerjugend, er schon in der älteren HJ, ich noch im Jungvolk. Wir kannten uns nicht. Schließlich war ich erst in Februar 1945 nach Frankenberg verschlagen worden.

Zusammen gingen wir zum Tatort. Im März 1945 wohnten Köhler und seine Mutter in einem Haus schräg gegenüber der Ecke, wo die Amalienstraße in die Äußere Freiberger Straße mündet. Er bestätigte, was Dr. Ahnert bereits über seine Erinnerungen an den Mord aufgezeichnet hatte. Er fügte hinzu, der deutsche Soldat, der den Gefangenen begleitete und bewachen sollte, sei ein älterer Mann gewesen. Köhler ist mit seinen Aussagen sehr präzise und denkt scharf nach, bevor er Fragen beantwortet. Er ist nicht geneigt, zu spekulieren und gibt zu, wenn er sich an gewisse Einzelheiten nicht erinnern kann. Ich hatte das Gefühl, dass die Dinge, an die er sich entsinnt, auf Tatsachen beruhen. Seine Aussagen enthielten nichts Widersprüchliches. Ich bewertete ihn als einen äußerst zuverlässigen Zeugen.

Als wir uns unterhielten, fiel mir plötzlich ein, dass ich meinen Fotoapparat bei Frau Bodenschatz vergessen hatte. Wir gingen gemeinsam zur Pestalozzistraße zurück, und ich hatte Gelegenheit, die beiden Zeugen einander vorzustellen. Vorher kannten sie sich noch nicht. Als ich versuchte, mit ihnen einige Begebenheiten noch genauer zu klären, konnte ich erneut beobachten, dass sie sehr verschiedenartig auf Fragen über die entfernte Vergangenheit reagierten. Während Frau Bodenschatz manchmal etwas zögerte, mit Einzelheiten aufzuwarten, manchmal aber Aussagen schnell bestätigte oder zurücknahm, schienen Ulrich Köhlers Antworten zwar vorsichtig, aber sicher. Er schien in vielen Dingen ein sehr akkurates Gedächtnis zu haben, und seine Aussagen waren konsequent.

Ich ging mit Köhler zurück zum Tatort und fotografierte die Stelle aus mehreren Blickwinkeln. Köhler konnte mir den genauen Platz angeben, wo der Kanadier von seinen Angreifern überfallen wurde, und die Stelle auf der gegenüberliegenden Straßenseite, wohin er noch kriechen konnte und dann in einer Blutlache lag.

Als ich wieder in Kanada war, kam ein Brief von Ulrich Köhler, den ich zu meiner kleinen, sehr lückenhaften Sammlung von Informationen über Max Florschütz hinzufügen konnte. Köhler hatte mit einem seiner ehemaligen Mitschüler aus der Volksschule gesprochen. Wie es der Zufall wollte, ist dieser Mann mit einer Patentochter von Max Florschütz verheiratet. Köhler besuchte die Frau, und sie bestätigte, Florschütz sei „in SA-Uniform herumgelaufen". Sie erzählte ihm auch, Florschütz sei vor dem Krieg Aufseher im

Augenzeuge Ulrich Köhler im Jahre 1945

Hier wurde der kanadische Flieger ermordet: Ecke Äußere Freiberger Straße (damals Hindenburgstraße) und Amalienstraße in Frankenberg (Foto August 2006)

Konzentrationslager Sachsenburg gewesen (wo auch Köhlers Schwiegervater inhaftiert war).[69] Die Frau weiß auch, dass Florschütz mutmaßlich an dem Mord beteiligt war und meint, er sei aber nach 1945 nicht gerichtlich dafür belangt worden, weil er „sehr human gewesen sei".

Meine Zeit in Frankenberg ging schnell zu Ende, und ich musste mich entscheiden. Sollte ich Frau Braune, die andere von Dr. Ahnert erwähnte Augenzeugin aufsuchen? Sie hatte die Leiche des kanadischen Fliegers nach dem Mord auf der Straße liegen sehen. Oder sollte ich nach Sachsenburg fahren, um die neue Zeugin, Elfriede Rupprecht, zu interviewen, die sich auf den Zeitungsartikel hin gemeldet hatte? Ich hatte bereits mit Frau Braune am Telefon gesprochen, um ihre Aussagen zu bestätigen. Sie beteuerte, sie habe nichts hinzuzufügen. Dagegen schien Frau Rupprecht neue, interessante Informationen zu haben. Ich fuhr also nach Sachsenburg.

In ihrem Brief an die *Freie Presse* hatte Frau Rupprecht bereits einige Einzelheiten aufgezählt:

> Heute bin ich 75 Jahre und damals, am 6. März 1945, war ich 15 Jahre alt. Wir wohnten in Frankenberg. Kurz nach dem Großangriff auf Chemnitz am 5./6. März ging ich mit meiner Mutter und meinen beiden Schwestern, die damals noch kleine Kinder waren, auf der Hindenburgstraße. Meine jüngste Schwester lag im Kinderwagen. Wir waren auf dem Weg, meine Großmutter zu besuchen, die in dieser Straße wohnte. Wir gingen auf der rechten Seite bergaufwärts und waren kurz über den Schienen am Bahnübergang, als auf der anderen Straßenseite Soldaten einen Gefangenen gefesselt eskortierten und ununterbrochen auf ihn einschlugen. Viele Leute, die dort auf der Straße unterwegs waren, blieben stehen und waren z. T. empört über diese Behandlung eines gefesselten Gefangenen. Die Personen auf der Straße wurden von der Eskorte aufgefordert, nicht stehenzubleiben und weiterzugehen. Namen, weder der Eskorte noch des Gefangenen, sind mir je bekannt geworden. Ich war als junges Mädchen von diesem Vorfall sehr erschüttert und habe den jungen Mann ehrlich bedauert, ohne ihm helfen zu können.

Als ich Elfriede Rupprecht in ihrer komfortablen Wohnung in Sachsenburg besuchte, die sie mit ihrem Ehemann Günter teilt, führte sie näher aus:

> Als wir in der Wohnung meiner Großmutter ankamen, erzählten wir ihr, was wir gesehen hatten. Meine ältere Schwester wohnte damals bei meiner Großmutter. Normalerweise wäre meine Schwester auf der Arbeit gewesen, in der Zwirnerei in Sachsenburg. Aber wir fanden sie zuhause an, als wir ankamen. Als wir ihr erzählten, was wir gesehen hatten, sagte sie, am Tag zuvor (es könnte auch länger gewesen sein), seien sie und die anderen Arbeiter aufgefordert worden, ihre Arbeit zu unterbrechen und sich den „amerikanischen" Fliegersoldaten anzusehen, der sich offensichtlich mit dem Fallschirm aus einem abstürzenden Flugzeug gerettet und sich in der Fabrik freiwillig ergeben hatte. Den Arbeitern wurde befohlen, sich den Flieger anzuschauen, ihn zu beschimpfen, zu beleidigen und anzuspucken. Meine Schwester

Augenzeugin Elfriede Rupprecht, Sachsenburg (Foto 2004)

Die Zwirnerei in Sachsenburg, Vorderansicht 2004

meinte daraufhin, es müsse wohl derselbe Gefangene gewesen sein, dessen Totschlag wir mit angesehen hatten. Diese Bilder tauchten wieder aus der Erinnerung bei mir auf, als ich den Artikel las.

Die Beschreibung, die Frau Rupprecht mir gab, ließ keinen Zweifel, dass es sich bei dem Tatort um dieselbe Stelle handelte, die auch die anderen Augenzeugen genannt hatten. Die Anderen hatten nicht erwähnt, der Gefangene sei gefesselt gewesen. Frau Rupprecht ist auch die einzige Zeugin, die meint, zwei deutsche Soldaten hätten den Kanadier begleitet und selbst „auf ihn eingeschlagen". Obwohl ein Zusammenhang nicht zu beweisen ist, besteht immerhin die Möglichkeit, dass der „Amerikaner", der sich in der Sachsenburger Zwirnerei ergeben hatte, in Wirklichkeit der kanadische Flieger war, der später in Frankenberg, etwa 5 km von Sachsenburg, ermordet wurde. Sehr wahrscheinlich ist, dass der in Sachsenburg von Arbeitern beschimpfte Flieger anschließend der nächstliegenden militärischen Behörde übergeben wurde, die in der Frankenberger Kaserne lag.

Es war und ist in Deutschland durchaus üblich, Kanadier als „Amerikaner" zu bezeichnen. Als Hunderttausende von Auswanderern im 18. und 19. Jahrhundert Deutschland gegen die „Neue Welt" eintauschten, zogen sie „nach Amerika". Schließlich gehört Kanada auch zum amerikanischen Kontinent. Nach meiner Auswanderung im Jahre 1952 dauerte es 13 Jahre, bis ich genug Geld gespart hatte, um meine alte Heimat zum ersten Mal wieder zu besuchen. Ich erinnere mich genau, dass ich die Deutschen laufend verbessern musste, wenn sie mich fragten, wie es mir denn in Amerika gefällt.

„Ich wohne nicht in Amerika, sondern in Kanada."

„Was ist denn der Unterschied? Kanada ist doch in Nordamerika – oder nicht?"

„Ja, in Nordamerika. Aber ich bin Kanadier geworden, nicht Amerikaner. Amerikaner sind Bürger der Vereinigten Staaten von Amerika."

Es war immer schon und ist heute noch schwierig, manche Europäer davon zu überzeugen, dass Kanada eine unabhängige Nation ist. Kanadier stellen ein deutlich verschiedenes Volk dar und wollen nicht Amerikaner genannt werden. Ebenso wie Österreicher nicht mit Deutschen verwechselt werden möchten.

Wenn man einräumt, dass die meisten Deutschen zur Zeit des Zweiten Weltkrieges wohl eine relativ unklare Vorstellung von Kanada und den Kanadiern hatten, wäre es damals ziemlich normal gewesen, einen kanadischen Flieger als Amerikaner zu bezeichnen. Andererseits wurden auch alle englischsprachigen Alliierten, ob Briten, Kanadier oder Australier – zumindest im Volksmund – fast immer in einen Topf geworfen und Engländer genannt. Unter den Bombern, die beim Großangriff auf Chemnitz am 5./6. März 1945 abstürzten, war auch eine Lancaster vom 460. Geschwader. Der australische Pilot, RAAF-Squadron Leader John Holmes (DFC), sechs andere Australier und ein RAF-Flieger kamen um. Auf ihrem gemeinsamen Grab errichteten die Deutschen ein Kreuz mit der Inschrift: „Hier ruhen 8 englische Flieger ...“. Der Umstand, dass der in der Sachsenburger Zwirnerei gefangen genommene Flieger „Amerikaner“ genannt wurde, schließt also keinesfalls die Möglichkeit aus, dass es sich um den „unbekannten kanadischen Flieger“ gehandelt haben könnte.

Als meine Deutschlandreise zu Ende ging, war ich immer noch ziemlich enttäuscht. Ich hatte zwar mehr Einzelheiten erfahren. Ich war überzeugter als zuvor, dass der Mord tatsächlich verübt worden war, dass der Ermordete ein junger kanadischer Flieger war und dass dieses Verbrechen eine vorsätzliche Aktion darstellte. Der Mord musste zwischen den eigentlichen Tätern und Personen mit Amtsbefugnis in der Frankenberger Kaserne als Komplott geplant worden sein. Die Männer mit ihren Holzknüppeln waren nicht rein zufällig an dieser Straßenecke – genau zu der Zeit, als der kanadische Kriegsgefangene mit seinem Bewacher dort vorbeiging. Jemand muss sie informiert haben, dass er zu eben dieser Zeit zum Bahnhof geführt werden sollte. Sie stellten sich zum vorgegebenen Zeitpunkt am richtigen Platz auf, warteten auf den Gefangenen und erschlugen ihn hinterrücks.

Mein Aktenkoffer war voll. Meine Ausbeute umfasste Dutzende von Fotokopien archivalischer Dokumente, handschriftliche Aufzeichnungen und Notizen über Interviews, zu entwickelnde Filme und einige neue Bücher. Der Ermordete war jedoch immer noch der „unbekannte kanadische Flieger“, zu einem unbekannten Datum von mutmaßlichen Tätern umgebracht. Sein ursprüngliches Grab war unbekannt. Seine Leiche war dreieinhalb Jahre nach seinem Tod von Unbekannten an eine unbekannte Stelle überführt worden. Ich wusste immer noch nicht, ob er zu einer Bomberbesatzung gehört hatte oder aus einem Begleitjäger ausgestiegen war. Was war zum Beispiel mit dem Jäger geschehen, der über Chemnitz mit der von Flight Lieutenant Ross geführten Lancaster zusammengestoßen war? So viele ungeklärte Fragen. So viel Arbeit wartete noch auf mich.

Kapitel 9
Terrorflieger

Auf meiner Deutschlandreise sammelte ich viele Informationen über die Bombenangriffe auf Chemnitz. Ich fand Fragmente über den Mord in Frankenberg und dokumentarische Beweise über das zweite Begräbnis des Toten auf dem Städtischen Friedhof. Seine Identität kannte ich immer noch nicht. Sollte ich mich nun auf die beschwerliche und zeitraubende Arbeit vorbereiten, auf sämtlichen alliierten Militärfriedhöfen in Deutschland nach dem Grab eines unbekannten kanadischen Fliegers zu suchen, dessen Leiche am 8. Dezember 1948 in Frankenberg zum zweiten Mal exhumiert worden war?

Mein Hauptziel war, den Namen des ermordeten Kanadiers und damit sein drittes Grab zu finden. Im Laufe meiner Nachforschungen war ich auch auf Hinweise über Morde an anderen kanadischen Fliegern gestoßen.

Es ist zweifelsfrei, dass der Mord an Kriegsgefangenen im Zweiten Weltkrieg als Kriegsverbrechen galt und eine Verletzung der Haager und Genfer Konventionen darstellte. Schon die IV. Haager Konvention von 1907, genannt „Haager Landkriegsordnung", bestimmte in Artikel 4:

> Die Kriegsgefangenen unterstehen der Gewalt der feindlichen Regierung, aber nicht der Gewalt der Personen oder der Abteilungen, die sie gefangen genommen haben. Sie sollen mit Menschlichkeit behandelt werden.

Dass diese Abmachung bereits im Ersten Weltkrieg weitgehend verletzt wurde, geht z. B. aus dem Brief eines kanadischen Infanterie-Leutnants an seine Eltern hervor:

> Nachdem wir die Hälfte meiner Kompanie verloren hatten, stürmten wir [die Deutschen], und sie hatten die Frechheit, ihre Hände hoch zu heben und ‚Kamerad' zu rufen. Das einzige ‚Kamerad', das ihnen meine übrig gebliebenen Männer gaben, war ein kaltes Bajonett durch den Leib, während ich ihnen ohne Zögern mit dem Revolver eine Kugel durch den Kopf jagte. Ihr meint vielleicht, das sei etwas hart, aber wenn ihr gesehen hättet, wie meine Jungens gefallen sind, hättet ihr dasselbe getan. Ich bedauere nur, dass zu viele Gefangene gemacht wurden.[70]

Artikel 2 der Genfer Konvention über die Behandlung von Kriegsgefangenen, die am 27. Juli 1929 von 42 Nationen verabschiedet und im Jahre 1934 auch von Deutschland ratifiziert wurde, ergänzte:

> Die Kriegsgefangenen müssen ferner jederzeit geschützt werden, namentlich auch vor Gewalttätigkeit oder Einschüchterung, Beleidigungen und der öffentlichen Neugier. Vergeltungsmaßnahmen gegen Kriegsgefangene sind verboten.[71]

Natürlich war der Massenmord an Zivilisten (einschließlich Frauen und Kindern) durch Bombardierung aus der Luft auch eine Verletzung dieser Abkommen. Es ist aber hier nicht meine Absicht, zu erwägen, ob die eine Verletzung schlimmer war als die andere. Dieses Argumentieren überlasse ich Ethikern, Philosophen, Völker- und Menschenrechtsexperten, und auch speziell meinen Lesern. Es ist schwierig, angesichts von Brutalität neutral zu bleiben, ob sie auf persönlicher Ebene (als Mord an einem Kriegsgefangenen) oder auf „unpersönlich-militärischer" Ebene (als strategische Bombardierung) erscheint.[72] Im November 1944 begann die vom US-Außenministerium angeordnete Bestandsaufnahme „United States Strategic Bombing Survey (USSBS)". Mit der Durchführung wurden 300 Zivilpersonen aus verschiedenen Berufsgruppen sowie 350 Offiziere und 500 Soldaten anderer Ränge berufen. Den Vorsitz hatte Franklin d'Olier, Präsident einer Lebensversicherungsgesellschaft und Veteran des Ersten Weltkriegs. Der im September 1945 zusammengestellte Bericht fasste die Erfahrungen und Ergebnisse der alliierten Bombenangriffe gegen deutsche Städte zusammen:

> Es wurden fast 2,7 Millionen Tonnen Bomben abgeworfen, mehr als 1 440 000 Bombereinsätze geflogen. Auf dem Höhepunkt erreichte die Zahl der Bomber 28 000 mit insgesamt 1,3 Millionen Mann in Kampfbereitschaft. Bei Bombeneinsätzen fanden 79 265 US-Soldaten und 79 281 britische[73] Soldaten den Tod. Mehr als 18 000 US-Bomber und 22 000 britische Bomber gingen verloren. In Deutschland wurden 3,6 Millionen Wohnungen, d. h. ca. 20 % aller Wohnungseinheiten, zerstört oder schwer beschädigt. Unserer Erhebung nach wurden ca. 300 000 Zivilpersonen getötet und 780 000 verletzt, während 7,5 Millionen obdachlos wurden.

In Bezug auf deutsche Opfer und Sachschäden erstreckte sich die Bestandsaufnahme nur auf „Westdeutschland" und nicht auf die sowjetische Besatzungszone. Die Zahlen enthalten daher nicht die in Städten wie Dresden, Leipzig, Chemnitz, Magdeburg, Halle, Erfurt usw. zu beklagenden Todesopfer und Schäden.

> Die alliierten Luftstreitkräfte haben der deutschen Bevölkerung die volle Wucht des modernen Krieges mit all seinen Schrecken und Leiden beigebracht. Die Auswirkungen werden dem deutschen Volk ständig im Bewusstsein bleiben.[74]

Die Tragödie und Illegalität des Bombenkriegs gegen Deutschland sollte nicht mit der Tragödie und Illegalität der Hinrichtung oder des Mordes an Kriegsgefangenen aufgerechnet werden. Anekdotischen Quellen zufolge sind Hunderte von alliierten Fliegern in Deutschland nach Bombenangriffen ermordet worden. Einer viel zu vorsichtigen Schätzung nach betrug die Zahl der zwischen dem 1. Februar und dem 30. April 1945 ermordeten kanadischen Flieger nur sieben.[75] Eine weit größere Anzahl ist der mit Quellenangaben versehenen deutschen Website von Willi Wachholz, *Flieger-Lynchmorde im Zweiten Weltkrieg* zu entnehmen.[76] Hier werden 314 Fälle von „Lynchmorden" an alliierten Fliegern dokumentiert, die zwischen Juli 1943 und Mai 1945 auf dem damaligen Reichsgebiet verübt wurden. Zu dieser Zahl gehören auch 26 Kanadier (von denen einer fälschlicherweise als der „in Frankenberg/Sachsen durch Zivilisten ermordete kanadische Flieger R.B. Denison" angegeben wird). Als Quelle nannte Wachholz dabei Dr. Ahnerts „sechsseitiges Typoskript" im Stadtarchiv Frankenberg. Im Laufe meiner Nachforschungen für dieses Buch traf ich auf Beweismaterial über weitere elf, vielleicht sogar 19 Morde an kanadischen Fliegern im Laufe dieser Zeitspanne von 22 Monaten (siehe Anhang III).

In den vier Monaten zwischen dem 25. August und Ende Oktober 1940 wurden 1 733 deutsche Flugzeuge über Großbritannien abgeschossen. Zu Beginn dieser heute als „Battle of Britain" bezeichneten Luftoffensive stellte ein britischer Hurricane-Pilot über London fest, dass er keine Munition mehr hatte. Er rammte absichtlich das Leitwerk eines deutschen Dornier-Bombers, der es vermeintlich auf den Buckingham-Palast in London abgesehen hatte. Beide Piloten konnten sich mit dem Fallschirm retten. Der britische Jagdflieger, Ray Holmes, überlebte. Als 89-Jähriger erzählte er diese Geschichte im Rahmen des Fernsehprogramms „Fighter Plane Dig", das sich mit dem Fund der Hurricane durch Archäologen befasste und am 30. Mai 2004 über Channel Five gesendet wurde. Der deutsche Pilot hatte weniger Glück. Heute noch lebende Augenzeugen sahen, wie er auf dem Oval landete. Doris Jieves sagte: „Die haben an seinem Fallschirm gezerrt, weil sie die Seide haben wollten, um etwas daraus zu machen, und sie riefen: ‚Lyncht ihn, lyncht ihn!'" Der Mob schlug auf ihn ein, und kurz darauf ist er im Krankenhaus gestorben.[77]

Haben deutsche Zivilisten alliierte Flieger, damals allgemein als Terrorflieger bezeichnet, ermordet, weil sie über die Bombardierung von Wohngebieten, Schulen und Krankenhäusern empört waren? Das ist zweifellos vorgekommen. Die Trauer um tote Familienmitglieder sowie die Entrüstung über zerstörte Wohnungen und verlorenes Hab und Gut können Menschen veranlasst haben, gewalttätig zu reagieren. Es bestehen jedoch Gründe zur

Annahme, dass in sehr vielen Fällen Kriegsgefangene, die offensichtlich aus ihren Bombern ausgestiegen waren, überlebt und sich ergeben hatten, von Zivilisten nur beschimpft und bedroht wurden. Es gehören doch schon ein außergewöhnliches Maß an Blutrausch, eine dem Wahnsinn ähnliche Entschlossenheit dazu, ehe Hausfrauen, Kinder und Greise andere Menschen angreifen und ermorden. Man muss bedenken, dass Mord, auch Lynchmord, eine abscheuliche, ruchlose Tat darstellt, die äußerst selten von „gewöhnlichen" Menschen verübt wird, da sie eine natürliche Abscheu vor einer derart drastischen Handlung haben, selbst unter extremem Stress und im Zustand der Verzweiflung. Es ist wahrscheinlicher, dass die meisten dieser „Lynchmorde" nicht impulsiv von wutentbrannten Bürgern verübt wurden, sondern von Funktionären und Amtsträgern, uniformiert oder nicht, die entweder auf Befehl handelten oder die Befehle ihrer Führer und Vorgesetzten, „bei Gewalttätigkeiten gegen Terrorflieger nicht einzugreifen", als Erlaubnis oder sogar Ermutigung zum Mord auffassten. Es ist zu vermuten, dass diese Befehle den Zweck hatten, gerade eine solche Interpretation auszulösen.

Diese Hypothese, dass die meisten Morde an kriegsgefangenen alliierten Fliegern geplant waren und nicht spontane Handlungen darstellten, wird auch von Fakten unterstützt. Auf der Liste kanadischer Flieger, von denen bekannt ist, dass sie zwischen Juli 1944 und April 1945 ermordet wurden (siehe Anhang III), wird nur ein einziger Fall „mit Bestimmtheit" Zivilisten zugeordnet, nämlich der Mord in Frankenberg. Natürlich weisen die Augenzeugenberichte darauf hin, dass auch der Frankenberger Mord einen heimtückisch geplanten Angriff darstellte. Mindestens zwei der mutmaßlichen Täter waren Funktionäre (ein SA-Führer und ein SS-Mann). Nahezu alle auf dieser Liste erscheinenden Morde können Männern zugeschrieben werden, die irgendeine offizielle Funktion bekleideten: in der Wehrmacht und beim Volkssturm, in SA und SS, in der Gestapo und anderen Polizeiorganisationen. Einer dieser Morde wurde „von einem Lehrer und seiner Schulklasse"[78] verübt, was ebenfalls eher auf eine geplante als auf eine spontane Aktion hindeutet. Am 11. Juli 1944 wurde in Bayern ein kanadischer Flieger von einem Förster ermordet.[79] Nur in sechs Fällen waren die mutmaßlichen Täter keiner Kategorie zugeordnet und hätten Zivilisten sein können.

Ein weiterer Fall, der nicht auf der Liste von Wachholz steht, ist die ausreichend dokumentierte Hinrichtungsaktion vom 24./25. März 1944. Angehörige der SS und der Gestapo ermordeten sechs RCAF-Offiziere, die nach ihrem Ausbruch (*The Great Escape*; deutsch: „Gesprengte Ketten") aus dem Stalag Luft III bei Sagan (dem heutigen Zagan) wiederergriffen wurden. Gemeinsam mit 44 weiteren alliierten Fliegeroffizieren wurden sie auf den ausdrücklichen Befehl Hitlers an die Wand gestellt und erschossen.[80] Mit Ausnahme der sechs unsicheren Fälle sind also alle in dieser kleinen, aber aussagekräftigen Stichprobe aufgeführten kanadischen Flieger von deutschen Soldaten, Partei- und Polizeiangehörigen und anderen Funktionären umgebracht worden und nicht von wütenden Zivilisten.

Die deutsche Presse, die vollkommen dem Reichsminister für Propaganda und Volksaufklärung Dr. Josef Goebbels unterstand, hatte eine spezielle Terminologie entwickelt und verbreitet, um die gegen die Zivilbevölkerung gerichteten Bombenangriffe zu beschreiben. Die alliierten Lufteinsätze hießen Terrorangriffe oder Terrorhandlungen. Die Bomberbesatzungen wurden als Terrorflieger bezeichnet. Es versteht sich von selbst, dass diese Bezeichnungen nicht im Zusammenhang mit deutschen Bombenangriffen auf London und andere Städte in Großbritannien verwendet wurden.

Selbst Winston Churchill benutzte das Wort „Terror", um die alliierten Großangriffe auf Bevölkerungszentren zu beschreiben. Am 28. März 1945, während *Operation Thunderclap* noch in vollem Gange war, also nach der Zerstörung Dresdens, aber noch vor vielen verheerenden Angriffen auf deutsche Städte wie Bremen, Leipzig, Kiel, Potsdam usw., erklärte er seinen Befehlshabern gegenüber:

> Es scheint mir, die Zeit sei gekommen, die Frage der Bombardierung deutscher Städte einzig und allein zu dem Zweck, den Terror zu steigern, wenn auch unter anderen Vorwänden, erneut zu prüfen ... Sonst kommen wir womöglich in den Besitz eines vollständig ruinierten Landes ... Seit der Zerstörung von Dresden gibt es ernstliche Bedenken über die Durchführung alliierter Bombenangriffe.[81]

Ursprünglich hatte die deutsche Polizei Schritte unternommen, um jede Art von „Lynchjustiz" einzudämmen und Bedrohungen oder Übergriffe durch die Zivilbevölkerung gegen alliierte Flieger und andere Kriegsgefangene zu verhindern. Doch am 10. August 1943 erließ Heinrich Himmler als Reichsführer SS und Chef der deutschen Polizei Anweisungen an alle ihm unterstehenden Dienststellen, „sich nicht in Auseinandersetzungen zwischen deutschen Volksgenossen und feindlichen Fliegern einzumischen".[82] Ein am 28. Mai 1944 im „Völkischen Beobachter", dem Zentralorgan der NSDAP, unter der Überschrift „Zum Luftterror" veröffentlichter Artikel enthielt die Aufforderung von Goebbels, ein Ventil zu schaffen und „Volksgenossen" zu erlauben, abgeschossene oder notgelandete Flugzeugbesatzungen Auge um Auge, Zahn um Zahn selbst zu bestrafen.[83] Im Juni 1944, erließ Goebbels einen Befehl, der Bordwaffenangriffe auf Zivilisten, Personenzüge, Krankenhäuser usw. als Terrorhandlungen einstufte, die das „Lynchen" der

Flieger rechtfertigten. Kriegsgefangene alliierte Piloten, die sich bereits im Fliegeraufnahmelager Oberursel (Taunus) befanden und sich angeblich oder tatsächlich am „Luftterror" beteiligt hatten, sollten dem SS-Sicherheitsdienst zur Sonderbehandlung (d. h. Hinrichtung) übergeben werden.[84] Nachdem das Außenamt und der Oberbefehlshaber der deutschen Luftwaffe zugestimmt hatten, wurde dieses Verfahren mit Konsequenz durchgeführt. Zahlreiche Fälle von „Mord durch Hinrichtung" sind nach dem Krieg an alliierten Militärgerichten verhandelt worden. Die Verurteilten erhielten durchweg die Todesstrafe und wurden hingerichtet.[85]

Es gibt genügend Beweise, dass Himmler, Goebbels und andere Größen des Dritten Reiches den Mord an alliierten „Terrorfliegern" herausgefordert und sogar Befehle an die SS, den SS-Sicherheitsdienst und die Gestapo erteilt haben, alliierte Flieger unter gewissen Umständen hinzurichten. Es wäre aber unrichtig, daraus den Schluss zu ziehen, die Nazis hätten der Zivilbevölkerung unmittelbar und pauschal befohlen, kriegsgefangene Flieger zu lynchen, und dass die Mörder dann einfach diese Befehle befolgten, wie es Hermann Knell folgert.[86] Die Männer, die den kanadischen Flieger in Frankenberg erschlugen, hatten keine derartigen Befehle. Es ist jedoch mit einiger Sicherheit anzunehmen, dass sie glaubten, ihre Tat würde unbestraft bleiben und von den Nazibehörden übersehen oder sogar gebilligt werden. Trotzdem mussten die Täter mindestens wissen, dass es sich bei der Ermordung um eine zwielichtige Sache handelte. Aus dem Grunde haben sie sich wohl auch bemüht, ihre eigene Identität zu verbergen und den Mord dadurch zu verdecken, dass sie den Toten ohne Identifikation unter die Erde brachten.

Bei den Nürnberger Prozessen 1945/46, in denen der Internationale Gerichtshof (Militärtribunal) die führenden Persönlichkeiten des Dritten Reiches aburteilte, wurden manche der als Hauptkriegsverbrecher Angeklagten auch über den Mord und die Hinrichtung alliierter Flieger und anderer Kriegsgefangenen verhört. Auszüge aus den voluminösen Verhandlungsprotokollen sind u. a. im Rahmen des Avalon-Projekts an der Yale-Jurafakultät im Internet zur Verfügung gestellt worden. Daraus geht hervor, dass nicht nur Hitler, Himmler und Goebbels, sondern auch Befehlshaber im Oberkommando der Wehrmacht – Generalfeldmarschall Wilhelm Keitel, Generaloberst Alfred Jodl und Generalmajor Walter Warlimont – derartige Befehle erlassen hatten. Keitel und Jodl wurden für zahlreiche Kriegsverbrechen angeklagt und zum Tod durch den Strang verurteilt:

> *(8) Kriegsverbrechen und Verbrechen gegen die Menschlichkeit; Verbrechen gegen Militär; Lynchmord an alliierten Fliegern.* Am 21. Mai 1944 erhielt Keitel eine Note vom Wehrmachtsführungsstab (WFST). Darin wurde ihm mitgeteilt, der Führer habe entschieden, dass abgesprungene feindliche Flieger stand-

rechtlich zu erschießen seien, wenn sie an ‚Terrorhandlungen' beteiligt waren. Keitel schrieb auf die Note: „Bitte dafür sorgen, dass ein Befehl formuliert wird. K." Am 17. Juni 1944 schrieb Keitel ans Außenamt und ersuchte um Billigung der vorgeschlagenen Maßnahme und der vereinbarten Definition von ‚Terrorhandlungen'. Am selben Tag schrieb Keitel an Göring und ersuchte ihn um seine Zustimmung zu den Definitionen von ‚Terrorhandlungen'. Er forderte Göring auch auf, dem Kommandanten des Sammellagers Oberursel zu befehlen, die solcher Vergehen schuldigen Flieger dem SS-Sicherheitsdienst zu übergeben. Sowohl Keitel als auch Jodl zeichneten das Schreiben ab. Göring antwortete, dass Flieger, die keine solchen Terrorhandlungen begangen haben, geschützt werden müssen und empfahl, solche Angelegenheiten vor Gericht zu verhandeln. (732-PS).[87]

Reichsmarschall Hermann Göring, der sich im Ersten Weltkrieg selbst als Jagdflieger ausgezeichnet hatte und im Zweiten Weltkrieg u. a. Oberbefehlshaber der Luftwaffe war, ist der einzige hochrangige Nazifunktionär, von dem bekannt wurde, dass er den Mord an alliierten Fliegern ablehnte. Aber obwohl Göring lange in den Augen der Öffentlichkeit als der zweite Mann im nationalsozialistischen Staat gegolten hatte, war er in der letzten Kriegsphase bei Hitler in Ungnade gefallen. Sein Einfluss wurde immer geringer. Auf Druck Hitlers sah er sich gezwungen, Hinrichtungen jener „Terrorflieger" zuzustimmen, die sehr eng definierte „Terrorhandlungen" begangen hatten. Göring wurde im Nürnberger Prozess als ranghöchster Nationalsozialist in allen vier Anklagepunkten für schuldig erklärt und zum Tod durch den Strang verurteilt. Er entzog sich der Vollstreckung des Urteils durch Selbstmord.

Trotz dieser Befehle zum Lynchmord sind Fälle bekannt geworden, in denen Deutsche – Zivilisten und Soldaten – abgesprungene bzw. kriegsgefangene alliierte Flieger menschlich behandelt haben, manchmal selbst im Anschluss an einen Feuersturm. Im Laufe meiner Untersuchung stieß ich auf einige solche Fälle.

Die nachfolgende Darstellung entstammt einem Brief von Ursula Stopp aus Ehrenfriedersdorf im Erzgebirge, die am Verhör eines kanadischen Fliegers nach den Großangriffen auf Dresden am 13./14. Februar 1945 teilnahm. Als 18-jährige junge Frau besuchte sie in Dresden eine Dolmetscherschule für Englisch und Französisch. Sie überlebte den Feuersturm, aber die Schule und ihre Wohnung wurden zerstört. Sie war stundenlang im Keller begraben und verlor ihre sämtlichen Habseligkeiten. Nach ihrer Rettung und nachdem sie schreckliche Szenen des Todes und der Zerstörung – einschließlich Beschuss durch Tiefflieger – erlebte, schloss sie sich dem Flüchtlingsstrom an, der die brennende Stadt in Richtung Süden verließ. Nachdem sie am

Stadtrand von Dresden einen weiteren Angriff überlebte, konnte sie schließlich ihr Heimatdorf Mildenau im oberen Erzgebirge erreichen.

Kaum war ich unbeschadet daheim angekommen, erfolgte der Luftangriff auf mein Heimatdorf. Die Kirche, mehrere Bauerngüter, die Klöppelschule und die Strumpffabrik (die einzige Erwerbsquelle für die nichtbäuerliche Bevölkerung) wurden getroffen und brannten total nieder. Beim Löschen ... halfen in selbstloser Weise französische Kriegsgefangene mit ... Bis dahin hatte sich die Dorfbevölkerung in Sicherheit gewähnt, denn Mildenau bot weder militärische noch andere kriegswichtige Ziele. Die Menschen waren arm und lebten unter harten, entbehrungsreichen Bedingungen auf dem Kamm des Erzgebirges.

Am Morgen des 15. Februar holte mich ein Gemeindediener zum Dolmetschen ins Rathaus. In der Amtszelle saß ein sympathisch aussehender, aber total verschmutzter Flieger der RCAF, den man in der Nacht zuvor gefangen genommen hatte. Er trat höflich und unbefangen auf und begrüßte den Bürgermeister (ebenfalls Ortsgruppenleiter) und mich mit Handschlag ... Er sagte, er sei von Beruf „Bricklayer“ (Maurer), verheiratet und habe zwei Kinder. Zum Beweis brachte er aus seiner Jackentasche ein Foto seiner Familie heraus und bemerkte zu unserer Überraschung, dass ich ähnlich wie seine Frau aussah. Mich fragte er, ob der Ortsgruppenleiter ein „Nazi“ wäre, was ich natürlich nicht verneinen konnte. Offensichtlich war er von dessen humanem Auftreten überrascht. Der Gefangene bat auch um etwas Lesestoff und verblüffte uns mit der Frage, ob er ein Bad nehmen dürfte. Das war zwar in seinem Zustand verständlich, aber für unsere dörflichen Verhältnisse unfassbar, denn ich weiß nicht, ob damals in unserem Dorf überhaupt jemand ein eigenes Badezimmer besaß.

Natürlich galt eine seiner ersten Fragen dem Befinden seiner Kameraden, und wir mussten ihm leider mitteilen, dass er, der „Rear gunner“ (Heckschütze), offenbar der einzige Überlebende war. Das entsprach unserem Wissensstand zu jenem Zeitpunkt. Er wirkte sehr betroffen, legte seine rechte Hand auf sein Herz und sagte „they were good comrades“ (sie waren gute Kameraden). Seine eigenen Blessuren schienen nicht so schwerwiegend zu sein. ... Von daheim wollte ich etwas Lesestoff für ihn holen – die damals einzig erlaubte fremdsprachige Zeitschrift „Around the World“ –, aber als ich zurückkam, war er bereits abtransportiert worden. Ich erfuhr nie etwas über sein weiteres Schicksal, aber ich bin der Meinung, dass die kurze Aufenthaltszeit in Mildenau die beste seiner Gefangenschaft gewesen sein könnte, denn er wurde korrekt und human behandelt, trotz des Leides, das die Bevölkerung unmittelbar vorher durch die furchtbaren Bombenangriffe erlitten hatte.

Günter Aßmann ist Heimatforscher in Freiberg (Sachsen). Sein spezielles Interesse gilt den alliierten Bombenangriffen auf sächsische Städte in den Jahren 1944 und 1945.[88] Er hat viele relevante Schriftstücke wie auch einige anekdotische Informationen gesammelt. Er glaubt, das in der Nähe von Mildenau abgestürzte Flugzeug sei die Halifax III MZ-422 coded ZL-N von Geschwader 427 gewesen. Laut RCAF-Unterlagen haben dabei drei Besatzungsmitglieder überlebt: Sergeant H. Mayer, Flight Sergeant A. Williams und Sergeant A. Morrison. Mildenau liegt wenige Kilometer nordöstlich von Annaberg-Buchholz.

Ein britischer Flieger, der Heckschütze Joe Williams, erzählte von seinen Erlebnissen am 5. März 1945. Ein Motor seines Bombers war beim Steigflug nach dem Start vom Flugstützpunkt Kelstern in Lincolnshire ausgefallen. Obwohl das behinderte Flugzeug seine vorgesehene Höhe von 6 000 Metern nicht erreichen konnte, entschloss sich der Pilot, das Ziel Chemnitz trotzdem anzusteuern. Als sie über der Stadt waren, trafen sie auf sehr wenig Flak, und Chemnitz war bereits vom Licht der zahlreichen Brände hell erleuchtet. Als die Bomben ausgelöst waren, erkannte Williams einen deutschen Nachtjäger, der von unten angriff.

> Die Einschläge von den Bordkanonen prasselten am Rumpf des Bombers entlang. Beide Tragflächen brannten, und die Heckflossen bröckelten in Klumpen ab.[89]

Williams stieg mit dem Fallschirm aus und landete auf schneebedecktem Grund, mit schmerzhaften Brandwunden. Er vergrub seinen Fallschirm und darüber eine gelbe Mae West-Rettungsweste und ging langsam auf ein einsam gelegenes Bauernhaus zu. Er klopfte an die Tür, um sich zu ergeben, und schrie: „Engländer!"

> Die Familie wachte auf, und alle waren sehr freundlich. Sie gaben mir Wasser zu trinken, zeigten auf meine Brandwunden und empfahlen Benzin, wozu ich einwilligte ... Der Sohn wurde ausgesandt, um den Volksturm zu holen. Die Leute kamen mit Schlapphüten auf dem Kopf und Büchsen in der Hand – genau wie unsere Home Guard ... Am nächsten Tag wurde ich zu einem Arzt gebracht, der mein verbranntes Gesicht behandelte.

Williams kam schließlich nach Chemnitz und wurde zusammen mit anderen Kriegsgefangenen in einen Zug nach Nürnberg verladen.

> Die Stadt [Chemnitz] war bombardiert worden, und es versammelte sich eine feindselige Menschenmenge um uns. Den Wachen ist hoch anzurechnen, dass sie die Verschlüsse ihrer Karabiner spannten. Darauf ließen uns die Leute in Ruhe.

Später erfuhr ich, dass Williams zur Besatzung der Lancaster I NG240 CF-12 vom Geschwader 625 gehörte, deren Pilot RCAF Flying Officer J.W. Alexander sich entschloss, die Maschine auch nach dieser schweren Beschädigung ein ganzes Stück weiter zu fliegen. Erst dann stieg er mit der restlichen Besatzung, zu der zwei weitere Kanadier gehörten, aus. Sie konnten sich alle retten. Unglaublicherweise stürzte der unbemannte Bomber erst ab, nachdem er die Ostseeinsel Rügen erreicht hatte.[90]

Andererseits sollten Nachkriegserzählungen von Deutschen über eigene menschliche Handlungen inmitten des damaligen Irrsinns vielleicht mit etwas Vorsicht betrachtet werden. So wäre es wohl z. B. extrem gefährlich gewesen, sich in der nachfolgend geschilderten Situation direkten Befehlen zu widersetzen:

> Im Jahre 1944 wurde ich vom Gymnasium in München aus zur Verteidigung gegen alliierte Bomber als Flakhelfer abkommandiert. Nach einem schweren Angriff wurde mir befohlen, eine Bomberbesatzung festzunehmen, die über einem Wald in der Nähe abgesprungen war. Als wir die verwundeten Männer in Gewahrsam nahmen, kam ein SS-Fanatiker auf dem Motorrad angebraust und begann, mit einer Schmeißer-Maschinenpistole zu schießen. Ich schlug ihm mit dem Kolben meines Karabiners K-98 über den Schädel, und er fiel um. Als wir uns an unserem Gefechtsstand in Sicherheit befanden, erkundigte sich ein kanadischer Gefangener namens Lieutenant Cowing nach meinem Namen. Nach dem Waffenstillstand erhielt ich eine überraschende Meldung vom Kommandeur des Lagers, in dem ich nun gefangen war: „Sie werden zeitiger entlassen, weil uns irgendein kanadischer Flieger einen Bericht über Sie übergeben hat.“[91]

Es hätte ein fast unglaublicher Mut dazu gehört, sich auf solche Weise einem SS-Mann zu widersetzen. Der deutsche Soldat jedenfalls, der in Frankenberg dabei stand und zusah, wie der kanadische Kriegsgefangene in seiner Obhut brutal erschlagen wurde, hat solchen Mut nicht gezeigt.

Kapitel 10
Heureka!

Ich begann meine Nachforschungen aus Interesse am Stoff. Inzwischen war mir die Suche nach dem unbekannten kanadischen Flieger zur Hauptbeschäftigung geworden. Ich hatte mich mit wahrer Besessenheit in meine Arbeit vertieft. Manchmal kamen mir allerdings Zweifel. War dies vielleicht alles nur eine fixe Idee? Dann sagte ich mir: Ein Kriegsverbrechen, eine Gräueltat war verübt worden. Ein junger Mensch hatte sein Leben verloren. Durch Bürokratie und Nachlässigkeit im kanadischen Verteidigungsministerium war die Tat in Vergessenheit geraten. Der dürftige Untersuchungsbericht von 1945 war zu den Akten gelegt worden. Weder das Mordopfer noch die Täter waren jemals identifiziert worden. Ein starker innerer Drang zwang mich nicht aufzugeben, sondern weiter zu suchen, in Dokumenten zu graben, Fragen zu stellen, zu telefonieren und im Internet zu suchen. Ich stand im ständigen Schriftwechsel per E-Mail und Post mit Korrespondenten in Kanada, den USA, England und Deutschland. Alles, was ich sah, hörte oder las, erinnerte mich an den Mord auf offener Straße in Frankenberg. Der amerikanische Schriftsteller Philip Roth schildert dies aus eigener Erfahrung:

> So kommt es eben, wenn man Bücher schreibt. Da treibt einen nicht nur etwas zum ständigen Auskundschaften, sondern man merkt eines Tages, dass einem die ganze Strecke vorgeschrieben wird. Plötzlich sind da keine Wege und keine Gassen mehr, auf denen man nicht Hals über Kopf ans Ziel seiner Besessenheit rennen muss.[92]

Oft stellte ich mir die Frage: Soll ich wirklich weitermachen? Wohin führt dieser Weg? In eine weitere Sackgasse? Schließlich hatte ich keine Erfahrung mit Fahndungen, die eigentlich Aufgabe der Kriminalpolizei wären. Sicher war ich mir bei meinen früheren historischen Nachforschungen schon manchmal wie ein Detektiv vorgekommen. Aber ging ich hier überhaupt mit der richtigen Methodik vor? Oder hatte ich wesentliche Fährten, Quellen und archivarische Bestände übersehen?

Hätte ich angestrengter nach dem mysteriösen Alfred Hermann Paul aus Leipzig-Großzschocher suchen sollen, der sich 1945 der britischen Kriegsverbrechen-Kommission gegenüber zu dem Mord geäußert hatte? Im Internet hatte ich die Apostelkirche in Großzschocher gefunden. Vikar Jochen Kinder versprach zu helfen, konnte aber auch keine Spur von Paul finden.

Hätte ich weiter nach dem von Paul genannten Dr. Katz oder Kaatz fahnden sollen? Hätte ich in Leipziger Archiven alte Adress- und Telefonbücher zu Rate ziehen sollen?

Schon bei anderen historischen Projekten hatte ich plötzlich erleuchtende Momente erlebt. Nach langwieriger und manchmal frustrierender Suche in Archiven und Bibliotheken war ich mir dann wie Archimedes im Bade vorgekommen, wenn sich die Lösung eines Rätsels ergab. Auch in diesem Fall hoffte ich von Tag zu Tag auf einen solchen Heureka-Moment, einen glücklichen Zufall.

Am 4. Juni 2004 begann ich meine umfangreichen aus Frankenberg mitgebrachten Unterlagen – zumeist Fotokopien und Notizen – systematisch zu ordnen und in meinen iMac-Computer einzuspeisen. Dabei fand ich einen Zettel, den ich bisher noch nicht „verarbeitet“ hatte. Darauf hatte ich in Frankenberg mehrere Notizen gekritzelt, die mich an verschiedene Aufgaben erinnern sollten, darunter auch: „CWGC nach Matthew Orrs Grabstelle befragen“.

Natürlich! Die Leiche von Matthew Orr war am 8. Dezember 1948 aus Frankenberg an eine unbekannte Stelle transportiert worden, also am selben Tag wie die sterblichen Überreste des namenlosen Kanadiers. Ich sandte sofort eine weitere E-Mail an die Zentrale der *Commonwealth War Graves Commission* in Maidenhead (England): „Können Sie herausfinden, wo der britische Soldat Matthew Orr beigesetzt worden ist?“

Zwei Tage später teilte mir Emily Bird von der CWGC mit, dass sich Matthew Orrs Grab auf dem Alliierten Soldatenfriedhof Heerstraße in Berlin-Charlottenburg befindet. Umgehend schrieb ich zurück: „Können Sie nun feststellen, ob auf diesem Friedhof auch die Leiche eines unbekannten kanadischen Fliegers beigesetzt ist?“

Außerdem rief ich Emily Bird an und flehte sie an, sich persönlich für meine Suche einzusetzen. Spät am Abend des 11. Juni 2004 öffnete ich folgende E-Mail von ihr:

> Aufgrund der neuen Informationen, die Sie mir mitgeteilt haben, nämlich dass dieser Gefallene seinerzeit zusammen mit Matthew Orr umgebettet wurde, konnte ich den Gesuchten sofort ausfindig machen.
>
> Es sind zwar keine unbekannten Leichen aus Frankenberg zum Soldatenfriedhof in Berlin transportiert worden. Aber die einzige Exhumierung mit Matthew Orr in Frankenberg war die des folgenden Gefallenen. Ich darf annehmen, dass es sich dabei um den Gefallenen handelt, auf den Sie sich beziehen, denn alle Einzelheiten, die Sie mir genannt haben, stimmen mit unseren Aufzeichnungen überein.

Der Gefallene: P/O HENRI JEAN MAURICE JOSEPH D'AVRIL, J/93925
Einheit: 425 Sqdn. Royal Canadian Air Force
Todestag: 5. März 1945, Grab-Nr: 13. C. 7
Weitere Informationen: 22 Jahre alt.
Sohn von Henri und Cécile D'Avril in Montreal, Provinz Quebec, Kanada.

Bitte wenden Sie sich jederzeit an mich, wenn ich Ihnen weiter behilflich sein kann. Mit freundlichen Grüßen, Emily Bird, Enquiries Section.

Heureka! Der große Augenblick war gekommen! Der Augenblick, auf den ich gehofft und gewartet hatte. Am 11. Juni, keine vier Monate nach Beginn meiner Fahndungen, hatte ich den Namen und die Dienstnummer des „namenlosen kanadischen Fliegers" gefunden. Er war ein 22-jähriger Frankokanadier aus Montreal. Sofort öffnete ich noch einmal die von Richard Koval aufgestellte Website mit der Liste der am 5./6. März 1945 gefallenen RCAF-Flieger der Gruppe Sechs von Bomber Command. Tatsächlich, da stand er: „F/Sgt. H. D'Avrill" (obwohl sein Familienname D'Avril irrtümlich mit Doppel-L geschrieben und sein Rang als Flight Sergeant und nicht als Pilot Officer angegeben war). Hier stand, dass D'Avril zur Besatzung der Halifax III PN-173, coded KW-Q gehört hatte, also zu einem der Bomber aus Gruppe Sechs, die in jener Nacht vom Angriff auf Chemnitz nicht zurückgekehrt waren. Alle Besatzungsmitglieder waren Kanadier. Zwei weitere Namen waren ebenfalls als gefallen verzeichnet: Der Pilot, Flying Officer J. Desbien und Pilot Officer A. Minguet. Die anderen vier, Flight Sergeant G. Tremblay, Flying Officer J. Parent, Flight Sergeant G. Langevin und Flight Sergeant L. Lamontagne waren als Kriegsgefangene eingetragen.

Warum hatte ich mir ausgerechnet dieses Flugzeug und seine Besatzung nicht bereits genauer angesehen? Schließlich wusste ich schon lange, dass diese Halifax zu den sechs kanadischen Bombern gehörte, die beim Angriff auf Chemnitz über deutschem Boden verloren gegangen waren. Bislang hatte ich immer noch spekuliert, das wahrscheinlichste Mordopfer sei Flight Lieutenant Ross gewesen, der Pilot des kanadischen Lancaster-Bombers, der bei Königshain abgestürzt war.

Nachdem ich den Namen des „unbekannten kanadischen Fliegers" entdeckt hatte, war ich eine kurze Zeit lang versucht, mich nun auf meinen Lorbeeren auszuruhen und die Untersuchung zu beenden. Mein Hauptziel war erreicht, nämlich die Identität des Frankenberger Mordopfers festzustellen. Aber ich konnte jetzt nicht aufhören und bereitete mich sofort auf drei weitere Aufgaben vor. Wie hatte man seine Identität denn entdeckt? Ich musste seine sicherlich im kanadischen Bundesarchiv vorliegende Personalakte einsehen. Wo war sein Bomber abgestürzt? Eher im Hinterkopf hegte ich auch die Hoffnung, womöglich noch lebende Familienangehörige zu finden.

Ich schrieb nach Maidenhead, bedankte mich bei Emily Bird für ihre Hilfe und bat um weitere Einzelheiten. Konnte sie insbesondere bestätigen, dass D'Avrils exhumierte Leiche aus Frankenberg nach Berlin gebracht worden war? Das würde die letzten Zweifel beseitigen, dass es sich hier tatsächlich um den Ermordeten handelte. Auch wollte ich wissen, auf welchem Wege die CWGC den Toten als D'Avril identifizieren konnte? Den Frankenberger Friedhofsunterlagen zufolge war die Leiche als „namenloser Kanadier, der noch als Kriegsgefangener sein Leben lassen musste", beigesetzt worden. Die Deutschen, die den Toten nach dem Mord begraben hatten, kannten entweder seine Identität nicht oder wollten sie nicht angeben, um die Todesumstände zu verdecken. Warum erkannte man ihn nicht bei der Umbettung kurz nach Kriegsende? Hatte ihn die alliierte Kommission, die den Toten am 8. Dezember 1948 in Frankenberg exhumierte, mit untrüglicher Bestimmtheit identifizieren können? Gab es noch Dokumente über seine Exhumierung und Umbettung? Wenn ja, stehen diese Unterlagen zur Verfügung?

Emily Bird bestätigte, dass D'Avrils Leiche tatsächlich am 8. Dezember 1948 aus Frankenberg nach Berlin geschafft worden war und dass er dort vorher als unbekannter kanadischer Flieger begraben war. Es bestand absolut kein Zweifel, dass es sich um den ermordeten kanadischen Flieger handelte:

> Auf seinem Grab stand ein Kreuz mit der deutschen Aufschrift *Hier ruht ein unbekannter kanadischer Soldat, der noch in der Kriegsgefangenschaft sein Leben lassen musste.* Als die *Graves Concentration Unit*[93] seine Leiche exhumierte, um sie zum Soldatenfriedhof in Berlin zu überführen, fand man seine Erkennungsmarke.

Die CWGC hatte keine Informationen über die Absturzstellen der Flugzeuge, aus denen die Gefallenen stammten. Als ich Emily Bird um Fotokopien der Exhumierungsunterlagen bat, teilte sie mir mit, dass diese Papiere als streng vertraulich behandelt werden. „Sie enthalten ausführliche Details über den Zustand der Leiche, die für Familienmitglieder sehr bestürzend sein könnten. Ich weiß, dass Sie solche Einzelheiten nicht veröffentlichen würden. Es ist aber seit langem Grundsatz der Kommission, diese Informationen geheim zu halten, und das wird sich auch voraussichtlich nicht ändern." Ich verstand diese Bedenken und brauchte auch die Details nicht. Ich bat sie nur um schriftliche Bestätigung, dass die Identität des „unbekannten kanadischen Fliegers" mit einem bestimmten Datum eindeutig als Henri Jean-Maurice Joseph D'Avril festgestellt wurde. Am 16. Juni 2004 erhielt ich folgendes Fax von der Commonwealth War Graves Commission in Maidenhead, das alles schriftlich bestätigte, was man mir schon per E-Mail und telefonisch mitgeteilt hatte.

Commonwealth War Graves Commission
2 MARLOW ROAD MAIDENHEAD BERKS SL6 7DX
Telephone 01628 634221 Telex 847526 Comgra G Facsimile 01628 771208
Website : www.cwgc.org Email: casualty.enq@cwgc.org

To:	**Mr. Peter Hessel**
To Fax No:	**00 613 623 6158**
From:	Emily Bird
Phone:	+44 1628 507223
Email:	emily.bird@cwgc.org
Date:	16 June 2004
Re:	H J M J D'Avril
Pages:	1

Dear Mr Hessel

As per my earlier email, I can confirm that Pilot Officer D'Avril was previously buried as an unknown in Frankenberg Cemetery.

The marker on his grave had been erected by German troops and read,

'Hier ruht ein unbekannter Kanad Soldat, der noch in der Kriegsgefangenschaft sein Leben lassen musste.'

When the graves concentration unit exhumed his body to move him to Berlin 1939-1945 War Cemetery they found his identity disc and were able to identify him as Pilot Officer Henri Jean Maurice Joseph D'Avril of the Royal Canadian Air Force.

Yours sincerely,

Emily Bird

Enquiries Section

Nachdem D'Avrils sterbliche Überreste im Dezember 1948 von Frankenberg nach Berlin überführt worden waren, wurde eine vorläufige Markierung in Form eines Kreuzes auf das Grab gestellt. Die ausgedehnten Friedhofsanlagen waren damals noch im Bau, und es gab noch keinen Rasen.

Im Laufe meiner Nachforschungen war ich ständig mit Ulrich Koch in Berlin in Verbindung geblieben, der mich ursprünglich auf diese Fährte gebracht hatte. Ich hatte ihn oft telefonisch über den Stand meiner Ermittlungen unterrichtet. Er war einer der Ersten, denen ich die gute Nachricht von meiner Entdeckung zukommen ließ. Im Oktober 2004 fuhr Ulrich Koch nach Charlottenburg, wo er das Grab und das umliegende Friedhofsgelände fotografierte.

Vorläufiges Grabkreuz auf dem Soldatenfriedhof Berlin-Heerstraße. Foto 1949

J.93925 P/O H.J.H.M. D'Avril, R.C.A.F., 5 Mar 45

Der Alliierte Soldatenfriedhof Berlin 1939–1945 (Berlin War Cemetery 1939 –1945) liegt in ruhiger, parkartiger Umgebung auf der Südseite der Heerstraße in Berlin-Charlottenburg, etwa fünf Kilometer westlich vom Stadtzentrum. Bei der Teilung Berlins im Jahre 1945 war Charlottenburg Teil des britischen Sektors geworden. Die Bilder zeigten den Friedhof in gepflegtem Zustand, mit streng linear ausgerichteten Reihen von weißen Grabsteinen auf grünen Rasenflächen. Um viele Gräber herum sind Blumen gepflanzt worden. Auf einem Schild am Eingang steht die nüchterne Auskunft:

> Hier ruhen die sterblichen Überreste von britischen und alliierten Soldaten, Seeleuten und Fliegern, die im Zweiten Weltkrieg in Berlin ums Leben kamen. Großbritannien: 2 680, Kanada: 527, Australien: 223, Neuseeland: 56, Südafrika: 31, Indien: 50, Polen: 5, unbekannte Nationalität: 8, insgesamt: 3 580.

Die Auskunft auf dem Schild stimmt nicht genau, denn viele, wahrscheinlich sogar die meisten der 3 580 hier beerdigten Toten, einschließlich Jean-Maurice D'Avril, sind nicht in Berlin gestorben, sondern nach dem Krieg aus anderen Gegenden Ostdeutschlands auf diesen Friedhof überführt worden. Oben auf dem Stein über Jean-Maurice D'Avrils Grab befindet sich das Wappen der RCAF. In der Mitte steht unter „Officier-Pilote H.J.M.J. D'Avril" in einem kuriosen Gemisch aus Englisch und Französisch:

> Wireless Operator Air Gunner
> Royal Canadian Air Force
> Le 5 Mars 1945 Age 22

Weiter unten auf dem Stein finden sich unter einem großen Kreuz, teilweise von Pflanzen bedeckt, die Worte:

> Here we cry with heart's endeavour,
> grant him rest that is for ever.
> Dad, Mother, Sister
>
> [Hier weinen wir aus Herzensleid.
> Ruhe sanft in aller Ewigkeit.
> Vater, Mutter, Schwester]

Grabstein 13.C.7, Soldatenfriedhof Berlin-Heerstraße. Foto 2004

Kapitel 11
„Gutes Material"

Ich hatte nun die Identität des ermordeten Fliegers festgestellt und konnte meine weiteren Ermittlungen beschleunigen. Beim Bundesarchiv in Ottawa bestellte ich D'Avrils Personalakte.[94] Ich verbrachte einen ganzen Tag im Lesesaal des Bundesarchivs, um jedes einzelne Dokument in der Akte sorgfältig auf Einzelheiten zu prüfen. Dabei hatte ich oft das Gefühl, als bestünde zwischen mir und dem jungen Mann, dessen Ermordung weder offiziell anerkannt noch jemals bestraft worden war, eine vage, geradezu gespenstische Verbindung.

Wir haben zwei Söhne in den Zwanziger Jahren. Wenn ich sie mir jetzt anschaue, kann ich nicht anders: Ich muss an Jean-Maurice D'Avril denken. Was hätten unsere Söhne getan, wenn sie im Zweiten Weltkrieg in Kanada gelebt hätten? Sie hätten sich freiwillig zur RCAF melden und im Bomber Command Dienst tun können. Sie hätten es für ihre vaterländische Pflicht gehalten. Sie hätten an eine gerechte Sache geglaubt und Befehle mit reinem Gewissen befolgt. Sie hätten ihre Aufgaben nach bestem Wissen und Können erfüllt. Ich könnte mir vorstellen und hoffen, dass sie – wäre ihnen die Wahl gegeben worden – sich geweigert hätten, einen Feuersturm zu entfachen und Tausende von unschuldigen Frauen und Kindern in ihren Wohnungen zu töten. Aber niemand hätte ihnen diese Wahl gegeben. Unsere Söhne wären mit der übrigen Besatzung in ihren Bomber gestiegen und hätten ihre Pflicht getan. Wie Jean-Maurice D'Avril es getan hat. Wäre ihr Flugzeug inmitten der Hölle, im schwarzen, gedrängten Himmel über Chemnitz am 5. März 1945 angeschossen worden, wären sie mit dem Fallschirm abgesprungen und irgendwo auf einem verschneiten Feld oder im Wald gelandet. Sie wären froh gewesen, mit heiler Haut davongekommen zu sein. Sie hätten sich ergeben und gehofft, dass sie den feindlichen Soldaten vertrauen konnten, sie ebenso fair zu behandeln wie sie unter gleichen Umständen deutsche Kriegsgefangene behandelt hätten. Und hätten politische Fanatiker sie überfallen und ihnen den Schädel mit Holzknüppeln eingeschlagen, dann wären sie mitten auf der Straße eines kläglichen Todes gestorben. Ebenso wie Jean-Maurice D'Avril. Meine Frau und ich und unsere Tochter hätten ebenso um sie getrauert, wie die Eltern und die Schwester von Jean-Maurice D'Avril damals um ihren Sohn und Bruder getrauert haben.

Der volle Name des jungen Fliegers war Henri Jean-Maurice Joseph D'Avril. In den Unterlagen seiner Personalakte im Bundesarchiv in Ottawa erscheint sein Name in verschiedener Form, aber er selbst hat alle Dokumente mit „Jean-Maurice D'Avril" unterschrieben. Aus den Schriftstücken und anderen Quellen konnte ich viele Einzelheiten über sein kurzes Leben erfahren. Niemand im Bomber Command, nicht einmal in seinem eigenen RCAF-Geschwader, hatte gewusst, unter welchen Umständen er umgekommen war. Auch nach dem Krieg war scheinbar niemand auf den Gedanken gekommen, die Unterlagen der kurzlebigen kanadischen Kriegsverbrechen-Untersuchungseinheit mit den militärischen Personalakten zu vergleichen.

Jean-Maurice wurde am 21. Februar 1923 in Montreal geboren. Sein Vater war Henri D'Avril, der schon in jungen Jahren aus der französischen Kolonie St. Pierre und Miquelon nach Kanada auswanderte, wo er zunächst in Vancouver als berittener Polizist bei der *Royal Canadian Mounted Police* [Bundespolizei] diente. Danach siedelte er sich in Montreal an, wo er Jean-Maurices Mutter, Cécile geb. Duffy aus der Kleinstadt St.-Calixte nördlich von Montreal, heiratete. Das zweite Kind des Ehepaars war ein Mädchen namens Lise, jünger als Jean-Maurice.

Jean-Maurice mit seinen Eltern und seiner Schwester vor der Wohnung in Montreal

Der Vater Henri D'Avril (1898–1988) und die Mutter Cécile D'Avril, geb. Duffy (1898–1969)

Bis Jean-Maurice sich im Alter von 19 Jahren freiwillig zur kanadischen Luftwaffe (RCAF) meldete, lebte er in der bescheidenen elterlichen Wohnung, 4603 rue Chabot, Montreal. Die Familie war römisch-katholisch und gehörte der Kirchgemeinde St. Pierre-Claver an. Jean-Maurice besuchte zunächst die katholische Elementarschule École St. Pierre-Claver und danach die Sekundarschule École Supérieure St. Stanislas. Hier bestand er 1942 die Abschlussprüfung. In der Schule nahm er an allen Sportarten teil. Er galt als hervorragender Schwimmer. Zwei Jahre lang schlug er im Kadettenkorps die Trommel, und außerdem gehörte er der katholischen Pfadfinderbewegung an. Nach dem Schulabschluss verdiente er sich den Sommer über etwas Geld bei der Firma Canadian Liquid Air in Montreal. Er konnte Maschine schreiben und hatte einen Führerschein. Zu seinen Hobbys gehörten Kegeln, Tennis, Tischtennis, Eishockey und Baseball. Außerdem ging er gern angeln.

Am 23. Oktober 1942 meldete sich Jean-Maurice D'Avril als Freiwilliger zur Musterung beim RCAF-Wehrersatzamt 13 in Montreal. Dort hinterließ er einen guten Eindruck, und im Aufnahmebericht steht, dass er „ziemlich gut" Englisch sprach. Im Bericht wurde nicht erwähnt, dass seine Muttersprache Französisch war. Flying Officer Lambert, der die erste Grundprüfung und -untersuchung leitete, fand den jungen Rekruten „tauglich für Flugzeugbesatzung". D'Avril war 175 cm groß und wog 75 kg. Seine Sehschärfe war 20/20/20/30. Seine Blutgruppe war A. Der untersuchende Arzt stufte ihn als „gutes Material" ein.

Schließlich kam Jean-Maurice zum Vorstellungsgespräch bei Flight Lieutenant Gibeault, der ihn wie folgt beurteilte:

> Hochgewachsen – sportlich – gute Erscheinung – gute Allgemeinbildung – kulturell und bildungsmäßig gut für zukünftigen Kriegsdienst geeignet – will unbedingt zur Fliegerausbildung – möchte am liebsten Jagdflieger werden – gut diszipliniert – gutes Material.

Am 18. November 1942 wurde Jean-Maurice D'Avril in die RCAF aufgenommen. Er begann seine Grundausbildung in Montreal, und von dort aus wurde er zu verschiedenen Übungsplätzen in Ontario und Quebec geschickt. So eignete er sich im Laufe von 16 Monaten die für den Luftkrieg erforderlichen Kenntnisse und Fähigkeiten an. Nach den Worten des Ausbildungsleiters Flight Lieutenant J.W. Kennedy war er ein „überdurchschnittlich begabter Schüler – ehrgeizige Persönlichkeit, intelligent, entschlossen, sein Ziel zu erreichen".

Am 25. März 1944 wurde Jean-Maurice in Halifax auf einem Truppentransporter eingeschifft, der acht Tage später in Greenock (Schottland) anlegte. In Großbritannien ging die Ausbildung weiter, die sich bald auf seinen zukünftigen Einsatz als Bordfunker (Wireless Operator) spezialisierte.

Jean-Maurice als Kadett, mit Trommel, und mit Schwester Lise. Foto 1941

Jean-Maurice D'Avril als neuer RCAF-Rekrut (links, Dienstnummer: R 202453). Rechts als Flight Sergeant und Bordfunker/ Bordschütze – er hatte bereits das Bordfunkerabzeichen, das Fliegerabzeichen und die Ahornblattmedaille C.V.S.M. (Canadian Volunteer Service Medal) erworben, die ihn als Freiwilligen kennzeichnete

Der Kommandant der Schule betrachtete ihn als „überdurchschnittlich begabten Funker, der sich während seiner Ausbildung sehr eifrig bemühte und daher gute Ergebnisse erzielt hat. Zusammenarbeit mit seinen Kameraden: gut. Eignet sich für baldige Empfehlung für den Aufstieg zum Offiziersdienstgrad.“ Nach dem Abschluss dieser Ausbildung wurde er am 20. September 1944 zum Flugstützpunkt 61 versetzt. Am 14. November erfolgte seine Beförderung zum Flight Sergeant [Feldwebelrang], und am 2. Dezember gelangte er endlich zum frankokanadischen Geschwader 425 (Alouette) in Gruppe Sechs, Bomber Command.

In der Personalakte fand ich zwei Fotos von Jean-Maurice D'Avril. Auf dem einen trägt er das flott angewinkelte Käppi der RCAF. Diese Aufnahme muss kurz nach seinem Eintritt in die RCAF entstanden sein, denn seine Uniformjacke hat noch keine Einheits- oder Rangabzeichen. Das Bild zeigt einen ernsten, gut aussehenden jungen Mann mit regelmäßigen Gesichtszügen. Sein aufgeweckter Blick deutet noch auf etwas Verlegenheit. Er ist kein Junge mehr, aber er scheint sich in seiner neuen Rolle noch nicht ganz wohlzufühlen. Das andere Foto wurde später aufgenommen, nachdem er bereits seine Schwinge als Bordfunker/Bordschütze erworben hatte. Es zeigt ihn ohne Kopfbedeckung, so dass sein volles, dunkles Haar zur Geltung kommt.

Er sieht ausgesprochen smart aus in Uniform. Sein männliches Gesicht, mit starkem, glatt rasiertem Kinn, weist auf weit mehr Entschlossenheit hin als auf dem ersten Bild.

Am 4. Februar 1945 wurde Jean-Maurice zum RCAF-Offizier (Pilot Officer) befördert.

Am 7. März 1945, um 0:40 Uhr, erhielt sein Vater einen Telefonanruf, der ihn davon unterrichtete, dass sein Sohn als vermisst gemeldet war. Am nächsten Tag traf in Montreal ein Telegramm vom RCAF-Casualty Officer, dem für Verlustmeldungen zuständigen Offizier, ein:

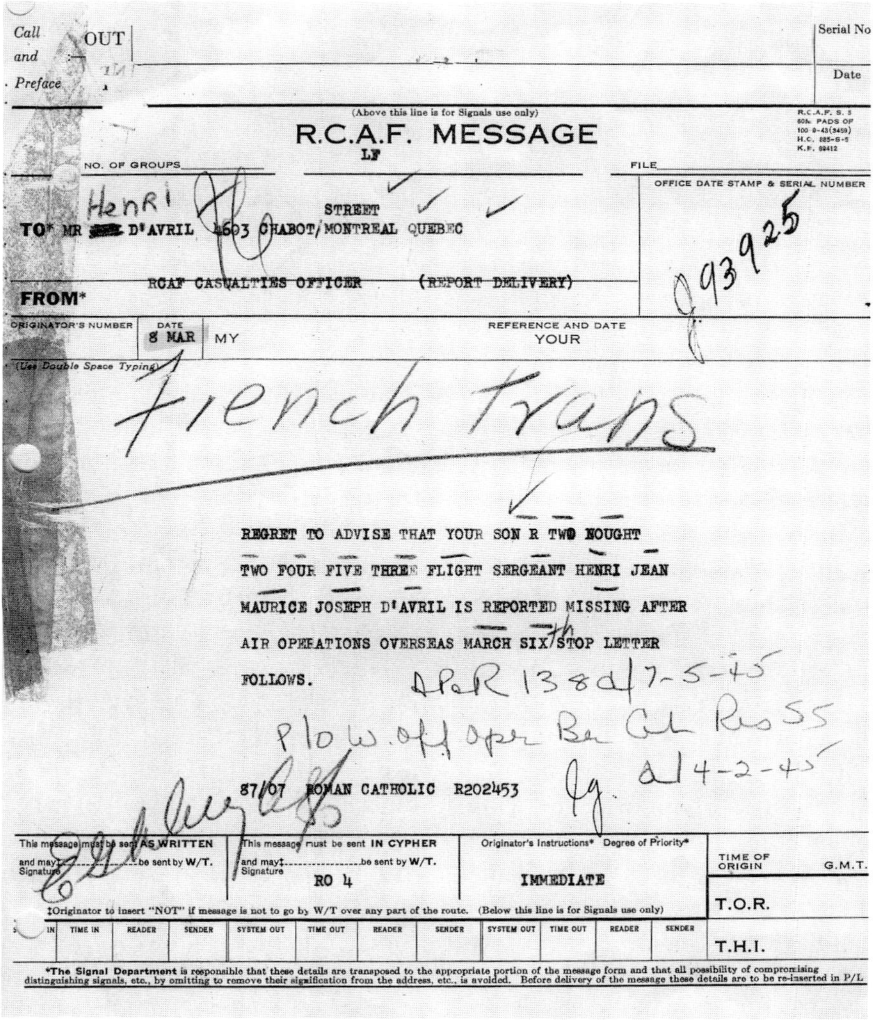

Call and Preface OUT | Serial No | Date

(Above this line is for Signals use only)

R.C.A.F. MESSAGE

LF

R.C.A.F. S. 5

NO. OF GROUPS | FILE | OFFICE DATE STAMP & SERIAL NUMBER

TO* MR [redacted] D'AVRIL 4603 CHABOT/MONTREAL QUEBEC

Henri — STREET — 93925

FROM* RCAF CASUALTIES OFFICER (REPORT DELIVERY)

ORIGINATOR'S NUMBER | DATE 8 MAR | MY | REFERENCE AND DATE YOUR

(Use Double Space Typing)

French Trans

REGRET TO ADVISE THAT YOUR SON R TWO NOUGHT TWO FOUR FIVE THREE FLIGHT SERGEANT HENRI JEAN MAURICE JOSEPH D'AVRIL IS REPORTED MISSING AFTER AIR OPERATIONS OVERSEAS MARCH SIXth STOP LETTER FOLLOWS.

APR 138 d/7-5-45

P/O W. off oper

87/07 ROMAN CATHOLIC R202453

This message must be sent AS WRITTEN and may‡ be sent by W/T. Signature | This message must be sent IN CYPHER and may‡ be sent by W/T. Signature RO 4 | Originator's Instructions* Degree of Priority* IMMEDIATE | TIME OF ORIGIN G.M.T.

‡Originator to insert "NOT" if message is not to go by W/T over any part of the route. (Below this line is for Signals use only) | T.O.R.

IN | TIME IN | READER | SENDER | SYSTEM OUT | TIME OUT | READER | SENDER | SYSTEM OUT | TIME OUT | READER | SENDER | T.H.I.

*The Signal Department is responsible that these details are transposed to the appropriate portion of the message form and that all possibility of compromising distinguishing signals, etc., by omitting to remove their signification from the address, etc., is avoided. Before delivery of the message these details are to be re-inserted in P/L

> Bedaure, Ihnen mitteilen zu müssen, dass Ihr Sohn Zwei Null Zwei Vier Fünf Drei Henri Jean Maurice D'Avril nach einem Einsatz über Feindgebiet am 6. März als vermisst gemeldet wurde Stopp Brief folgt.

Erst am 31. Oktober 1945, nachdem der verzweifelte Vater in mehreren Briefen um dringende Auskunft gebeten hatte, schrieb das Luftfahrtministerium in London an die RAF-Suchstelle des britischen Elements der Alliierten Kontrollkommission für Deutschland unter Hinweis auf „Ausfall-Anfrage Nr. G. 195". Wing Commander J.S. Harris[95], der für den Befehlshaber der RCAF in Übersee zeichnete, teilte der Suchstelle mit, D'Avrils Bomber sei nach einem Nachtangriff auf Chemnitz nicht zurückgekehrt. „Heimkehrer aus der Kriegsgefangenschaft glauben, dass dabei drei Besatzungsmitglieder ums Leben kamen. Sie gaben an, das Flugzeug sei bei Marienberg, ca. 33 km südlich von Chemnitz, abgestürzt." Wing Commander Harris bat die Suchstelle, „in der Gegend ... eine Suchaktion zu veranstalten, damit ihr Schicksal bestätigt werden kann, und um Einzelheiten über die Beerdigung der Todesopfer zu erfahren".

Eine Woche später, am 7. November 1945, sandte der für „RCAF-Verluste" verantwortliche Offizier im kanadischen Verteidigungsministerium in Ottawa einen Einschreibebrief an Henri D'Avril. Darin versicherte er, es würde nun etwas unternommen: „Da bereits so viel Zeit verflossen ist und keine weiteren Informationen vorliegen, beabsichtigt das Luftfahrtministerium in Übersee, zu veranlassen, dass eine offizielle Erklärung über den vermutlichen Tod Ihres Sohnes abgegeben wird ..." Dieses Mal enthielt der bürokratische, wohl laut Schablone verfasste Standardbrief wenigstens den Schlusssatz: „Ich versichere Ihren Familienmitgliedern meine herzliche Anteilnahme in dieser Zeit Ihrer großen Sorge." Am 29. November 1945 wurde eine offizielle Todeserklärung ausgestellt, die vom Registrator, Group Captain T.K. McDougall unterschrieben war. Eine Woche später wies die kanadische Kriegsrentenkommission in Ottawa ihr Büro in Montreal an, der „nächststehende Angehörige", Henri D'Avril, habe Anspruch auf eine Hinterbliebenenrente von 60 Dollar im Monat für den Verlust seines einzigen Sohnes. Außerdem wurde dem Vater als Alleinerbe eine einmalige „Kriegsdienst-Abfindung" in Höhe von 378,22 kanadischen Dollar gezahlt. Aus dem Begleitschreiben ging hervor, dass Jean-Maurice täglich einen Wehrsold von 6,25 Dollar verdient und eine tägliche „Unterkunfts- und Verpflegungszulage" von 1,70 Dollar erhalten hatte.[96]

Monate später hegte die Familie immer noch Hoffnung. Eine Cousine von Jean-Maurice, die beim kanadischen Heeresstab in Brüssel beschäftigt war, sandte am 15. Januar 1946 folgenden Hilferuf an eine in der Akte nicht vermerkte Behörde:

> ... ich ersuche um Auskunft über einen Sergeant in der kanadischen Luftwaffe. Er wurde angeblich im Januar oder Februar 1945 als vermisst gemeldet ... Er ist mein Cousin. Seine Eltern glauben nicht, dass er tot ist, sondern dass er vielleicht nur sein Gedächtnis verloren hat. Ich wäre Ihnen für sofortige Bearbeitung dieses Schreibens sehr dankbar.
> Vielen Dank, Frau. L. Laperrière.

Die Personalakte enthält nichts über eine etwaige Antwort auf den Brief. Am 1. Februar 1946 schrieb Henri D'Avril folgenden Brief an Squadron Leader G.B. Philbin, RCAF in Übersee:

> Militärseelsorger Padre Laplante von Geschwader 425 besorgte mir Ihre Adresse und empfahl mir, an Sie zu schreiben und Sie zu bitten, das Verschwinden meines Sohnes Henri Jean-Maurice D'Avril zu untersuchen, der seit dem 5. März 1945 vermisst wird. Ich führe nachstehend alle Informationen auf, die wir im Zusammenhang mit seinem Verschwinden haben.
>
> Flight Sergeant D'Avril (Dienstnummer R 202453) wurde im Februar zum Pilot Officer befördert, worauf seine Dienstnummer in J 93925 geändert wurde, es scheint aber, dass er an dem Tag, an dem er vermisst wurde, noch keine Bestätigung seiner Beförderung erhalten hatte. Sein Flugzeug geriet am 5. März bei Chemnitz in Schwierigkeiten. Drei Besatzungsmitglieder sprangen zuerst ab, dann sprang er ab, und ein Mann sprang nach ihm ab. Sie haben ihn natürlich nicht gesehen, nachdem er abgesprungen war, aber die anderen vier wurden alle gefunden und sind inzwischen heimgekehrt.
>
> Wir wären Ihnen von Herzen dankbar, wenn Sie etwas für uns tun könnten. Meine Frau und ich weigern uns immer noch zu glauben, dass er tot ist, da niemals eine Spur von ihm gefunden wurde ...

Ein Stempel auf dem Brief zeigt, dass er am 2. April 1946 eingegangen ist, aber es gibt keinen Hinweis auf ein Antwortschreiben. Die in der Akte vorhandene nächste Nachricht, die sich auf D'Avrils Brief bezieht, ist ein Schreiben vom 13. Mai 1946. Darin teilte ihm das Nachlassamt des Verteidigungsministeriums mit, die persönlichen Gegenstände seines Sohnes, die man in seiner Baracke in Tholthorpe gefunden hatte und die nun aus England eingetroffen waren, würden ihm in einigen Tagen „in einem Karton per Eilpost vorausbezahlt" zugeschickt. Ein in der Akte vorhandenes Inventarverzeichnis zeigt aber, dass Henri D'Avril die Sachen erst am 5. August 1946 in Empfang nehmen konnte. Unter den Gegenständen befanden sich außer Kleidungsstücken, Toilettenartikeln, Fotografien, Schreibzeug usw. auch vier Kruzifixe, zwei Rosenkränze, ein „vergoldetes Kreuz" und ein „religiöses Buch".

Am 2. November 1946 informierte das Nachlassamt in Ottawa den Vater, das Tagebuch seines Sohnes Jean-Maurice sei in Verwahrung:

> Das Tagebuch Ihres Sohnes, das aus Zensurgründen aus seinen anderen persönlichen Gegenständen zurückbehalten wurde, steht nun zur Aushändigung an Sie zur Verfügung und wird Ihnen in den nächsten Tagen per Einschreiben zugesandt ... Wir bedauern aufrichtig, dass sich die Sendung des Tagebuches an Sie verspätet hat.[97]

Am 20. Februar 1947 schrieb Wing Commander W.A. Dicks im Namen des Befehlshabers der RCAF in Ottawa an Henri D'Avril und kündigte an, er würde ihm die Einsatzschwingen seines Sohnes samt Zertifikat zusenden,

> in Anerkennung der tapferen Dienste, die Ihr Sohn geleistet hat ... Ich sehe ein, dass wenig gesagt oder getan werden kann, was Ihren Schmerz lindern könnte. Es ist aber meine Hoffnung, dass diese Schwingen, als Zeichen seiner Einsätze gegen den Feind, als geschätztes Andenken an ein junges Leben dienen können, das er auf dem Altar der Freiheit in Verteidigung seines Heimatlandes geopfert hat.

Der französische Übersetzer meinte wohl, der Ausdruck „junges Leben“ (young life) im englischen Originaltext wirke wie ein Klischee und ersetzte ihn durch eine noch poetischer klingende Phrase: *une vie encore à son printemps.*[98]

Am 10. November 1947 meldete das Luftfahrtministerium in London dem RCAF-Hauptquartier in Ottawa, die Deutschen hätten nur zwei Leichen aus dem Wrack der Halifax geborgen, und von D'Avril sei keine Spur gefunden worden. Der Bearbeiter bat Ottawa, ihm Kopien der Abschlussberichte von den vier überlebenden Besatzungsmitgliedern zu senden, die in Kriegsgefangenschaft geraten und dann nach Kanada zurückgekehrt waren. Im Brief stand, der Bordfunker/Bordschütze sei „normalerweise der Erste, der abspringt“. Ein am 17. Oktober 1947 verfasster Untersuchungsbericht traf genau einen Monat später in London ein. Er enthielt einige relevante Fakten: Der Bomber (im Bericht fälschlicherweise als Lancaster bezeichnet) war zwischen den Dörfern Drebach und Herold abgestürzt. Dies war eine genauere Beschreibung der Absturzstelle als im Bericht vom 31. Oktober 1945, in dem es hieß, er sei „bei Marienberg“ abgestürzt. Der spätere Bericht erklärte:

> Es war keine Explosion zu hören, aber aufgefundene Teile des Flugzeugs waren über ein weites Gebiet verstreut. Das Wrack des Flugzeugs lag noch lange an der Absturzstelle, ist aber seitdem völlig verschwunden, da es Stück um Stück von der Zivilbevölkerung entfernt wurde.

Der Bericht zitierte zwei namentlich nicht genannte Zeugen, die in Drebach befragt wurden und ausgesagt hatten, es wären nur zwei Tote an der Absturzstelle gefunden worden. Sie seien von Polizisten identifiziert worden, die ihre Papiere gefunden und gesichert hatten. Die Leichen seien nach Drebach verbracht worden, wo sie auf dem Dorffriedhof „in einem gemeinsamen Grab beerdigt wurden, auf dem man ein Kreuz errichtet hatte".

Drebach ist eine größere Gemeinde im nördlichen Erzgebirge, ca. 10 km nordwestlich von Marienberg und ca. 25 km südlich von Frankenberg. Als typisches „Straßendorf" schlängelt sich Drebach in hügeligem Gelände 5 km an einer Straße entlang. Herold dagegen ist ein Flecken, ca. 3 km westlich von Drebach.

Aus den Friedhofsunterlagen, die ich im Frankenberger Stadtmuseum gesehen hatte, wusste ich bereits, dass der „namenlose kanadische Flieger" am 8. Dezember 1948 (von Unbekannten) umgebettet wurde. Von der *War Graves Commission* wusste ich, dass britisches Personal D'Avrils Leiche gefunden, identifiziert und nach Berlin überführt hatte. Aus dem RCAF-Exhumierungsbericht in der Personalakte erfuhr ich nun, dass am 28. Mai 1947 das Kreispolizeiamt Flöha gemeldet hatte, auf dem Frankenberger Friedhof sei ein „unbekannter Kanadier" begraben. Am 6. Dezember 1948 begab sich eine Gruppe unter Major Evan Ralphs nach Frankenberg, wo die Leiche im Beisein von RAF Squadron Leader J.W. Willis-Richards exhumiert wurde. Der Major hatte die Airman's disc [Flieger-Erkennungsmarke] gefunden, durch deren Inschrift – AVRIL, H.J.D. RCAF R.202453 – er genau erfahren konnte, um wen es sich handelte.

Merkwürdig ist, dass niemand in der RAF, in der RCAF oder bei irgendeiner anderen britischen oder kanadischen Militärbehörde auf den Gedanken kam, die Todesursache des kanadischen Leutnants in Frage zu stellen oder zu untersuchen, unter welchen Umständen er starb. Selbst dreieinhalb Jahre nach seinem Tod war die Leiche noch deutlich identifizierbar. Erkundigte sich niemand, warum ihn die Deutschen in Frankenberg als „namenlosen kanadischen Flieger" begraben hatten? Einfacher als eine genaue Untersuchung war es natürlich, die Vermutung zu äußern, das Flugzeug sei vielleicht zu niedrig geflogen und der Fallschirm habe sich nicht öffnen können (obwohl sich vier Besatzungsmitglieder mit dem Fallschirm gerettet hatten). Diese Spekulation war auch unlogisch, wenn man bedenkt, dass es im Brief des Luftfahrtministeriums vom 10. November 1947 geheißen hatte, der Bordfunker sei normalerweise der Erste, der ausstieg. Wie konnte das Flugzeug für den Ersten zu niedrig, für vier später aussteigende jedoch hoch genug gewesen sein?

Es dauerte fünf Monate, bis die RCAF die Eltern von Jean-Maurice D’Avril über die Exhumierung, Identifizierung und Umbettung ihres Sohnes benachrichtigte. Am 6. Mai 1949 schrieb Wing Commander W.R. Gunn, der für „Verluste“ verantwortliche Offizier beim RCAF-Hauptquartier, an Henri D’Avril und informierte ihn endlich, dass die Leiche seines Sohnes gefunden wurde.

> Sehr geehrter Herr D’Avril:
> ich bedauere zutiefst, dass ich mich erneut auf den Verlust Ihres Sohnes, Pilot Officer Henri Jean Maurice Joseph D’Avril, beziehen muss. Wir haben jedoch einen neuen Bericht von unserem Amt für Vermisstenmeldungen und -anfragen erhalten. Weitere Ermittlungen in der Gegend von Chemnitz führten zu dem Resultat, dass nun das Grab Ihres Sohnes gefunden wurde. Sein Grab wurde auf dem Friedhof von Frankenberg gefunden, das sieben Meilen nordöstlich von Chemnitz liegt. Bei der erfolgten Exhumierung konnte die Identität durch seine Erkennungsmarke festgestellt werden. Man kann nur vermuten, dass Ihr Sohn vor dem Absturz des Flugzeugs ausstieg, dass die Maschine aber zu niedrig flog und sein Fallschirm sich nicht öffnen konnte.
>
> Gemäß der Vereinbarung der zum Britischen Commonwealth gehörigen Nationen, dass alle in Deutschland beigesetzten britischen Flugzeugbesatzungen auf britische Soldatenfriedhöfe in Deutschland zu überführen sind, wurde Ihr Sohn zu dem britischen Soldatenfriedhof überführt, der acht Meilen östlich von der Berliner Innenstadt gelegen ist. Er wird als Britischer Soldatenfriedhof Berlin-Heerstraße bezeichnet. Ihr Sohn wurde in Planquadrat 13, Reihe C, Grab 7 zur Ruhe gelegt. Die anderen toten Mitglieder seiner Besatzung liegen neben ihm in den angrenzenden Gräbern.
>
> Dieser Britische Soldatenfriedhof wird in allen Ehren und auf ewig von der *Imperial War Graves Commission* [Kaiserliche Kriegsgräberkommission][99], der auch Kanada angehört, instand gehalten und gepflegt. Der Friedhof wird durch Anpflanzung von Bäumen, Sträuchern und Blumen ausgeschmückt, und die Kommission wird auch einen dauerhaften Grabstein auf dem Grab Ihres Sohnes errichten.
>
> Es ist meine aufrichtige Hoffnung, dass Ihnen ein gewisser Trost dadurch entsteht, zu wissen, dass die Ruhestätte Ihres Sohnes nun bekannt ist und dass sie ständig gepflegt wird. Ich nehme diese Gelegenheit wahr, Ihnen und Ihren Familienangehörigen mein tiefstes Beileid über den Verlust Ihres tapferen Sohnes auszusprechen.[100]

Dieser Brief, wie die gesamte andere offizielle Korrespondenz, war nur an Herrn Henri D'Avril adressiert, obwohl im letzten Satz auch „seine Familie" erwähnt wurde. Haben Offiziere der RCAF in den 40er Jahren nicht gewusst, wie schmerzlich es für eine Mutter gewesen sein muss, ihren einzigen Sohn zu verlieren? Sollte sich die Mutter allein darauf verlassen, dass ihr die Schreckensnachricht vom „Familienoberhaupt" mitgeteilt wird? Gab es damals offizielle Bestimmungen bei der RCAF, die vorschrieben, wie solche Briefe zu schreiben und zu adressieren waren? Die gesamte Korrespondenz an D'Avril war auf Englisch verfasst und ins Französische übersetzt worden. Die Personalakte enthält beide Sprachversionen.

Im Vergleich mit der scheinbaren Gleichgültigkeit der britischen und kanadischen Militärbehörden oder ihrer mangelnden Bereitschaft, den Tod eines jungen Kanadiers zu untersuchen, einen Tod, von dem man meint, er hätte irgendwo auf dem Behördenweg Verdacht erregen sollen, erscheint es fast wie eine Lappalie, feststellen zu müssen, dass der Brief des Offiziers zwei Fehler enthielt. Erstens liegt der Friedhof nicht acht Meilen östlich, sondern drei Meilen (fünf Kilometer) westlich der Berliner Innenstadt, in Charlottenburg, das damals zum britischen Sektor gehörte. Hätte der Friedhof acht Meilen östlich der Innenstadt gelegen, wäre er in der sowjetischen Besatzungszone gewesen, und Angehörige aus westlichen Ländern hätten größte Schwierigkeiten gehabt, die Gräber zu besuchen. Zweitens wurden die anderen beiden toten Besatzungsmitglieder zwar auf demselben Friedhof, aber nicht in „angrenzenden Gräbern" beerdigt. D'Avril kam in Planquadrat 13, Reihe C, Grab 7 zu liegen, Pilot Officer Desbien in Planquadrat 8, Reihe C, Grab 7, und Flight Sergeant Minguet in Planquadrat 2, Reihe C, Grab 12.

Dieser Brief hat die Hoffnung der Familie zunichte gemacht, dass ihr Sohn und Bruder allen Tatsachen zum Trotz vielleicht doch noch am Leben sein könnte. Es war nunmehr endgültig: Sie hatten Jean-Maurice verloren. Mit diesem Schreiben änderte sich ihr Leben. Das kleine Haus auf der rue Chabot in Montreal war ebenso unerbittlich und unabänderlich vom Krieg heimgesucht worden wie unzählbare andere Häuser in Groß- und Kleinstädten, Dörfern und Bauernhöfen in Europa und anderen Erdteilen. Der Krieg war nicht nur dem Namen nach ein Weltkrieg.

Kapitel 12
Letzter Flug der Q Queen

Wahrscheinlich feierte Jean-Maurice D'Avril seinen 22. Geburtstag am 21. Februar 1945 mit seinen Kameraden auf dem Flugstützpunkt Tholthorpe im Norden von Yorkshire, wo sein RCAF-Geschwader 425 (*Alouette*) stationiert war. *Alouette* war das einzige frankokanadische Geschwader im Bomber Command. Hier wurde Jean-Maurice dem Halifax-Bomber III PN-173 coded KW-Q zugeteilt, der von seiner Besatzung die Q *Queen*[101] genannt wurde.

Am 7. September 2004 besuchte ich das RCAF- Museum auf dem großen kanadischen Truppenstützpunkt in Trenton (Ontario). Ich wollte die RCAF-Halifax sehen, die von einer Gruppe leidenschaftlicher Fachleute auf ehrenamtlicher Grundlage rekonstruiert wurde. Mein freundlicher, sachkundiger Führer war Major i.R. Charlie Hall aus Brighton (Ontario). Er stellte mir einige der Männer vor, die an diesem Nachmittag am Projekt arbeiteten. Tom Mann, der 45 Jahre lang als Ingenieur bei deHavilland tätig war, baute Teile nach, die zu einem Flügel der Bombenschachtklappe gehörten. Jack O'Donnell erzählte, er sei in einer Familie von Fliegern aufgewachsen und habe dann 35 Jahre lang als Polizist gearbeitet. Diese Leute sind typisch für die vielen Ehrenamtlichen, die den riesigen Bomber im Laufe von neun Jahren aus zahllosen Stücken wieder zusammengesetzt haben, seit er als Wrack aus dem Mjösa-See in Norwegen geborgen wurde. Dort hatte er 50 Jahre lang in 228 Meter Tiefe gelegen, nachdem er im April 1945 erst norwegische Partisanen mit Nachschub versorgt hatte und dann auf dem Rückflug nach England von der deutschen Flak abgeschossen worden war. Die Restaurationsarbeiten wurden im Herbst 2005 beendet. Die Maschine ist das einzige wieder hergestellte Flugzeug seiner Art in der Welt. Wie die von der *Halifax Aircraft Association* in Toronto herausgegebene Broschüre informiert, soll sie als ständiges Mahnmal für die kanadischen Flieger dienen, die im Bombenkrieg ums Leben kamen.[102]

Die Halifax in Trenton ist jedoch nicht vom selben Typ wie die Q Queen. Sie ist eine Halifax MK VII, während die Q Queen eine noch größere Version war, nämlich die Halifax MK III. Trotzdem war ich von der enormen Größe dieser Maschine beeindruckt, die schon im noch nicht ganz fertigen Zustand in dieser Flugzeughalle überwältigend wirkte. Von Bildern her hatte ich mir bereits die mächtige Halifax III vorgestellt: 22 Meter lang und mit einer Tragflächenspannweite von ca. 32 Metern. Als ich nun vor dieser „eng

Das Wahrzeichen der kanadischen Gruppe 6 von Bomber Command

verwandten“ Maschine stand und vom Boden aus mehr als 6 Meter hinauf zur Kanzel schaute, fühlte ich mich ausgesprochen zwergenhaft. Die Tatsache, dass in den letzten zwei Jahren des Zweiten Weltkriegs Nacht für Nacht 700, 800 und sogar 1000 dieser gigantischen viermotorigen Halifax- und Lancaster-Bomber über einer Stadt nach der anderen erschienen und ihre todbringenden Lasten abwarfen, ist weder für Kanadier noch für Deutsche vorstellbar, die es nicht selbst erlebt haben. Der Anblick dieses Ungetüms erweckte wieder Erinnerungen an die Nacht vom 5. März 1945, als Chemnitz im Feuersturm vernichtet wurde. Ich war damals 15 km von der Innenstadt entfernt, aber das Donnern der Motoren werde ich nie vergessen. Heute weiß ich, dass jeder der vier Bristol Hercules XVI-Motoren einer Halifax III 16 Zylinder hatte, dass insgesamt 760 mal 4 = 3 040 schwere Motoren der Halifax- und Lancaster-Maschinen in der Luft dröhnten, als gleichzeitig Tausende von ohrenbetäubenden Explosionen die Erde erschüttern ließen. Jeder Bomber warf außer Hunderten von Stabbrandbomben zwischen 6 000 und 9 000 kg Sprengbomben und Luftminen[103] ab, um die Stadt zu zerschlagen. Auch den blutrot glühenden westlichen Himmel mit hoch aufgetürmten Rauchsäulen werde ich nie vergessen. Niemand, der einen solchen Bombenangriff miterlebt oder wie ich aus einigem Abstand gesehen und gehört hat, wird jemals diese Erinnerungen los. Mir sind sie schon oft in Alpträumen wieder begegnet.

Tausende von jungen kanadischen Fliegern flogen in solchen Bombern, und fast 10 000 verloren ihr Leben. Ich vermeide bewusst den manchmal von kranzniederlegenden Politikern benutzten Ausdruck „sie gaben ihr Leben“. Gaben die im Krieg umgekommenen Menschen – Soldaten und Zivilisten – wirklich ihr Leben? Oder wurden sie ihres Lebens beraubt unter Umständen, über die sie keine Kontrolle hatten? Selbst Freiwillige wie D’Avril, deren Pflichtbewusstsein ihnen das Mitkämpfen befahl, hofften, den Krieg zu

Die rekonstruierte Halifax im Herbst 2005

überleben. Sie waren sich zwar der ständigen Todesgefahr bewusst, und trotzdem „gaben" sie ihr Leben nicht. Diese Bezeichnung sollte man auf Kamikaze-Piloten oder Suizidbomber beschränken.

Bill Tytula, Leiter des Halifax-Projekts im RCAF-Museum Trenton, ließ mich wissen, dass insgesamt 6 178 Halifax-Bomber gebaut wurden. Ihre Teile fertigte man in 41 Fabriken an, die man dann in fünf verschiedenen Montagewerken zusammenbaute. Die Q Queen rollte bei der Firma Fairey Aviation in Stockport (England) vom Stapel, wurde am 22. November 1944 auf dem Flugstützpunkt Tholthorpe abgeliefert und von Geschwader 425 übernommen. Chorley vermerkt, das Flugzeug „scheint bis zum Tage seines Absturzes unbeschädigt gewesen zu sein".[104]

Nach vielen Übungsflügen war ihr erster Feindeinsatz für den 7. Februar 1945 vorgesehen, wurde aber aus heute unbekannten Gründen abgeblasen, als die Mannschaft bereits gestartet war. Mit ihrer Bombenlast von zwölf Sprengbomben à 500 englische Pfund (ca. 227 kg) und ca. 200 Stabbrandbomben hatte die Q Queen ein Gesamtgewicht von fast 30 000 kg. Damit musste die Maschine nun in Carnaby landen, ehe sie zum eigenen Stützpunkt zurückfliegen durfte.

Am 10. Februar 1945 folgte ein weiterer Übungsflug. Dabei wurde die Q Queen von einem Hurricane-Jagdflugzeug „verfolgt", und die Bombermannschaft übte Ausweichmanöver. Der Bombenschütze übte mit dem Bombenzielgerät SBA (Sight Bomb Aiming) und der Navigator mit dem Radarsystem H2S, dessen kleiner Bildschirm die Geländeverhältnisse am Boden darstellen konnte.[105]

Der erste tatsächlich durchgeführte Bombeneinsatz der Q Queen und ihrer Besatzung fand am 13. Februar gegen den Industriekomplex Böhlen und die Stadt Leipzig statt. Am 17. Februar wurde ein Angriff auf Wesel abgeblasen. Zwischen dem 18. Februar und dem 3. März 1945 flog die siebenköpfige Besatzung der Q Queen mehrere Bombeneinsätze. Zu ihren Zielen in diesen vier Wochen – vor dem Angriff auf Chemnitz – gehörten u.a. Köln, Essen, Mainz, Mannheim, Worms und Kamen.[106]

Normalerweise hatte die Halifax III eine Bewaffnung von acht 25-mm-Browning-Maschinengewehren, die auf drei Schützen und den Piloten verteilt waren, sowie ein Vickers K-Maschinengewehr im Bug. Jean-Maurice D'Avril war der Bordfunker/Bordschütze in diesem Flugzeug. Die übrige Mannschaft bestand aus dem Piloten Flight Lieutenant Jean Jacques Desbien aus Chicoutimi (Quebec), dem Bordmechaniker Flight Sergeant Albert Emile Minguet aus Verdun (Quebec), dem Navigator Flight Sergeant George Tremblay aus Montreal, dem Bombenschützen Flying Officer Joe Parent aus Kapuskasing (Ontario), dem Turmschützen Flight Sergeant Leo Lamontagne aus Saskatchewan und dem Heckschützen Flight Sergeant G. Langevin aus Montreal.

Zwölf Tage nach D'Avrils 22. Geburtstag, am 5. März 1945, um 16.51 Uhr, startete sein Halifax-Bomber vom Flugstützpunkt Tholthorpe in Yorkshire zum Großangriff auf Chemnitz. Der Flug zum Ziel dauerte etwas mehr als vier Stunden. Die Q Queen gehörte zu einer Armada, die aus 760 vom Bomber Command entsandten Maschinen bestand. Davon waren 198 (26 %) kanadisch, nämlich 182 Bomber von Gruppe Sechs (98 Halifax- und 84 Lancaster-Bomber aus insgesamt 15 RCAF-Geschwadern) sowie 16 Pfadfinderflugzeuge.

Mit Hilfe von Richard Koval gelang es mir, Joe Parent, das letzte noch lebende Besatzungsmitglied der Q Queen, ausfindig zu machen. Am 19. Juli 2004 fuhren meine Frau und ich die fast 900 km lange, einsame Strecke durch Nordontarios unendliche Wälder, vorbei an Hunderten von Seen und Hochmooren, nach Kapuskasing, um Joe kennen zu lernen und zu interviewen. Er wohnt mit seiner Frau Suzie in einem Seniorenheim, war damals 86 Jahre alt und bediente sich einer Gehhilfe für längere Spaziergänge. Kurze Strecken kann er noch ohne diese Stütze zurücklegen, und beim Treppensteigen braucht er nur einen Stock. Er ist noch bei vollem Verstand und hat ein ausgezeichnetes Gedächtnis. Wir besuchten ihn im Hause seines Sohnes Tony. Dort saßen wir alle um den Küchentisch herum und plauderten mehrere Stunden lang.

Joes Vorfahren waren Frankokanadier aus Quebec, aber schon seine Eltern wohnten in Nordontario, wo er selbst auch geboren wurde. Er wuchs in Kirkland Lake auf, das ebenso wie Kapuskasing weit abseits der Bevölkerunsgzentren liegt. Dort arbeitete er in einem Sägewerk, bevor er sich freiwillig zum Militär meldete. Ich machte handschriftliche Notizen und verfasste die folgende Niederschrift wenige Tage später, nachdem ich noch einige Einzelheiten telefonisch klären und ergänzen konnte. Obwohl seine Muttersprache Französisch war, hat er die meiste Zeit seines Lebens Englisch gesprochen. Auch heute noch ist sein Englisch bedeutend besser als sein Französisch, das er „rostig" nennt.

Ich meldete mich im September 1942 in Kirkland Lake freiwillig zum Militärdienst. Zunächst wollte mich die RCAF gar nicht haben, weil ich damals an einer Art von Nasenblockierung litt. Man sagte mir, ich solle erst meine Nase in Ordnung bringen. Ich fragte, ob sie denn die Kosten dafür tragen würden. Nein, sagten die, das musst du selbst bezahlen, aber dann lassen wir deine Zähne kostenlos reparieren. So ließ ich mir die Nase operieren, und die RCAF übernahm tatsächlich meine Zahnarztkosten. Erst schickten sie mich in ein Ausbildungslager in Brandon (Manitoba). Dann kam ich u. a. nach Dafoe (Saskatchewan), wo ich meine heutige Frau Suzie kennen lernte.

Im Frühjahr 1944 ging es mit dem Truppentransporter Andes von Halifax aus nach England. Wir fuhren nicht im Konvoi, und die Überfahrt nach Liverpool dauerte sechs Tage. Von dort aus ging es nach Bournemouth, wo ich einer Ersatzeinheit zugeteilt wurde. Am 9. Mai kam ich nach Wigtown in Schottland, in ein Flugausbildungslager. Wir übten mit der zweimotorigen Avro Anson. Am 22. Mai wurden wir zu einem Flugstützpunkt in Stratford-on-Avon geschickt, wo die Ausbildung in Wellington-Bombern der RCAF weiterging. Dort lernte ich Johnny D'Avril kennen. Wir haben ihn immer nur John oder Johnny genannt, nicht Jean oder Jean-Maurice. Sein Familienname D'Avril wurde auch wie auf Englisch auf der ersten Silbe betont (Dav-ril) und nicht auf der zweiten wie im Französischen. Wir haben uns alle auf Englisch unterhalten, auch später in unserem Geschwader 425, das aus Frankokanadiern zusammengesetzt war.

Johnny war ein sanftmütiger junger Mann, stark und hochgewachsen, aber er hätte keiner Fliege etwas zuleide getan. Er war mit einem Mädchen in Montreal verlobt, die Margot hieß. Er war Nichtraucher und trank auch nicht. Er redete keinen Quatsch wie wir alle und ging nicht mit Mädchen aus wie wir. Stattdessen schrieb er lieber Briefe an seine Braut. Von Stratford aus wurden wir in ein Ausbildungslager in Wombleton verlegt, wo man uns mit dem riesigen viermotorigen Halifax-Bomber vertraut machte.

Von Wombleton aus kamen wir zum Bomber Command-Fliegerhorst Tholthorpe in Yorkshire. Dort lagen nur zwei RCAF-Geschwader: Wir, d. h. Nr. 425 (genannt Alouette), und das Geschwader 420 (genannt Snowy Owl).

Bombenschütze der Q Queen und Freund von Jean Maurice: Joe Parent, er geriet am 6.3.1945 in Kriegsgefangenschaft und kehrte nach Kanada zurück (Foto 2004)

Unser Geschwaderführer war Group Captain Joe Lecomte.[107] Im Ernst begannen unsere Bombereinsätze am 8. Dezember 1944. Das Alouette-Geschwader hatte den Codenamen KW. Es bestand aus 26 Bombern mit den Buchstaben A bis Z. So erhielt unsere Halifax die Code-Bezeichnung KW-Q. Wir hatten ihr den Spitznamen Q Queen gegeben, und dieser Name war ihr auf den Bug geschrieben worden. In unserem Geschwader waren alle Maschinen Halifax-Bomber. Im März 1945 wusste ich gar nicht, und vielleicht wusste Johnny es selber noch nicht, dass seine Beförderung zum Leutnant (Pilot Officer) bereits bestätigt war. Wir alle kannten ihn nur als Feldwebel (Flight Sergeant).

Auf dem Flug nach Chemnitz, am 5. März 1945, flogen wir über den Wolken. Als wir das Ziel erreicht hatten, benutzten wir das Radargerät H2S als Navigations- und Bombenzielgerät. Wir konnten das Ziel, die Stadt, nicht sehen. Johnny D'Avril war der Bordfunker/Bordschütze. Im Falle einer Evakuierung des Flugzeugs brauchte der Pilot nur die Haube über seinem Kopf abzunehmen, und dabei wäre er samt Fallschirm aus seinem Sitz geschleudert worden. Der Bordmechaniker war zwei Stufen weiter unten. Der Heckschütze musste aus der mittleren Seitentür aussteigen.

Die Maschine befand sich über der Stadt. Wir trugen eine Last von 16 Bomben à 500 Pfund[108] und außerdem etwa 200 Brandbomben. Alle Bomben waren bereits entsichert und im Abwurf, als der Heckschütze berichtete: „Corkscrew port, go, go, go!“[109] Es war das Signal an den Piloten, dass er sofort abdrehen sollte, weil wir von einem Jäger angegriffen wurden. Ich konnte sehen, wie die Leuchtspurgeschosse an uns vorbei ballerten, die hinter uns von einer Focke Wulf 190 abgefeuert wurden. Der Nachtjäger griff uns von oben an und nicht von unten, wie das üblich war.[110] Ich sah, dass unsere linke Tragfläche brannte. Der Pilot sagte durch: „Fallschirme anlegen! Abspringen, raus, raus, raus!" Wir wussten alle, dass wir 2 000 Gallonen[111] Flugzeugtreibstoff von hoher Oktanzahl in den Tanks hatten. Die Bombenluken waren noch offen. Als Erster stieg wohl Tremblay, unser Navigator, aus. Er brauchte nur die Klappe anzuheben, auf der sein Schemel stand. D'Avril sprang wahrscheinlich als Zweiter ab. Er stieg kurz vor mir aus. Der Bordmechaniker Minguet und der Pilot haben nicht überlebt.

Es war sehr dunkel, als ich mit dem Fallschirm durch die Wolken schwebte. Ich fragte mich, wo zum Teufel ich wohl landen würde. Ich landete auf einem Feld, in ca. acht bis zehn Zentimeter Schnee. Es war sehr windig. Ich hatte meine rechte Hand verletzt: An zwei Fingern waren die Sehnen gerissen, und ich blutete. Auch meine Hüfte hatte ich beim Aufprallen verletzt. Ich ging auf ein kleines Gehölz zu, in dem ich mich zunächst versteckte. Dann hörte ich Hundegebell und dachte: Heiliger Bimbam, die

Jean-Maurice D'Avril und Joe Parent (rechts), Anfang 1945 auf dem Fliegerstützpunkt Tholthorpe in England aufgenommen

haben die Hunde auf mich gehetzt! Dann zündete ich eine Zigarette an. So verbrachte ich die ganze Nacht in diesem Gehölz. Ich war warm genug, denn ich trug einen Elektroanzug (er hatte einen Stecker zum Anschluss an die Heizung im Flugzeug), darüber einen Overall aus derbem Drillich mit Pelzkragen, und darüber eine Mae West[112] (gelbe Rettungsweste, die bei Landung über Wasser mit Kohlensäurepatronen aufgeblasen wurde). Eine Notfallausrüstung hatte ich nicht. Schließlich war ich im Alouette-Geschwader, und dort gab es sehr wenig an Ausrüstung. Wir dachten, wir könnten denselben Job auch mit weniger Zeug tun. Ich hatte keinen Kompass, aber ich wusste, dass ich irgendwo südlich von Chemnitz sein musste. Ich hatte früher im Wald gearbeitet und konnte feststellen, wo Norden und Süden ist. Ich hatte mir vorgenommen, in westlicher Richtung zu gehen und nicht nach Osten, denn ich wollte nicht von den Russen erwischt werden. Uns war nämlich gesagt worden, die würden keinen Unterschied zwischen uns und den Deutschen machen.

Ich versteckte meinen Fallschirm, meine Mae West, den Elektroanzug und den Overall im Gebüsch. Ich trug nun nur noch meine blaue Uniform, und ich nahm auch die RCAF-Schwingen und den „CANADA"-Streifen ab. Ich hoffte, man würde mich vielleicht für einen deutschen Luftwaffesoldaten halten, denn die trugen auch blaue Uniformen. Niemand hatte uns gesagt, was wir tun sollten, wenn wir abgeschossen würden. Keiner von uns hat jemals geglaubt, es würde dazu kommen. Das passierte immer nur den Anderen. Im Morgengrauen ging ich auf einem Weg entlang, der in einen Ort[113] mit einer sehr großen Kirche führte. Um die Kirche herum war eine Steinmauer. Ich musste langsam gehen, denn meine Hüfte schmerzte, und so ging ich vielleicht anderthalb Stunde auf diesem Weg weiter. Bevor ich in den Ort kam, traf ich eine Frau, die aus der entgegengesetzten Richtung kam. Sie fragte mich auf Deutsch: „Flieger kaputt?" Damals wusste ich nicht, was sie meinte. Dann stieß ich auf drei oder vier Volkssturmmänner, die „Halt!" riefen. Das Wort kannte ich, und ich hob die Hände hoch. Sie führten mich zu einem Gebäude im Ort, das so ähnlich wie ein Postamt aussah. Dort standen mehrere junge Leute herum, die mir die Zigaretten wegnahmen. Schließlich wurde ich in einem Pferdeschlitten nach Marienberg gefahren. Vorn auf dem Bock saß der Fahrer, und hinten in dem kleinen Schlitten saß eine Wache. Ich musste auf dem Boden sitzen. Auf der ganzen Fahrt drückte mir der Bursche seinen Revolver gegen den Hals. Die Waffe fühlte sich sehr kalt an. In Marienberg brachten sie mich in ein Gefängnis, wo ich drei Kameraden von meiner Besatzung fand sowie acht Mann von Geschwader 415 (Swordfish).[114] Ihr Flugzeug war ebenfalls abgestürzt, und sie waren alle in Gefangenschaft geraten. So waren wir elf Mann in einem Raum.[115] Wie es der Zufall wollte, stellte sich heraus, dass einer der Mitgefangenen von Geschwader 415 (Frank Mudry aus Saskatchewan) ein Cousin meiner Freundin Suzie war, die ich später heiratete.

In Marienberg waren wir vier Tage lang eingesperrt, ohne etwas zu essen zu bekommen. Ungefähr 20 bis 25 Leute kamen, um uns zu beschauen. Aber ein russischer Kriegsgefangener oder Zwangsarbeiter oder so etwas Ähnliches kam und warf uns ein dunkles Brot zu. Erst meinte ich, dass ich so etwas nicht essen könnte, denn ich hatte noch nie ein Schwarzbrot gekostet. Dann teilten wir es aber unter uns elf Mann auf, und es schmeckte nicht schlecht. Einige Jungen von der Hitlerjugend kamen und beschimpften uns und spuckten uns an. Schließlich brachte man uns aber irgendwohin in Chemnitz.

In Chemnitz konnte ich noch den Gestank von verbrannten Leichen riechen. Die Volkssturmmänner, die uns bewachten, hatten Gewehre. Als wir durch die Stadt gingen, waren wir elf Kriegsgefangene, und wir wurden von elf Mann begleitet und bewacht. Sie führten uns zum Bahnhof. Dort drängte sich ein Haufen Zivilisten um uns herum und spuckte uns an. Die Wachmänner befahlen uns, eine Reihe zu bilden und uns gegen eine Wand zu stellen. Ich hörte, wie sie ihre Schmeisser-Maschinenpistolen entsicherten und erwartete, dass wir nun von hinten erschossen würden. Sie wollten uns aber nur vor der Menschenansammlung schützen.

Wir wurden oft verhört. Ich versuchte, ihnen zu sagen, dass ich Französisch spreche, denn ich dachte, man würde mich vielleicht für einen französischen Arbeiter halten. Sie holten aber eine Frau, die besseres Französisch sprach als ich. Sie sprach das richtige Französisch, und ich hatte nur in Kirkland Lake Französisch gelernt. So schalteten wir bald auf Englisch um. Ich habe auch ein paar wichtige deutsche Brocken aufgeschnappt, wie scheißen und pissen. Man gab mir eine Tasse schlechten Kaffee, und dann verhörte mich ein Offizier auf Englisch. Er fragte mich, ob ich wüsste, welchen Rang er hat. Ich sagte, ich kenne die kanadischen Rangabzeichen, aber nicht die deutschen. Er forderte mich auf, zu raten, und ich sagte: „Major?“ Er schien aber etwas beleidigt zu sein und verbesserte mich „Nein, ich bin Oberst“. Er sagte, wir würden in ein Kriegsgefangenenlager kommen. Als ich fragte, was wir dort tun müssten, antwortete er: „Machen Sie sich keine Sorgen, Sie werden nicht lange dort sein. Der Krieg ist bald vorbei.“

Wir wurden in einen Zug verladen, der sowohl Personenwagen als auch Güterwagen hatte. Zuerst kamen wir in ein Durchgangslager (Dulag) in der Nähe von Frankfurt, und schließlich in ein viel größeres Lager in Moosburg bei München. In diesem Lager waren ca. 100 000 Kriegsgefangene. Ich habe

> nur etwa 25 Kanadier gesehen. Ein Wachmann, ein Österreicher, war sehr freundlich. Er beschaffte uns Tabakklumpen von anderen Wachleuten und rollte mir ein paar Zigaretten. Das Rote Kreuz händigte uns Essenpakete aus, die aus Übersee für uns gekommen waren. Das war die erste richtige Nahrung, die wir nach langer Zeit erhielten. Ich aß gleich zuviel und musste mich übergeben. Jemand fragte: „Na, wie fühlst du dich?" Ich sagte: „Ich habe wie ein Schwein gefressen und bin scheißglücklich!"
>
> Am 6. Mai 1945 wurden wir von General Pattons Armee befreit.[116] Nach einigen Umwegen (mit Aufenthalt in Landshut und Rheims) wurden wir nach England zurück gebracht, von wo aus wir auf dem Truppentransporter Louis Pasteur wieder nach Kanada fuhren. Die Überfahrt von Liverpool nach Halifax dauerte etwa 5 Tage. Ich war heilfroh, dass unser Schiff diesmal nicht Zickzackkurs fahren musste, um U-Booten auszuweichen.
>
> Auf dem Heimweg in Kanada sprachen wir alle vier in Montreal bei Johnny D'Avrils Eltern vor. Damals war Johnny erst als vermisst gemeldet. Ich erinnere mich, dass sein Vater ein viel besseres Französisch sprach als ich.

Ich hatte Richard Koval gebeten, den Versuch zu unternehmen, die anderen drei Überlebenden der *Q Queen*, Flight Sergeant George Tremblay, Flight Sergeant Leo Lamontagne, und Flight Sergeant G. Langevin, aufzufinden. Selbst er konnte Tremblay und Langevin, die in Kanada häufig vorkommende französische Familiennamen hatten, nicht finden. Kurz bevor ich nach Kapuskasing fuhr, um Joe Parent zu besuchen, kam jedoch ein Anruf von Richard. Erstaunlicherweise hatte er Leo Lamontagnes Witwe, Marjorie Lamontagne, in Portage La Prairie (Manitoba) ausfindig gemacht. (Auch Lamontagne ist ein sehr häufiger Name). Er hatte ihre Adresse und Telefonnummer. Sobald ich aus Nordontario zurückkehrte, rief ich sie an.

Sie war stark interessiert, aber zuerst etwas zurückhaltend und vorsichtig. Sie warnte mich von Anfang an, sie habe sehr wenige Informationen über die Kriegserlebnisse ihres Mannes, da er nur ungern darüber gesprochen hatte. Nachdem sie sich mit ihrer Tochter unterhielt, rief sie aber zurück und erzählte mir, was sie wusste. Später schickte sie mir einen großen Umschlag mit Dokumenten und Fotos, einschließlich einer Gruppenaufnahme der gesamten Besatzung mit allen Namen. Ich hatte dasselbe Bild schon von Joe Parent erhalten, aber ohne Aufschrift.

Flight Sergeant Leo Lamontagne, Turmschütze der Q Queen, war einer der fünf Besatzungsmitglieder, die mit dem Fallschirm aus ihrer brennenden Halifax aussteigen konnten. Ebenso wie Joe Parent, Tremblay und Langevin geriet er im Erzgebirge in Gefangenschaft, kam in Marienberg ins Gefängnis und wurde dann ins Kriegsgefangenenlager Moosburg transportiert.

Besatzung der Q Queen – Halifax III PN-173, coded KW-Q, Anfang 1945 auf dem Fliegerstützpunkt Tholthorpe in England aufgenommen Hinten v. l. n. r.: Pilot Officer Jean Jacques Desbien (Pilot; starb beim Absturz, zuerst in Drebach, dann in Berlin begraben); Flight Sergeant G. Tremblay (Navigator, überlebte); Flying Officer Joe Parent (Bombenschütze, überlebte); Flight Sergeant Albert Emile Minguet, (Bordmechaniker, starb beim Absturz, zuerst in Drebach, dann in Berlin begraben). Vorn v. l. n. r.: Pilot Officer Jean-Maurice D'Avril (Bordfunker/Bordschütze, in Frankenberg ermordet); Flying Officer Leo Lamontagne (Turmschütze, überlebte); Flight Sergeant G. Langevin (Heckschütze, überlebte)

Leo Lamontagne, Bauernsohn aus der kanadischen Weizenprovinz Saskatchewan, hatte sich 1943 im Alter von 19 Jahren freiwillig gemeldet. Beim Fallschirmabsprung aus der brennenden Maschine verlor er einen Stiefel. Er konnte sich 2 oder 3 Tage lang verstecken, ehe er gefangen genommen wurde. Seine Witwe hat noch zwei Telegramme, die 1945 von der RCAF an seine Eltern geschickt wurden. Beide hatten französischen Text. Im ersten, am 9. März datierten Telegramm wurde ihnen mitgeteilt, ihr Sohn sei nach einem Einsatz in Übersee am 6. März vermisst gemeldet worden. Erst am 19. Mai meldete dieselbe Stelle, er sei am 11. Mai in England eingetroffen. Kurz nach seiner Ankunft dort schickte Leo selbst zwei Telegramme. Das eine war an seine Mutter adressiert:

> LIEBE MUTTER ZURÜCK IN ENGLAND ALLES OK WERDE SCHREIBEN SEHE DICH BALD WIEDER HERZLICHE GRÜSSE LEO.

Das andere, an seine Verlobte Marjorie gerichtete Telegramm aus England kam am 19. Mai 1945 an:

> NACH ENGLAND REPATRIIERT MEINE ADRESSE LAUTET ‚BEFREITER KRIEGSGEFANGENER RCAF ÜBERSEE' BIN HEIL UND GESUND MIT VIEL LIEBE LEO.

Später erzählte Leo Lamontagne seiner Frau, er habe aus dem Lager in Moosburg mehrere Briefe geschrieben, die jedoch nie ankamen. Die Telegramme aus England waren die ersten Anzeichen, die sie und seine Eltern erhielten, dass er noch am Leben war, nachdem man ihn als vermisst gemeldet hatte. Leo starb 1986, im Alter von 63 Jahren, an einem Herzinfarkt.

Seine Witwe sagt, ihr Mann habe bis zu seinem Tod noch ein Schrapnell im Genick gehabt, das von einer Verwundung stammte, die er auf dem Gewaltmarsch ins Kriegsgefangenenlager erlitten hatte. Leo wollte aber nie Einzelheiten über diese Verwundung erzählen. Marjory Lamontagne hatte immer geglaubt, deutsche Soldaten hätten ihn auf dem Marsch angeschossen. Es ist aber gut möglich, dass Leo verwundet wurde, als am 4. April 1945 eine amerikanische Thunderbolt-Maschine mit Bordwaffen auf die Gefangenen schoss, die irrtümlicherweise für eine Kolonne deutscher Soldaten gehalten wurden. Im amerikanischen Militärjargon heißt solcher Beschuss heute „friendly fire" (freundliches Feuer).

Marjorie Lamontagne: „Immer, wenn ich von Leo etwas über den Krieg hören wollte, winkte er ab: Das willst du gar nicht wissen. Er sagte nur, er habe großes Glück gehabt, dass er wieder nach Hause gekommen ist."

Dieses Glück war Jean-Maurice D'Avril nicht beschieden. Wäre auch er nach Marienberg gekommen wie die anderen Besatzungsmitglieder, könnte er heute noch leben und eine ähnliche Geschichte wie Joe Parent erzählen. Stattdessen verschlug es ihn – aus noch unbekannten Gründen – nach Frankenberg, wo ihn ein tragisches Schicksal ereilte. Warum war er nach dem Absprung so weit von seinen Kameraden und von der Absturzstelle entfernt? Laut Joe Parent stieg er als Zweiter aus der Maschine. Er dürfte weiter nördlich als die anderen gelandet sein. War sein Fallschirm wegen starkem Wind abgetrieben? Ist er nach seiner Landung lange in nördlicher Richtung zu Fuß gegangen? War er der „Amerikaner", der sich nach Angaben der Zeugin Elfriede Rupprecht in der Spinnerei in Sachsenburg ergab? Sachsenburg liegt nur etwa fünf Kilometer von Frankenberg, aber sehr weit von der Absturzstelle des Bombers, d.h. etwa 30 km nördlich von Drebach. Die Entfernung zwischen Frankenberg und Marienberg beträgt ca. 26 km. Beide Entfernungen verstehen sich in der Luftlinie. Obwohl es keinen Beweis gibt, dass es D'Avril war, der in Sachsenburg auftauchte, besteht absolut kein Zweifel mehr, dass er der in Frankenberg Ermordete war.

Kapitel 13
„Gebt mir die Nummer 13!"

Die Q Queen war nicht der einzige kanadische Bomber, der beim Angriff auf Chemnitz am späten Abend des 5. März 1945 im verschneiten Erzgebirge abstürzte. Ich wusste bereits, dass eine weitere Halifax III, die NA-204 coded 6U-J vom Swordfish-Geschwader, ebenfalls von einem deutschen Nachtjäger über Chemnitz abgeschossen wurde. Ihr Pilot war Flight Lieutenant William (Bill) Mitchell. Schon früh im Laufe meiner Fahndungen hatte ich die Möglichkeit ausgeschlossen, der ermordete Kanadier hätte aus diesem Bomber stammen können, denn alle acht[117] Besatzungsmitglieder hatten überlebt und waren als *POW* (Kriegsgefangene) verzeichnet. Zunächst konnte ich überhaupt nicht feststellen, wo dieses Flugzeug abgestürzt war. Den einzigen Hinweis auf die Absturzstelle findet man oft in den Personalakten im Bundesarchiv. Für Überlebende gibt es jedoch keine solche Akten. Nachdem ich von Joe Parent in Kapuskasing erfahren hatte, dass er im Marienberger Gefängnis auf Leute von Mitchells Besatzung gestoßen war, wandte ich mich wieder an Richard Koval. Könnte er versuchen, einen dieser Männer vom Swordfish-Geschwader zu finden?

Im Juli 2004, kurz nach diesem erneuten Hilferuf, hörte ich von Richard. Er überraschte mich nicht nur mit einem Namen, sondern mit Auskunft über alle Besatzungsmitglieder der Halifax III NA-204 coded 6U-J. Sieben von ihnen gehörten zur RCAF, einer zur RAF; heute weiß ich auch über ihren weiteren Verbleib Bescheid:

RCAF Flight Lieutenant Bill Mitchell – Pilot, heute in Guelph (Ontario),
RCAF Flying Officer Rolly Barteaux – „Second Dickey" (verstorben),
RAF Flight Sergeant Tommy Ridley – Bordmechaniker (verstorben),
RCAF Flying Officer Doug Loveridge – Navigator (verstorben),
RCAF Pilot Officer Frank Mudry – Bombenschütze, heute in Swift Current (Saskatchewan),
RCAF Pilot Officer Bill Mosey – Bordfunker/Bordschütze,
heute in Chatham (Ontario),
RCAF Flight Sergeant Bruce Gill – Turmschütze, heute in Whitmore (Alberta),
RCAF Pilot Officer John Gendron – Heckschütze, heute in Smiths Falls (Ontario).

Ich setzte mich sofort telefonisch mit Frank Mudry in Swift Current und mit Joy Loveridge (Witwe von Doug Loveridge) in Qualicum Beach (British Columbia) in Verbindung. Beide sagten mir, der Pilot Bill Mitchell habe den Heckschützen John Gendron zum „offiziellen Chronisten für die Besatzung ernannt". Alle anderen hatten ihre Erinnerungen und Aufzeichnungen bei Gendron deponiert. Zum Glück war gerade John Gendron derjenige, der in kürzester Entfernung von mir wohnte. Wir vereinbarten ein Treffen in Smiths Falls (Ontario). Dort setzten wir uns im Saal der Veteranenorganisation Royal Canadian Legion zu einem langen Gespräch zusammen.

Im März 1945 war John Gendron erst 20 Jahre alt. Als ich ihn im August 2004 kennenlernte, war er 80, sah aber jünger aus. Er ist körperlich und geistig aktiv, hellwach, mit ausgezeichnetem Gedächtnis und freundlich-offenem Wesen. Er hatte auch nichts gegen eine Tonbandaufnahme einzuwenden. Ich fertigte eine Niederschrift an und sandte sie ihm zur Durchsicht und Prüfung.

> Ja, im Oktober 1976 ernannte mich der Pilot zum Chronisten für unsere Besatzung und sagte: „Wenn du die Anderen finden kannst, dann veranstalten wir ein Wiedersehenstreffen." Innerhalb von einem Jahr gelang es mir, sie alle zu finden. Seitdem haben wir fast jährlich ein Treffen. Jetzt leben leider nur noch fünf von uns. Diesen Oktober wollen wir uns an der Westküste, in Victoria (British Columbia) treffen.
>
> Chemnitz war für unsere Besatzung der 29. Einsatz, für mich der 30. Es sollte unser Letzter werden. Alle in unserem Geschwader 415 (Swordfish) flogen die neuen Halifax III-Bomber, die mit ihren Hercules-Motoren stärker waren als die älteren Versionen. Unsere Maschine war brandneu und hatte gerade erst 60 Flugstunden hinter sich. Wir fassten eine Bombenladung von ca. 8000 Pfund.[118] Unser Stützpunkt war in East Moor. Dort waren wir zusammen mit dem RCAF-Geschwader 432 (Leaside) stationiert.
>
> Unser Bombenschütze, Frank Mudry, war bei einem früheren Einsatz über Berlin abgeschossen worden. Die Besatzung sprang über Schweden mit dem Fallschirm ab. Er verbrachte sechs Monate in einem schwedischen Internierungslager und wurde dann nach England zurückgeschickt. Laut Genfer Konvention musste er eigentlich nach Kanada zurückkehren, ohne jemals wieder gegen den Feind fliegen zu dürfen. Er war gar nicht zufrieden, als er stattdessen versetzt und unserem Geschwader als Ersatz zugewiesen wurde. Hätten die Deutschen das herausgefunden, hätten sie ihn hinrichten können.
>
> Als unser Geschwader zum Flug nach Chemnitz startete, beobachteten wir einige Explosionen am Boden. Wir wussten damals nicht, was los war, erfuhren aber später, dass zwei kanadische Bomber zusammengestoßen waren.

John Gendron, Foto 2004. Heckschütze der Halifax III NA-204, coded 6U-J, die ebenfalls am 5. März über Chemnitz abgeschossen wurde und im Erzgebirge abstürzte

Der Flug nach Chemnitz dauerte vier Stunden. Es waren mehr als 700 schwere Bomber in der Luft. Heute kann sich kein Mensch vorstellen, wie das aussah: 700 Bomber![119] Sie reichten von einem Horizont zum anderen. Ich glaube, wir gehörten zur ersten Welle. Als wir das Zielgebiet erreichten, sahen wir zunächst weder Scheinwerferlicht noch Flakfeuer, aber dafür waren genug Ju-88-Nachtjäger in der Luft. Wir hatten gerade unsere Bombenlast über Chemnitz abgeworfen, und die Bombentüren standen noch offen. Der Bombenschütze kam zurück, um den Sitz hinter dem Navigator einzunehmen. Der Pilot hatte um 12 Grad gedreht, als es plötzlich krachte – Wummm! Wir waren von unten mit „schräger Musik" beschossen und getroffen worden. Wegen der scharfen Drehung trafen uns die Kanonen des Jägers nicht in der Mitte, aber die Nase des Flugzeugs wurde vollständig weg geschossen, und die linke Tragfläche brannte. Aus meiner Heckkanzel schossen drei Meter lange Flammen und Funken heraus wie aus einer Düse. Der Pilot gab durch: „Bleibt drin! Wir werden versuchen, die russische Front zu erreichen." Wir dachten, wir seien nur etwa 50 km von der Front entfernt. Aber dann sagte der Pilot: „Ich verliere die Kontrolle. So alles raus! Springt ab, springt ab!" Es war ein Wunder, dass niemand verletzt oder verbrannt war. Wir konnten alle mit dem Fallschirm abspringen.

Nach unserer Unterhaltung schickte mir John mit der Post eine Schilderung von Charlie Laforce, der heute in Belleville (Ontario) wohnt. Er war ebenfalls über Chemnitz dabei, und zwar als Bordfunker/Bordschütze eines

Bombers von Geschwader 424 (Tiger). Er schrieb an Gendron, er habe gesehen, wie ein Bomber angegriffen und abgeschossen wurde, während er selbst hinter dem Turmschützen in dessen Kanzel stand. Er glaubte, es sei Gendrons Halifax III NA-204 coded 6U-J gewesen:

> Was ich sah, war eine Halifax links von uns und weiter unten. Sie war ein ganzes Stück entfernt. Ein zweimotoriges Flugzeug, das parallel unter dem Bomber flog, feuerte nach oben und traf die Halifax, deren Bug sich sofort auflöste.[120] Der zweimotorige Jäger könnte auch eine Me-110 gewesen sein, aber ich meinte, es sei eine Ju-88 gewesen, und da diese Maschine im geraden Flug nach oben schoss, nahm ich an, sie habe mit „schräger Musik" geschossen. Es erschienen auch bald ein paar Fallschirme, aber ich musste selbst auf Jäger achten, denn es waren viele in der Luft (auch auf dem Weg zum Ziel und beim Rückflug). Es war hell von den T.I.s (Zielanzeigern), den Bränden am Boden, den Leuchtspurgeschossen der Jäger und Scheinwerfern ... Mir tat die „Halley" (Halifax) leid, aber ich musste selbst auf Jäger aufpassen und versuchen, unsere eigene Haut zu retten.

John Gendrons Story ging weiter:

> Als auf dem Flugstützpunkt in England die Fallschirme ausgegeben wurden, konnten wir uns eine Nummer aussuchen. Natürlich waren wir abergläubisch. So hatte ich gesagt: „Gebt mir die Nummer 13, denn das ist meine Glückszahl." Die bekam ich auch, und diese Nummer 13 hat mir das Leben gerettet.
>
> Mein Fallschirm war in meinem Sitz gepackt, und ich stieß mich hinaus. Ich war einer der Ersten und sprang aus einer Höhe von ca. 3000 m. Ich wusste nicht, wo die anderen alle landeten, aber wir können 25 km oder noch weiter voneinander entfernt gewesen sein. In einem Augenblick schwebte ich in der Luft, und fünf Minuten später hing ich in einem Baum, ungefähr 10 m über dem Boden. Das Oberteil des Fallschirms hatte sich im Wipfel dieser hohen Fichte festgehakt, und ich baumelte herum, ebenfalls in den Ästen gefangen. Ich sah nichts von den Anderen. Ich konnte überhaupt nichts sehen. Es war stockfinster, und ich war mitten in einem Schneesturm. Dies war gegen 22 Uhr abends. Ich saß vielleicht zehn Minuten lang im Baum und merkte, dass ich mein linkes Bein nicht fühlen konnte. Schließlich benutzte ich ein kleines Messer, das ich in der Tasche hatte, und schnitt die Fallschirmgurte ab. Dann stieg ich hinunter, so weit ich konnte, und ließ mich die letzten paar Meter in den Schnee fallen. In meiner Notfallausrüstung – einer etwa acht cm langen Schachtel – fand ich einen Riegel Schokolade, etwas Kaugummi, eine britische Flagge mit Armband, eine russische Flagge mit Armband, und einen Kompass. Ich überlegte mir: Soll ich mich nach

Osten in Richtung der russischen Front bewegen, oder vielleicht sogar weit nach Süden, um bis nach Italien zu gelangen? Aber ich wusste, es war unmöglich, im hohen Schnee viel weiter zu kommen. Ich folgte zunächst einem Waldweg, der als Sackgasse endete. Ich schlug einen anderen Weg ein, und dann wieder einen anderen. Ich muss wohl im Kreis herum geirrt oder besser gesagt: gestolpert sein.

Früh am Morgen kam ich an eine Stelle, wo Holz gefällt worden war. Dort standen zwei deutsche Soldaten. Sie riefen: „Hände hoch!“ Ich konnte ein paar Worte Deutsch verstehen und wusste, was sie meinten. Ich hob die Arme hoch. Sie fesselten mich an den Hand- und Fußgelenken und führten mich in das kleine Dorf Annaberg, wo ich in einem kleinen Gefängnis landete.[121] Dann brachten sie Rolly Barteaux, den Second Dickey herein. Er flog das erste Mal mit uns, und ich hatte ihn noch nie vorher gesehen. Die Soldaten waren recht anständig. Erst brachten sie uns in ein Restaurant, um uns einen Kaffee zu bestellen, aber da standen alle Gäste auf und riefen: „Terrorflieger!“ Sie wollten nicht zulassen, dass wir etwas bekommen. Wir gingen rückwärts hinaus, und die Soldaten führten uns zum Bahnhof, wo wir in den Zug nach Marienberg stiegen. Im dortigen Gefängnis wurden wir beide in eine Zelle gesperrt, in der bereits drei Weitere von unserer Besatzung waren: der Pilot Bill Mitchell, Doug Loveridge und Frank Mudry. Dort waren auch vier Frankokanadier vom Geschwader Alouette (einschließlich Joe Parent) und ein australischer Pilot. Es gab ein großes Hallo, als Frank Mudry überraschenderweise feststellte, dass seine Cousine Suzie in Saskatchewan die Freundin von Joe Parent war. Joe und Suzie sind heute noch verheiratet. Frank war ihr Trauzeuge. Unser Pilot war nur etwa 300 m von der Absturzstelle unseres Flugzeugs gelandet. Wir wussten noch nicht, was aus Bruce Gill, Tommy Ridley und Bill Mosey geworden war, die alle woanders landeten.[122]

Wir zehn Mann[123] blieben etwa vier Tage lang in Marienberg. Einmal am Tag gab es eine Tasse kalten Kaffee und ein Stück Schwarzbrot. Die Deutschen hatten natürlich selber wenig zu essen. Endlich verfrachtete man uns mit der Bahn nach Chemnitz. Dort wurden wir einer neuen Wache übergeben. Als wir durch Chemnitz gingen, in der Nähe vom Bahnhof, gab es eine ziemlich hässliche Szene, die uns Angst machte. Eine Schar von vielleicht 150 oder 200 Zivilisten drängte sich um uns herum und bedrohte uns. Wir konnten es ihnen nicht verdenken, denn die ganze Stadt lag in Schutt und Asche. Dasselbe wäre bei uns geschehen, wenn wir so ausgebombt worden wären wie sie. Ein älterer Herr war besonders aufgeregt. In einer Hand hielt er so etwas wie einen Geigenkasten, mit der anderen reichte er herüber und schlug mich K.O. Er hatte mich auf die Schläfe getroffen. Als ich aufstand, sah ich, wie jemand unseren Piloten zusammenschlug. Es waren zehn deutsche Wachsoldaten dabei, einer für jeden von uns. Sie hatten Schmeisser-Maschinenpistolen. Ein kleiner, älterer Feldwebel stand dabei. Er sagte uns: „Wenn auch nur ein Mann flieht, werdet ihr alle erschossen." Wir flüsterten uns gegenseitig zu, keine Dummheit zu machen. Aber die deutschen Soldaten bewachten uns und retteten uns das Leben. Sie bildeten nämlich einen Ring um uns. Ich konnte genug Deutsch, um zu verstehen, dass sie den Leuten befohlen, sich zurückziehen, sonst würde auf sie geschossen. Dann traf ein hochgewachsener deutscher Offizier ein. Er trug ein Monokel. Er gab dem Feldwebel ein paar zackige Befehle, und man führte uns zum Bahnhofsgebäude hinauf, zu einer Ziegelwand. Hier stand aber wieder eine Gruppe von Menschen. Ein vielleicht 14-jähriges Mädchen spuckte uns an. Sie war wirklich aufgeregt. Vielleicht hatte sie jemanden verloren. Der Offizier sagte uns: „Dreht euch alle um! Gegen die Wand!" Dann hörten wir das Knacken vom Entsichern der Waffen und dachten: „Jetzt ist es um uns geschehen." Aber der Offizier befahl dem Mädchen und den Anderen, zu verschwinden. Ich glaube, wären die deutschen Soldaten nicht dabei gewesen, würde ich heute nicht hier sitzen. Schließlich wurden wir in einen Zug verladen.

Zwei Wochen später, nach vielen Unterbrechungen, kamen wir nach Frankfurt. Irgendwo unterwegs waren wir auf einem deutschen Luftwaffe-Fliegerhorst, wo wir alle eine eigene Zelle bekamen. Sie fütterten uns mit großen Tellern voll Kartoffeln, Sauerkraut und Fleisch. Es bestand direkt ein kameradschaftliches Verhältnis zwischen uns und den Luftwaffesoldaten. Von Frankfurt aus gingen wir drei Tage zu Fuß in ein anderes Lager bei Wetzlar, wo das Amerikanische Rote Kreuz Päckchen austeilte. Dieses Lager wurde von amerikanischen Kriegsgefangenen geleitet. Sie gaben uns Suppe und GI-Uniformen. Das Beste waren die Stiefel mit Gummisohlen, mit denen es sich viel bequemer gehen ließ. Ich hatte noch nie Gummisohlen gesehen. In Wetzlar trafen wir auch unseren Bordfunker Bill Mosey wieder, von dem wir bis dahin nichts gehört hatten. Anschließend wurden wir per Bahn in offenen Güterwagen in ein Lager bei Nürnberg geschafft, wo wir zehn Tage lang blieben. Am 4. April, gegen 13 Uhr, verließen wir das Lager zu Fuß. Fünfzehn Minuten später wurden wir von einem Dutzend amerikanischen Thunderbolt-Jägern beschossen.[124] Sie dachten wohl, wir seien deutsche Soldaten auf dem Marsch. Wir warfen uns alle in die Straßengräben. Ich hörte viele unserer Jungen nach ihrer Mutter schreien, bevor sie starben. Am 24. April, nach einem aufreibenden Gewaltmarsch, kamen wir in dem riesigen Kriegsgefangenenlager Stalag VII A in Moosburg bei München an. Dort wurden wir am 20. April von General Pattons 3. US-Armee befreit. Die Amerikaner verteilten uns auf Privathäuser in der Stadt Moosburg, um die

> deutsche Zivilbevölkerung vor den russischen Kriegsgefangenen zu schützen, die nach ihrer Befreiung randalierten. Fünf von uns wurden der Familie Steinlehner zugeteilt, um das ältere Ehepaar, die zwei jungen Mädchen und einen Jungen zu beschützen, die dort wohnten. Um 3 Uhr morgens hörten wir im Nachbarhaus eine Frau hysterisch schreien. Sie glaubte, es seien Russen im ihrem Hause. Bill Mosey und ich rannten hinüber und schliefen bis zum Morgen dort auf dem Fußboden, auf Decken.
>
> Es ist manchmal gesagt worden, wir wären wahrscheinlich nicht geflogen, wenn wir gewusst hätten, wieviele von uns sterben würden. Wir wussten es aber genau. Manchmal mussten wir bei der Rückkehr zum Bomberstützpunkt vor der Landung noch eine Stunde lang Kreise ziehen, weil man aus anderen Flugzeugen erst viele Tote und Verwundete auszuladen hatte.
>
> Wären wir geflogen, wenn wir gewusst hätten, dass wir Tausende von Zivilisten umbringen? Hätte uns das etwas ausgemacht? Das ist eine schwierige Frage. So konnten wir zum Beispiel Magdeburg noch aus 160 km Entfernung brennen sehen, schrecklich! Es sah aus wie ein brodelnder Kessel zuhause auf dem Küchenofen. Sie können es sich nicht vorstellen. Später, als wir wieder in Kanada waren, haben wir nicht viel darüber gesprochen. Wir wollten überhaupt nicht vom Krieg sprechen. Nur das Buch zuklappen und versuchen, alles zu vergessen.

Meine Bemühungen, die genaue Absturzstelle von Gendrons Bomber zu finden, sind bisher erfolglos geblieben. Es ist sicher, dass die Maschine im Erzgebirge abstürzte, wahrscheinlich nahe der böhmischen (tschechischen) Grenze. Die Besatzung der Halifax III von Geschwader 415 (Swordfish) stieg südlich von Chemnitz etwa zur selben Zeit aus wie die Besatzung der Q Queen. Die acht Mann aus Gendrons Bomber landeten an verschiedenen Stellen im Umkreis von mindestens 30 km. Während sich fünf von ihnen auf der sächsischen Seite des Gebirges im Raum Annaberg/Marienberg befanden, wurden die übrigen drei – der Turmschütze, der Bordmechaniker und der Bordfunker/Bordschütze – bis auf unmittelbare Grenznähe oder sogar über die Grenze hinüber, in die Wälder auf der böhmischen Seite des Gebirges, getrieben.

Ich rief den Turmschützen, Bruce Gill, in Westlock (Alberta) an. Er erinnert sich gut an das Geschehen jener Nacht. Nachdem er mit dem Fallschirm im verschneiten Wald gelandet war, ging er zu Fuß, bis er von einem Dorfschmied entdeckt und in Gewahrsam genommen wurde. Nach zweitägigem Marsch wurde er per Bus ins Kriegsgefangenenlager Bilin (Bílina) im damaligen Sudetenland transportiert. Dort traf er ein weiteres Besatzungsmitglied wieder, den Bordmechaniker RAF Flight Sergeant Tommy Ridley, den einzigen Nicht-Kanadier an Bord. Bruce Gill hatte sich bei der Landung eine Hand verletzt, die vielleicht in den Fallschirmseilen eingeklemmt war. Im Lager wurde er von einem neuseeländischen Militärarzt behandelt. Leider verlor er später wegen Komplikationen einen Finger.

Bevor die Rote Arme das Lager Bilin im April besetzte, hatte Gill gerüchteweise gehört, dass die Sowjets durchweg alle – Deutsche wie Kriegsgefangene – nach Russland verschleppen würden. Gill versuchte sein Glück daher anderswo. Einer seiner Kameraden erzählte mir eine höchst interessante, aufregende Geschichte über Gills Odyssee, die er allerdings aus zweiter Hand erfahren hatte. Bruce Gill, der aus Alberta stammte, war vor dem Militärdienst Cowboy gewesen. Im Kriegsgefangenenlager gelang es ihm, ein Pferd zu „organisieren", auf dessen Rücken er schnurstracks nach Westdeutschland ritt, bis er schließlich von den Amerikanern befreit wurde. Als ich ihn am Telefon nach dieser Geschichte fragte, war er zunächst sehr zurückhaltend. Erst viel später, als ich ihn persönlich kennen lernte, gestand er mir: „Obwohl ich als Cowboy ein guter Reiter war, stimmt die Sache nicht ganz. Es waren zwar Pferde im Spiel, aber kein Sattel. Ich setzte mich einfach auf einen Pferdewagen, der deutsche Flüchtlinge und ihre Habe in Sicherheit brachte." Trotzdem glaube ich, auch seine Erlebnisse könnten ein ganzes Buch füllen.

Kapitel 14
Drebach

Sobald ich erfahren hatte, wo D'Avrils Bomber abgestürzt war, wandte ich mich wieder an Fritz Neidhardt in Chemnitz. Ich bat ihn, in Drebach und Herold nach Augenzeugen und Informationen über den Absturz zu suchen.

Als gebürtiger Chemnitzer kennt sich Fritz im Erzgebirge gut aus. Dieser Mittelgebirgszug beginnt schon an den südlichen Rändern der Stadt, steigt von der sächsischen Seite aus allmählich bis zu Höhen von über 900 Meter an und erreicht schließlich mit dem Fichtelberg 1214 Meter und dem schon auf der böhmischen (tschechischen) Seite der Grenze gelegenen Keilberg 1244 Meter Höhe. Nach Süden fällt das Erzgebirge in steilen Stufen ab. Die in Chemnitz gesprochene Version der sächsischen Mundart ist mit der erzgebirgischen Variante verwandt. Chemnitzer, die das ausgeprägte „Arzgebargsch" zumindest verstehen, wenn auch nicht sprechen, können etwas leichter mit den eingesessenen Gebirglern ins Gespräch kommen als Fremde von weither.

Ausgerüstet mit einem Fragebogen, den ich ihm geschickt hatte, machte sich Fritz auf den Weg nach Drebach, eine Fahrt, die etwa eine Dreiviertelstunde in Anspruch nimmt. Bald schlug ihm jemand vor, er solle doch mit dem Ortschronisten von Drebach, Kurt Melzer, sprechen. Herr Melzer war jedoch im Krankenhaus. So wurde Herr Hermann Pährisch, der stark an Heimat- und Familiengeschichte interessiert ist, als weitere Auskunftsperson genannt. Hermann Pährisch war im März 1945 vierzehn Jahre alt. Er erinnert sich gut an den Flugzeugabsturz, obwohl er am entgegengesetzten Ende des 5 km langen Ortes wohnte. Er wusste jedoch, dass damals gleich nach dem Ereignis einige andere Jungen durch den Rumpf kletterten, um nach allen möglichen Dingen zu suchen, die sie in ihrem Alter nützlich und aufregend fanden. Diese jugendliche Neugier kann ich gut verstehen, denn ich hatte kurz vor Kriegsende auf einer ähnlichen Expedition die Leuchtpistole erbeutet, diese „glänzende Waffe", die ich kurz danach, wie einleitend beschrieben, den amerikanischen Besetzern in Frankenberg aushändigen musste.

Hermann Pährisch erinnert sich genau an die Stelle, wo die Halifax am späten Abend des 5. März 1945 abstürzte, auch weil er sie einige Monate später noch einmal aufsuchen musste. Der viermotorige Bomber scheint kurz vor dem Absturz entweder zwei Motoren oder eine ganze Tragfläche samt Motoren verloren zu haben, denn die Drebacher fanden außer verstreuten

Drebach, die Absturzstelle, Foto 2005

Teilen nur den Rumpf, eine Tragfläche, zwei Motoren und das Fahrwerk. Der Rumpf lag an der Hauptabsturzstelle zwischen Drebach und Hopfgarten in einem Feld mit dem Flurnamen Langes Gewende. Das Feld gehörte damals zum Rittergut Drebach, das der Chemnitzer Fabrikant Schöning besaß. Das Fahrgestell lag einige hundert Meter entfernt vor einem kleinen Gehölz.

Ein Motor der Halifax soll in einen Bombentrichter versenkt worden sein, während man den Rumpf und den anderen Motor angeblich in einen Hohlweg in Nähe des Dorfes schleppte. Viele Jahre nach dem Krieg versuchten Leute, die Motoren und andere Flugzeugteile mit Metallsuchgeräten aufzuspüren, sie hatten aber keinen Erfolg.

Bei den Nachtangriffen auf Chemnitz am 14. Februar und am 5. März 1945 fielen auch einige Bomben auf Drebach. Es ist heute sehr schwierig, genau festzustellen, welche Zerstörungen an welchem Tag angerichtet wurden und unmöglich zu wissen, welcher Bomber sie abgeworfen hat. Die Meinungen darüber gehen auseinander, aber immerhin bestätigen einige Unterlagen, dass in dieser Nacht tatsächlich Bomben auf Drebach fielen. Weder die Q Queen noch Mitchells Halifax scheinen Bomben über oder in der Nähe von Drebach abgeworfen zu haben. Ich fragte beide Bombenschützen, Joe Parent und Frank Mudry, noch einmal, ob sie sich wirklich genau

Drebach, Schneewinter 2005

erinnern, dass sie alle Bomben über Chemnitz abgeworfen hatten. Beide bestätigten es und sagten, darüber gäbe es keinen Zweifel.

Drebach hatte mehrere Strumpffabriken. Die größte davon war im Zweiten Weltkrieg auf den Bau von Höhenmessern für Junkers-Flugzeuge umgerüstet worden. Manche Leute meinten damals, diese Fabrik könnte vielleicht der Grund gewesen sein, warum das Dorf am 14. Februar 1945 bombardiert wurde, wobei ein paar Häuser und Scheunen zerstört wurden und einige im Dorf untergebrachte ostpreußische Flüchtlinge ums Leben kamen. Wahrscheinlicher ist, dass es sich um Bomben handelte, die eigentlich der Stadt Chemnitz galten. Die Fabrik war unversehrt; das Gebäude blieb intakt, bis es im Jahre 2002 abgerissen wurde.

Fritz Neidhardt besorgte mir Kopien einiger Dokumente aus dem Kreisarchiv Marienberg[125]. In einem Schreiben vom 18. Februar 1945 berichtete der Bürgermeister von Drebach an seine vorgesetzte Behörde:

> Die Beerdigung der bei dem feindlichen Luftterror in der Nacht vom 14. zum 15.2.1945 Gefallenen findet am Dienstag, den 20.2.1945 vormittags 9 Uhr auf dem Friedhof (an der Straße nach Venusberg) statt. Es wird dies insbesondere zur Kenntnis der Umquartierten aus Ostpreußen gebracht, um deren Landsleute es sich handelt.

Andere Unterlagen zeigen u. a., dass die örtlichen Behörden auf die Tragödie des Bomberabsturzes am 5. März in ihrer kleinen Gemeinde korrekt und anständig reagiert haben. Am 7. März 1945 schrieb der Drebacher Bürgermeister Ossmann an den Wehrmachtsstandortältesten in Marienberg:

> Beigeschlossen erhalten Sie die Bordpapiere und Karten aus dem viermotorigen englischen Bomber, der am 5.3.1945 gegen 22 Uhr über der hiesigen Ortsflur abgestürzt ist.

Ein ebenfalls am 7. März vom Standortältesten in Marienberg ausgestellter Empfangsschein bestätigte, dass die Gemeindeverwaltung Drebach folgende Gegenstände abgeliefert hat: „1 Buch Navigator's Log Book mit 7 beschriebenen Zetteln, 1 Stück Leinenband mit 14 Landkarten, 4 Routenlisten, 7 Landkarten (lose).“ Am 10. März schrieb der Bürgermeister wieder an Marienberg, um zu berichten, dass die Leichen von zwei kanadischen Fliegern im Wrack des Bombers gefunden wurden. Der Bericht nennt Namen, Dienstrang und Dienstnummer von Jean Jacques Desbien und Albert Emile Minguet. Die Toten wurden zum örtlichen Leichenhaus gebracht. Alle an den Leichen gefundenen Gegenstände waren von der Heimbürgin[126] Olga Loos sichergestellt und verzeichnet worden. Frau Loos erhielt 8,50 Reichsmark für ihren vierstündigen Arbeitsaufwand.

Am 15. März schrieb der Bürgermeister an den Polizeichef in Chemnitz und berichtete, die Leitflossen einiger Bomben, die bei Drebach ins Feld gefallen waren, seien geborgen und auf dem Fußballplatz gelagert worden. Außerdem seien mehrere hundert nicht explodierte Brandbombem sicher gestellt und mit Sand bedeckt worden. Er bat um die baldige Abholung, da bereits ein Unfall geschehen sei, wobei ein 16-jähriger Landarbeiter schwer verletzt und ein 10-jähriger Junge getötet wurde. Er gab ferner an, er sei im Besitz von acht Fallschirmen. Wie diese acht Fallschirme nach Drebach kamen und woher sie stammten, muss rätselhaft bleiben. Er schrieb auch nicht, ob es sich um deutsche oder feindliche Fallschirme handelte. Die in der Q Queen gefundenen (zwei?) Fallschirme wurden Zeugenaussagen zufolge von der Bevölkerung „verarbeitet“ (siehe unten).

Am 11. Mai berichteten Bürgermeister Ossmann, Gendarmerie-Meister Thoß und Unteroffizier Klein, dass die Leichen der „am 5.3.1945 auf Flur Drebach/Erzgeb. in der Nähe der Höhe 500 abgestürzten kanadischen Flieger“ im Beisein des Bürgermeisters, des Gendarmerie-Meisters und „als Vertreter der Wehrmacht“ des Unteroffiziers Klein vom Wachkommando des Wehrmacht-Standortältesten Marienberg/Sa. auf dem Drebacher Friedhof beigesetzt wurden.

Im Oktober 2005 flog ich zum zweiten Mal nach Deutschland. Die Kette meiner bisherigen Befunde wies noch zu viele „fehlende Glieder“ auf. Ich konnte nicht erwarten, dass mir Andere die meiste Detektivarbeit abnehmen würden. Von Chemnitz aus fuhr ich hinauf nach Drebach.

Ich kannte das Erzgebirge noch gut von früher. Als Kind hatte mich meine Mutter öfters in den Urlaub mitgenommen. Zu meinen Lieblingsorten gehörten Annaberg, die einst reiche, durch den Silberbergbau bekannt gewordene Stadt, Seiffen, wo heute noch Dutzende von Schnitzern und Drechslern den berühmten handgefertigten Weihnachtsschmuck – Räuchermänner, Pyramiden, Schwibbogen, Seiffener Reiter, usw. – sowie Holzspielzeug herstellen, und Olbernhau, das mir auch durch den Liedertext „Wenn’s Weihnachten ist“ bekannt war:

Die Pfefferkuchenfrau mit ihrem Mann aus Olbernhau:
Der knackt ihr eine Nuss, der knackt ihr einen Kern
und hat sie auch zum Fressen gern.

Als gebürtiger Chemnitzer betrachte ich das Erzgebirge als Teil meiner ursprünglichen Heimat, auf die ich stolz bin. Hier haben viele meiner Vorfahren gelebt. Wenn man Kennern der Alpen oder der Rocky Mountains vom Erzgebirge erzählt, trifft man oft auf mitleidiges oder überhebliches Lächeln. Es stimmt: In manchen Gegenden ist die Region kaum als Gebirge zu erkennen, weil die bewaldeten Berghänge meistens nicht schroff, eher sanft ansteigen. Die Landschaften bieten wenige spektakuläre Aussichtspunkte, sind aber auf stille Art angenehm, mit Böden, die oft zu arm für landwirtschaftliche Nutzung sind, mit tiefen Fichtenwäldern, breiten Tälern und abgerundeten Höhenzügen. Es scheint, dass die Menschen von der Landschaft geprägt wurden. Der typische Erzgebirgler gilt als nüchtern, bescheiden, ehrlich und freundlich. In vielen Familien spielte früher die traditionelle Volksmusik eine große Rolle, und erzgebirgische Volkslieder wie das Feierabendlied („Feierohmd“) sind auch heute noch zu hören.

Ich war jedoch noch nie in Drebach gewesen. Erstmalig stieß ich auf diesen Ortsnamen, als ich erfuhr, dass der Halifax-Bomber von Jean-Maurice D’Avril dort abgestürzt war. Erst ein näherer Blick auf den noch aus DDR-Zeiten stammenden „Atlas für Motortouristik“[127] zeigte mir, wo Drebach liegt.

Ich hatte Hermann Pährisch bereits von Kanada aus angerufen, um ein Gespräch zu vereinbaren. Darauf hatte er drei andere Männer, die sich noch besser als er an den Absturz des kanadischen Bombers erinnern, aufgefordert, mit dabei zu sein. Sie wohnen alle im Ort. Als ich ankam, waren sie schon im Wohnzimmer des Pährisch-Haushalts versammelt. Obwohl Hermann Pährisch in Drebach zur Welt kam, wohnte die Familie 1945 in Chemnitz, hatte sich jedoch gegen Kriegsende sicherheitshalber nach Drebach zu den Großeltern zurückgezogen. Pährisch selbst hat zwar das brennende Flugzeug nicht beim Überflug gesehen, weil sich das Haus der Großeltern am anderen Ortsende befand. Er erinnert sich aber, dass am nächsten Morgen vom Absturz die Rede war. An diesem Tag, dem 6. März, machte er sich auf den Weg nach Chemnitz, um zu sehen, wie es seiner Schwester ergangen war, die noch in der Stadt wohnte.

> Mein Vater war als Soldat im Felde. Ich wollte wissen, wie meine Schwester den Großangriff überstanden hatte. So ging ich zu Fuß von Drebach nach Thum und fuhr von dort aus mit dem Bus bis in die Vorstadt Harthau. Den übrigen Weg in die brennende Stadt ging ich wieder zu Fuß. Ich werde nie vergessen, wie ich die Fürstenstraße in Nähe der Humboldthöhe entlang ging. Dort sah ich zum ersten Mal in meinem Leben eine Leiche. Als ich mich dem Fabrikhof der Findeisen-Werke näherte, ca. 100 Meter von der Humboldtschule entfernt, sah ich, dass hinter einem Zaun ein Toter lag, mit dem Gesicht nach unten. Ich erinnere mich, dass seine äußere Kleidung fehlte, und ich sah nur seine bläuliche Kombi-Unterwäsche. Ich wusste, dass es sich um einen feindlichen Flieger handelte. Jemand sagte mir, Plünderer hätten alles gestohlen: seinen Overall, seine Uniform, seine Stiefel, sogar seine Uhr.

Auf einem großen Sofa im Wohnzimmer saßen die drei Nachbarn, die Hermann Pährisch eingeladen hatte: Achim Hartmann, Manfred Heeg und Lothar Ficker. Sie hatten gehört und gesehen, wie der kanadische Bomber tief über ihren Häusern flog, bevor er abstürzte. Alle drei erzählten mir, wie das Flugzeug mit brennenden Motoren sehr niedrig über die Dächer flog. Sie erinnern sich an das gewaltige Krachen beim Aufschlag der Maschine. Am nächsten Morgen liefen sie hinaus, um sich die verschiedenen Wrackteile anzusehen. Achim Hartmann entsinnt sich an die Nacht am 5. März 1945:

> Es war ein lautes Donnern draußen von Flugzeugmotoren. Es klang fast, als seien mehrere Flugzeuge direkt über uns, und da waren wahrscheinlich auch Jäger mit dabei. Unser Fenster lag hinten hinaus in Richtung des Flugzeugabsturzes. Meine Mutter sagte: „Guck, da brennt was dort draußen!" Wir getrauten uns aber nicht, rauszugehen. Wir waren froh, dass scheinbar alles vorbei war. Und dann, am nächsten Tag, konnten wir sehen, was passiert war, dass ein Flugzeug abgestürzt war. Wir durften nicht direkt zur Absturzstelle hin gehen. Die war abgesperrt, und einige Flaksoldaten standen Wache. Die hatten irgendein Band rings herum gespannt. Die Wache blieb dort am Flugzeugrumpf, bis die beiden Toten geborgen waren.[128] Danach war die Bewachung nicht mehr so streng.

In der Nacht war eine riesige Menge Schnee gefallen, es war ein regelrechter Schneesturm. Die Leute, die es sich getrauten, gingen hinaus, um das abgestürzte Flugzeug zu sehen. Als ich ankam, sah ich schon einen schmalen Pfad im tiefen Schnee, der zum Wrack hin führte. Wir durften immer noch nicht sehr nahe heran. Aber nur etwa 100 oder 200 Meter von unseren Häusern entdeckten wir einen Motor, der sich tief in die Erde gebohrt hatte. Ungefähr 200 Meter weiter, am Rand des kleinen Gehölzes, war das Fahrwerk herunter gekommen, Das lag dort noch viele Jahre lang.

Der Rumpf selbst war auf der anderen Seite des Gehölzes, wo die große Buche heute noch steht. Das Flugzeug hatte die Bäume überflogen und war unmittelbar dahinter in einem schneebedeckten Feld aufgeschlagen. Später gingen wir Jungen hin und durchsuchten den Rumpf. Da lag viel Filz um die Benzintanks herum, Filz in weißen und blauen Schichten, die mindestens zwei Zentimeter dick waren. Manfred Heeg hat den Filz ausgebaut, und später hat man Filzschuhe daraus gemacht. Ein großes Stück von diesem Filz, in dem man die vielen Ausschnitte für die Sohlen erkennen konnte, lag bei uns noch sehr lange herum. Der Schuster hatte uns den Rest geschenkt. Zu schade, dass wir ihn nicht behalten haben. Jemand hatte auch die Reifen vom Fahrgestell abgeschnitten und den Gummi verarbeitet. Wir waren noch zu jung, um zu wissen, wie man Gegenstände vom Flugzeug verwerten konnte, aber die Erwachsenen haben alle möglichen brauchbaren Dinge geborgen, zum Beispiel viele Elektroteile und -geräte. Das Flugzeug war vollgestopft mit elektrischen Einrichtungen. Nachdem man Teile des Rumpfes schon weggeschleppt hatte, habe ich noch einen hochtourigen Elektromotor aus seiner Halterung ausgebaut. Ich glaube, er war in der Konsole des Funkers hinter der Pilotenkabine. Viel später – vielleicht erst voriges Jahr – habe ich ihn Arnold Dirk gegeben, der im Unterdorf wohnt. Wir haben auch Plexiglasteile aus der Pilotenkabine ausgebaut und mit nach Hause genommen.

Es ist ein Jammer, dass heute nichts mehr übrig ist, weder der Filz noch sonst etwas. Viele Jahre lang hatte ich noch ein großes Stück abgerundetes Blech, das von dem Flugzeug stammte. Wir benutzten es als Abdeckung für die Feuerholzstapel, um das Holz bei Regen trocken zu halten. Es hatte mehrere Verstärkungsrippen auf der Innenseite. Ich habe es erst vor zwei oder drei Jahren als Schrott weggegeben.

Hermann Pährisch erinnert sich, dass der Rumpf von der Absturzstelle in Stücken abtransportiert und in einen nahe gelegenen Hohlweg geschleppt wurde.[129] „Dort führten zwei Wege entlang, einer lag etwas höher und der andere tief unten. Dort ist es, wo der Rumpf lag, zusammen mit einem Motor und anderen Wrackteilen.“ Hermann Pährisch fuhr fort:

> Kurz nach dem Krieg arbeitete ich für einen Mann namens Hans Weiß aus Köln, der in Drebach eine Pantoffelmacherei gegründet hatte. Hier wurde wohl teilweise auch der Filz von dem Flugzeug verarbeitet. Weiß wollte ein verziertes Schild herstellen mit dem Firmennamen „Drebacher Kunstwerkstatt – DKW". Er schickte mich zum Wrack hinaus, um dort mit Hammer und Meißel ein großes Stück Blech aus dem Rumpf heraus zu schlagen, und daraus wurde dann das Schild hergestellt. Weiß machte später Bankrott und ging zurück nach Köln. Das Haus wurde verkauft, und ich weiß nicht, was aus dem Schild geworden ist. Der Hohlweg, in den das Flugzeugwrack geschleppt wurde, diente eine Weile lang auch als Huhle[130], und danach wurde die Stelle mit Erde bedeckt. Später wurde auf dem Gelände eine Schweinemastanlage eingerichtet. Ein Teil davon könnte sogar genau über der Stelle liegen, wo damals das Wrack lag.

Während manche Dorfbewohner meinen, der Rumpf sei in diesem Hohlweg vergraben worden, glaubt Pährisch, dass er in Stücken abtransportiert wurde. Es ist durchaus möglich, dass der Rumpf und andere Flugzeugteile trotz der „erheblichen Schwierigkeiten", die der Bürgermeister befürchtete, doch noch nach Oschatz gebracht wurden.

Manfred Heeg gab zu bedenken:

> Es kann natürlich für Verbrechen wie die Ermordung des kanadischen Fliegers in Frankenberg durch Leute, die Fanatiker waren, keine Entschuldigung geben. Aber andererseits ... Zum Beispiel war da eine junge Frau, die in Achim Hartmanns Haus wohnte. Sie hieß Trautel Helwig. Sie war erst in ihren Zwanziger Jahren. Sie und ein paar andere Leute waren mit einem Pferdegespann in Richtung Scharfenstein unterwegs, um Feuerholz aus dem Wald zu holen. Achim und ich können uns genau daran erinnern. Wir kamen gerade aus der Schule, weil es Fliegeralarm gab. Plötzlich erschien ein Flugzeug, flog sehr niedrig über den Dächern unserer Häuser hinweg und schoss auf das Pferdefuhrwerk, das gewiss nichts mit Krieg oder Rüstung zu tun hatte. Eines der Pferde wurde getötet. Trautel war schwer verletzt und starb kurz darauf. Dafür gibt es auch keine Entschuldigung, und ich glaube, wir haben daraus immer noch nichts gelernt.[131]

Während uns Kaffee und Pfefferkuchenplätzchen serviert wurden, erzählten mir die Männer, auch ein deutscher Jäger sei spät in der Nacht am 5. März 1945 in der Nähe von Drebach abgestürzt. Heeg und Hartmann erinnern sich, über den Dächern Maschinengewehrfeuer gehört zu haben. Sie fragen sich jetzt, ob die Bordschützen im kanadischen Bomber womöglich den Jäger getroffen haben, bevor sie mit dem Fallschirm abgesprungen sind. Sie meinen, vielleicht sei der Jäger sogar dieselbe deutsche Maschine gewesen, die den Bomber angegriffen hatte.[132] Sie erinnern sich auch, dass im Wrack der Halifax mehrere Fallschirme gefunden wurden.[133] Später verarbeiteten die Frauen und Mädchen im Dorf die hochwertige Fallschirmseide zu Kleidern und Blusen. Gleich nach Kriegsende, als alle Lebensmittel äußerst knapp waren, diente ein Teil der Fallschirmseide als begehrte Tauschware. Unter den harten Nachkriegsverhältnissen war fast die gesamte Wirtschaft auf Tauschhandel eingestellt. Die Dorfbewohner gingen mit der Fallschirmseide zu den Bauern und tauschten sie gegen etwas zu essen ein.

Lothar Ficker besinnt sich noch genau an den kanadischen Flieger[134], der am Morgen nach dem Absturz gefangen genommen wurde:

> Sie kamen zu uns an die Tür, der Flieger und ein Deutscher, der ihn bewachte. Ich stand mit ein paar anderen Jungen herum. Der Wachmann bat „den Wenzel Gerhard", den Feuerwehrhauptmann und Luftschutzwart des Dorfes, bei den Behörden anzurufen. Der Kanadier wiederholte immer wieder: „Polizei, Polizei." Es schien das einzige deutsche Wort zu sein, das er kannte. Wir dachten damals, diese Flieger hätten vielleicht den Befehl gehabt, sich bei der Polizei zu melden, wenn sie abgeschossen würden, und dass dieser Mann darum unbedingt der Polizei übergeben werden wollte. Ich kann mich erinnern, dass der kanadische Flieger sehr groß war. Er hatte dunkle Haare und trug keine Kopfbedeckung. Das war das Letzte, was ich über diese Sache jemals gehört habe.

Wir fuhren alle eine kurze Strecke bis in die Nähe der Absturzstelle, gleich außerhalb des Ortes. Vor dem Gehölz, das Rüdiger Busch genannt wird, nicht weit von der Stelle, an der damals das Fahrwerk der Halifax lag, steht heute eine Bank, auf der sich Wanderer ausruhen können. Dort unterhielten wir uns mit einigen Leuten, die hier gerade Rast machten. Zu meiner Überraschung erinnerte sich einer von ihnen, Eberhard Gerlach, ebenfalls an den Absturz vom 5. März 1945. Er erinnert sich nicht nur, sondern es stellte sich heraus, dass auch er im Rumpf des Bombers herumkroch, nachdem die Wache abgezogen worden war. Ich konnte es kaum glauben, als er mir sagte, er habe noch einen Stahlbolzen, den er mir zeigen könnte. Wir fuhren zu seinem Haus, wo er mir einen schweren Bolzen von ca. 3 cm Durchmesser und 10 cm Länge, mit einer dicken Grundplatte und einem Gewinde mit einem Splintloch im Oberteil übergab. Gerlach hatte ihn aus dem Fahrgestell der Halifax ausgebaut und all diese sechs Jahrzehnte lang behalten. Als ich ihm sagte, es sei wahrscheinlich das einzige noch vorhandene Stück der Q Queen, sagte er: „Nu, den könn'se mitnehm'." Großzügigerweise war er bereit, sich von seinem Souvenir zu trennen.[135] Ich war

Augenzeugen des Absturzes in Drebach (Foto 2005):
v. l. n. r.: Achim Hartmann, Manfred Heeg, Eberhard Gerlach, Hermann Pährisch, Lothar Ficker

ihm sehr dankbar. Gerlach sagte mir, er habe den Bolzen sein ganzes Leben lang als Andenken an den Zweiten Weltkrieg und an seine Kindheit geschätzt und aufbewahrt.

„Nachdem Sie mir aber jetzt von dem jungen kanadischen Flieger erzählt haben, der ermordet wurde, möchte ich, dass Sie den Bolzen mit nach Kanada nehmen. Ich glaube, dort ist er besser aufgehoben als hier, wo er eines Tages, wenn ich nicht mehr da bin, als bedeutungsloser Plunder verschrottet würde." Ich nahm den Bolzen mit und werde diese interessante Reliquie eines Tages einem Museum übergeben.

Seit ich in Drebach war, sind dort zwei weitere Artefakte zum Vorschein gekommen. Gottfried Wolf aus Gelenau, der 1945 als vierzehnjähriger Junge in Drebach wohnte, stellte sie zur Verfügung. Es sind zwei Lagerbuchsen für die Steuerstange zwischen dem Steuerhebel des Piloten und den Trägflächen bzw. dem Leitwerk des Flugzeugs. Eine der Buchsen enthält noch ein Kugellager von 40 mm Durchmesser, komplett mit allen 40 Stahlkugeln. Die Lager selbst sind aus Phenolharzmasse, einem Vorläufer der heutigen Kunststoffe, hergestellt. Sie sind etwa 54 mm hoch und 61 mm breit. Gottfried Wolf hatte damals auch das Marconi-Funkgerät geborgen, das Jean-Maurice D'Avril bedient hat. Er hat es viele Jahre lang aufbewahrt. Er erinnert sich, dass in dieser Version des Geräts nur sechs der zehn vorgesehenen Röhren eingesetzt waren. Leider hat er es vor einigen Jahren bei einer „Entrümpelung" weggeworfen. Wolff hatte auch einen Verbandskasten und Leuchtkugeln in verschiedenen Farben aus dem Wrack der Halifax „erbeutet".

So existieren heute insgesamt drei Artefakte, die mit Sicherheit aus der Q Queen stammen: der Stahlbolzen und die beiden Lagerbuchsen.

Eberhard Gerlach erzählte mir, wie aufregend er damals als Junge den Absturz empfunden hatte, dieses große Ereignis, das den Krieg bis in sein Erzgebirgsdorf brachte. Am späten Abend hatte die Familie das brennende Flugzeug gesehen, als es „über's Haus drüber donnerte". Am Morgen nach dem Absturz schaute er sich erst das Fahrgestell an. Dann untersuchte er einen der Motoren mit den riesigen Propellerflügeln, die er zunächst für die Tragflächen des Flugzeugs gehalten hatte. Dann ging er auch zur anderen Seite des Gehölzes, noch bevor dort eine Bewachung aufgestellt wurde, um den Rumpf zu besichtigen, von dessen Größe er beeindruckt war. Bis dahin hatte er Bomber nur in weiter Entfernung von unten gesehen, als amerikanische Bomberverbände tagsüber in großer Höhe das Erzgebirge überflogen, um ihre Ziele – kriegswichtige Industrien in Böhmen – anzusteuern. Gerlach erinnert sich auch, dass eine der enormen Tragflächen der Halifax auf dem schneebedeckten Feld lag. Im Wrack des Rumpfes sah er überall Maschinengewehrmunition herumliegen. Er weiß sogar noch, dass er die Leichen der zwei kanadischen Flieger gesehen hat, die im Flugzeug ums Leben gekommen waren. Er war entsetzt, als er einen Kopf mit offener Schädeldecke sah. Gerlach weiß auch noch, dass am Morgen nach dem Absturz zwei kanadische Flieger als Kriegsgefangene im Ort waren.[136] Seine Schwester hatte ihm erzählt, sie sei im Gemeindeamt gewesen und habe

Lagerbuchse vom Fahrgestell der in Drebach abgestürzten Halifax III, Foto 2005

dort im Bürgermeisteramt zwei „feindliche Flieger“ sitzen gesehen. Der „Schneiderhans Albin“ hat sie dann mit dem Pferdeschlitten nach Marienberg gefahren.[137]

Eberhard Gerlach schlug vor, einen weiteren Augenzeugen, Egon Lötzsch, zu besuchen, der vielleicht etwas über das Ereignis aussagen könnte. Ich fand Lötzsch und seine Frau vor dem Haus ihres Sohnes. Sie wussten bereits aus Zeitungsartikeln von meiner Absicht, Drebach zu besuchen, um Fragen über den kanadischen Bomber zu stellen. Lötzsch war gern bereit, mit mir darüber zu sprechen.

> Ich war damals 14 Jahre alt. Am 5. März 1945 abends gab es Fliegeralarm, und wir wussten, dass Chemnitz bombardiert wurde. Wo wir wohnten, hatten wir keinen Keller, und so haben wir uns nur hinter eine Wand gekauert. Spät am Abend hörten wir vom Norden her, von Chemnitz kommend, laute Flugzeuggeräusche, von einem Bomber. Über einer Obstplantage hat er noch die letzten Bomben, Sprengbomben, abgeworfen, wobei auch die Nordwand der Kirche eingedrückt wurde. Erst hatte ich den Bomber nur gehört, aber dann sah ich ihn auch und erkannte, dass eine seiner Tragflächen brannte. Sofort hinterher kam eine Messerschmitt, eine Me-110.[138] Ich konnte es gut erkennen, denn es war ja alles taghell erleuchtet, von den Leuchtbomben. Der Jäger stürzte auch hier in der Nähe ab, und zwar zwischen Drebach und Hopfgarten, in einem Wald nahe der Laube.[139] Diese Absturzstelle habe ich mir auch angesehen. Ich weiß, dass in der Nacht kanadische Flieger in der Nähe von Hopfgarten mit dem Fallschirm abgesprungen sind.

Bei den Kanadiern könnte es sich um den Bombenschützen der Q Queen, Flying Officer Joe Parent, und/oder den Turmschützen, Flight Sergeant Leo Lamontagne, gehandelt haben, die am Morgen des 6. März in Gefangenschaft gerieten. Im Kreisarchiv Marienberg liegt der am 6.3.1945 verfasste Gefechtsbericht des deutschen Luftwaffe-Piloten Oberfähnrich Benno Gramlich. Die vierköpfige Besatzung seines Nachtjägers, einer Ju-88, rettete sich durch Absprung mit dem Fallschirm. Fritz Uhlig teilt Angaben zur Besatzung sowie Einzelheiten über Gramlichs Nachtjäger mit.[140]

Lötzsch und ein anderer Junge untersuchten am Morgen nach dem Absturz die Wrackteile des kanadischen Bombers. Lötzsch sah, dass der Rumpf in zwei Teile zerbrochen war, woraus er heute schließt, der Pilot könne vielleicht noch eine Schleife geflogen und eine Bruchlandung versucht haben. Das Leitwerk und der hintere Bereich des Rumpfes, einschließlich der Kabine des Heckschützen, lagen an einer Stelle und der Hauptteil des Rumpfes etwa 20 Meter entfernt an anderer Stelle. Eine Tragfläche war noch am Rumpf befestigt, aber die Motoren fehlten.

Egon Lötzsch (links) und Hermann Pährisch (rechts) in Drebach, Foto 2005

> Ich sah die beiden toten Flieger in ihren bräunlichen Kombis am Boden liegen, und zwar außerhalb des hinteren Rumpfteils, nicht am Vorderteil. Einer der Toten hatte eine Stirnverletzung. Es war das erste Mal in meinem Leben, dass ich ein menschliches Gehirn sah.

Lötzsch erinnert sich, dass er keinen Treibstoff gerochen hat, als er von hinten in den Vorderteil des Rumpfes kletterte und ihn der Länge nach durchsuchte. Der Rumpf war keinesfalls ausgebrannt, sondern noch in verhältnismäßig gutem Zustand. Nur die Außenschale war verbeult. Sogar das Plexiglas der Pilotenkanzel war voll intakt.

> Wie ich schon vielen Leuten erzählt habe, war ich über einen Fund ganz besonders erstaunt. Wir hatten hier oben in unserem Gebirgsdorf keine WC, sondern einfache Klos auf dem Hof. In dem kanadischen Bomber fand ich ein richtiges Spülklosett, mit Linoleum ringsherum auf dem Fußboden.
>
> Kurz darauf wurde das Gelände um den Flugzeugrumpf abgesperrt und durch Flaksoldaten bewacht, die als Erstes die Munition und das noch intakte Maschinengewehr des Heckschützen aus dem Rumpf heraus holten.

Lötzsch erzählte weiter, Gemeindeschwester Klara, eine Diakonisse, die eine große weiße Haube auf dem Kopf trug, sei am Morgen einem kanadischen Flieger (Joe Parent oder Leo Lamontagne?) begegnet, der auf dem Weg ins Dorf war.

> Sie hat einen Soldaten geführt gebracht. Der hat am Fuß gehinkt. (Joe Parent hatte sich beim Absprung die Hüfte verletzt, und Leo Lamontagne hatte einen Stiefel verloren). Die Gemeindeschwester bedeutete ihm, sich auf die Kirchentreppen zu setzen und zu warten. Mein Vater, Walter Lötzsch, hatte einen Bus, mit dem er jeden Morgen gegen 6 Uhr Arbeiter vom Dorf zur Fabrik fuhr. Am 6. März wurde ihm befohlen, den kanadischen Flieger im Bus zum 2 km von der Kirche entfernten Gemeindeamt zu fahren und ihn dort abzuliefern. Hinter dem Büro war eine kleine Zelle. Dort fand er bereits einen zweiten kanadischen Flieger vor, der sich an einer anderen Stelle des Dorfes ergeben hatte [Joe Parent oder Leo Lamontagne?]. Am nächsten Tag, nachdem „der Wenzel Gerhard", der Feuerwehrhauptmann, die Behörden angerufen hatte, kam „der Günther Albin" mit einem Pferdeschlitten. Ihm wurde befohlen, die beiden Gefangenen nach Marienberg zu fahren.

Joe Parent erinnert sich an die Schlittenfahrt, meint aber, er sei der einzige Gefangene im Schlitten gewesen und dass außer dem Fahrer nur noch ein anderer Deutscher dabei war, der ihn bewachte und ihm eine Pistole gegen den Kopf hielt. Es kann sein, dass Parent sich irrt oder dass er und Lamontagne getrennt nach Marienberg gefahren wurden.

Die Deutschen beerdigten den Piloten Desbien und den Bordmechaniker Minguet auf dem Dorffriedhof, in Gegenwart des Bürgermeisters, des Polizeichefs und eines Unteroffiziers der Wehrmacht aus Marienberg. Im Sommer 1945 kamen britische Soldaten in Militärfahrzeugen nach Drebach, exhumierten die Leichen und transportierten sie ab. In Drebach wusste niemand, wohin man sie brachte. Erst jetzt konnte ich den Drebachern berichten, dass die Toten zum Allied War Cemetery in Berlin überführt wurden, wohin man drei Jahre später auch die sterblichen Reste von Jean-Maurice D'Avril aus Frankenberg überführte.

Kapitel 15
Die Angehörigen

Am 3. August 2004 fuhr ich nach Montreal. Aus den Papieren in Jean-Maurice D'Avrils Personalakte kannte ich die Adresse der Familie im Jahre 1945: Rue Chabot Nr. 4603. Mein Ziel war, festzustellen, ob Angehörige des „unbekannten Kanadiers" noch irgendwo lebten. Ich wusste, dass seine Eltern Henri D'Avril und Cécile geb. Duffy hießen, nahm aber an, dass sie längst gestorben waren, denn sie hätten sonst etwa 100 Jahre alt sein müssen. In der Akte stand auch, dass Jean-Maurice eine jüngere Schwester namens Lise hatte. Da es jedoch in der Provinz Quebec (wie überall in Kanada) bis vor kurzem üblich war, dass Frauen mit der Heirat den Namen ihres Ehemannes annehmen, hatte ich keine große Hoffnung, Schwester Lise jemals finden zu können.

Ich verließ die Autoroute, die Autobahn, an der Ausfahrt Papineau, fuhr zur Rue St. Joseph und von dort aus zur Rue Chabot. Als ich mich umsah, merkte ich, dass in diesem Stadtbezirk vorwiegend „sichtbare" Minderheiten – Inder, Chinesen, Schwarze – wohnen. Ich schaute mir die Gesichter an. Multikulturalismus überall. Das „ethnische Mosaik" der Bevölkerung hier wie in vielen Ballungszentren Kanadas hat sich seit dem Zweiten Weltkrieg grundlegend geändert. Gab es das D'Avril-Haus überhaupt noch? Oder wurde an seiner Stelle wie vielerorts ein großer neuer Wohnblock errichtet? Wenn das Haus noch stand, würde ich vielleicht nur Bewohner finden, die erst vor kurzem eingewandert sind und sich weder an das alte Montreal noch an den Zweiten Weltkrieg erinnern können? Als ich aber auf der Rue Chabot weiter nach Süden fuhr, änderte sich das Straßenbild. Ich schöpfte wieder Hoffnung: In den meisten Blocks waren die alten Reihenhäuser noch intakt, viele komplett mit den steilen Außentreppen und schmiedeeisernen Geländern, die für Montreal so charakteristisch sind.

Ich fand die Nummer 4603 und parkte gegenüber. Es hatte angefangen, leise zu regnen. Ich ging zur Haustür und sah zwei Nummern, eine für oben und eine für das Erdgeschoss. Die 4603 galt für das Obergeschoss. Ich klingelte in großer Erwartung. Bald kam ein älterer Mann die Treppe herunter und öffnete die Tür. Ich stellte mich vor und grüßte ihn in meinem elementaren Französisch. Zu meiner Erleichterung sprach er besser Englisch als ich Französisch. Er heißt Fernand Lessard. Ja, er erinnert sich gut an die Familie D'Avril. Er wohnte nämlich früher im Haus schräg gegenüber.

> Dieses Haus hier gehörte damals meinem Vater. Die D'Avrils wohnten hier zur Miete. Nachdem sie ca. 1950 ausgezogen sind, zog ich mit meiner Frau hier herauf in die damalige D'Avril-Wohnung. So lange wohnen wir schon hier.

Natürlich erinnerte er sich an Jean-Maurice:

> Er war ein sehr netter junger Mann, ein paar Jahre älter als ich, groß und sah gut aus. Er hatte ein ruhiges Wesen.
>
> Ich war 1945 erst siebzehn Jahre alt und verpasste daher knapp die Militärpflicht. Ich weiß noch, wie niedergeschmettert die Familie D'Avril war, als ihr Sohn kurz vor Kriegsende zunächst als vermisst und dann später als vermutlich tot gemeldet wurde. Die armen Eltern haben nie an seinen Tod geglaubt. Sie hofften bis zuletzt, dass er eines Tages heimkehren würde.

Lessard wusste nicht, dass die Leiche von Jean-Maurice im Dezember 1948 identifiziert und nach Berlin umgebettet worden ist.

> Zu der Zeit waren Henri und Cécile D'Avril vielleicht schon ausgezogen, oder sie wollten es nicht wahr haben und verschwiegen es. Ich weiß, dass die Eltern schon vor langer Zeit gestorben sind. Sie hatten eine Tochter, die viel jünger war als Jean-Maurice. Ich habe einmal gehört, sie hätte geheiratet, aber ich habe keine Ahnung, wie sie heute heißt, wo sie wohnt oder ob sie überhaupt noch lebt.

Ich folgte Monsieur Lessard die steile Treppe hoch ins Obergeschoss, wo er mich seiner Frau vorstellte. Die Wohnung schien selbst für zwei alte Leute sehr eng, und doch wohnte hier damals die vierköpfige Familie D'Avril. Ich wusste bereits von der Personalakte, welche Schulen Jean-Maurice besucht und zu welcher Kirchgemeinde die Familie gehört hatte. Die Lessards zeigten mir den Weg zu den Schulen und zur Kirche. Zuletzt gab Monsieur Lessard mir noch einen Rat:

> Sie sollten Richard Lemerise auf der Rue Bordeaux aufsuchen. Er wohnte damals hier nebenan. Womöglich erinnert er sich an den Ehenamen der Schwester.

Ich knipste ein paar Aufnahmen vom Haus und von der Straße, wo Jean-Maurice aufgewachsen war. Es regnete in Strömen, als ich in der Rue Bordeau ankam, um Richard Lemerise zu finden. Es war niemand zuhause. So fuhr ich zum römisch-katholischen Pfarramt St. Pierre-Claver. Die Kirche im neuromanischen Stil ist ein großer massiver Steinbau auf dem Boulevard St. Joseph. Die Sekretärin im Pfarramt war weder besonders interessiert noch hilfreich. Nach einer kurzen Suche berichtete sie, es ließen

Jean-Maurice (hintere Reihe, 1. von links) mit seiner Schulklasse in Montreal, ca. 1936

Das Elternhaus von Jean-Maurice D'Avril, Rue Chabot Nr. 4603, Montreal (Foto 2005)

sich keinerlei Unterlagen über die Familie D'Avril auffinden. Sie konnte mir auch kein Archiv empfehlen, in dem die alten Kirchenbücher lagern. Ich fotografierte die Kirche, die Elementarschule, École St. Pierre-Claver, und die Sekundarschule, École Supérieure St. Stanislas.

Ich fuhr noch zweimal zum Haus auf der Rue Bordeaux, doch vergeblich. So steckte ich einen Zettel mit meinem Namen und meiner Telefonnummer in den Briefkasten. „Bitte rufen Sie mich an. Ich suche Informationen über die Familie D'Avril, die vor langer Zeit auf der Rue Chabot wohnte." Die Fahrt nach Montreal hatte zu einem Teilerfolg geführt, aber den Namen und Aufenthaltsort der Schwester kannte ich immer noch nicht. Wieder hätte ich aufgeben können, aber etwas trieb mich, weiter zu machen.

Im Laufe der nächsten zwei Tage versuchte ich mehrmals vergeblich, die Familie Lemerise telefonisch zu erreichen. Jedes Mal hinterließ ich eine Nachricht. Endlich rief mich Madame Lemerise an, aber die Auskunft war enttäuschend. Nein, weder sie noch ihr Mann könnten mir helfen. Sie hatten keine Ahnung, wie Lise heißt und wo sie wohnt.

Schon bevor ich nach Montreal fuhr, hatte ich die einzigen beiden Teilnehmer namens D'Avril im Telefonbuch für den Großraum Montreal angerufen. Die Leute, die antworteten, konnten mir nicht helfen und hatten anscheinend keinerlei Verbindung zur Familie von Jean-Maurice. Außerdem hatte ich mein Glück im Internet versucht. Zu meiner Überraschung hatte ich zwei Personen mit dem seltenen Familiennamen gefunden, die nicht im Telefonbuch standen. Ich hatte beiden eine E-Mail gesandt und um Auskunft gebeten. Am Abend, kurz nachdem ich aus Montreal zurückkam, erhielt ich einen Telefonanruf von einem Mann namens Alain D'Avril. Nein, er hatte nie etwas von einem Jean-Maurice oder Henri D'Avril oder einer Lise D'Avril gehört. Er versprach jedoch, mit seiner Mutter darüber zu sprechen, deren Gedächtnis noch gut war, und sich dann wieder zu melden. Schon am nächsten Tag, dem 4. April, erhielt ich folgende E-Mail:

> Hallo, Monsieur Hessel, ich habe eine Telefonnummer für Sie. Die Dame ist eine Schwester von Jean-Maurice D'Avril. Sie heißt Lise Desjardins. Ihre Telefonnummer ist in Montreal: ... Bonne chance! Alain D'Avril.

Ein glücklicher Fund! Ich war aber nervös und überlegte mir sorgfältig, wie ich das Thema anschneiden könnte, und noch dazu auf Französisch. Ich hatte ja keine Ahnung, wie sie reagieren würde. Wie sollte ich mit ihr über ihren Bruder sprechen? Ich wollte sie keinesfalls aufregen und auch ihre möglichen Vorstellungen über den Tod des Bruders nicht zerstören. Ich wusste ja, dass ihre Eltern letztendlich über den Tod ihres Sohnes und über die endgültige Begräbnisstelle unterrichtet worden waren. Auch Lise würde das natürlich wissen, aber nichts über die Umstände seines Todes. Ich war mir einer großen Verantwortung bewusst. Die Situation könnte zu einem Malheur führen. Trotz dieser Bedenken fasste ich mir schließlich ein Herz und rief Lise voller Erwartung an.

Jean-Maurice
mit seiner Schwester Lise
und dem Vater Henri D'Avril,
Foto 1943

Als ich ihre Stimme hörte, entschuldigte ich mich zunächst für mein schlechtes Französisch und fragte hoffnungsvoll, ob sie etwas Englisch versteht. Ich war erleichtert, als sie mir auf Englisch antwortete. Sie erklärte, sie habe jahrelang für die Montrealer Außenstelle eines kanadischen Bundesministeriums gearbeitet, und zwar zu einer Zeit, als Englisch praktisch die einzige Sprache im öffentlichen Dienst war, sogar in Montreal. Ich war froh, weil es mir wirklich extrem schwergefallen wäre, mich richtig und taktvoll auf Französisch auszudrücken, besonders in einer so heiklen Angelegenheit. Bald merkte ich, dass ich mir umsonst Sorgen gemacht hatte.

Sobald ich ihr erklärte, ich hätte Informationen über ihren Bruder, die sie vielleicht noch nicht kannte, sagte sie mir sofort:

> Bitte erzählen Sie mir alles. Halten Sie mit nichts zurück! Ich möchte die ganze Wahrheit über meinen Bruder wissen, ob sie angenehm ist oder nicht. Ich habe das Schicksal meines Bruders immer als ein Rätsel betrachtet. Ich bitte Sie: Sagen Sie mir die Wahrheit!

Henri D'Avril und Cécile geb. Duffy hatten im Februar 1921 geheiratet. Ihr einziger Sohn, Henri Jean-Maurice Joseph, wurde im Februar 1923 geboren. Lise, ihre einzige Tochter, kam 1937, fast 15 Jahre später, zur Welt. Obwohl Lise erst sechs Jahre alt war, als ihr großer Bruder im März 1949 als vermisst gemeldet wurde, erinnert sie sich genau an ihren eigenen Schock und das Entsetzen ihrer Eltern. Sie erinnert sich auch an den Tag, als Joe Parent und die anderen Kameraden ihres Bruders, die überlebenden Besatzungsmitglieder, der Familie kurz nach Kriegsende einen Besuch abstatteten. Damals wusste noch niemand, was mit dem Vermissten geschehen war. Sogar nachdem die Eltern die „Erklärung über den mutmaßlichen Tod" erhalten hatten, waren sie immer noch hoffnungsvoll, dass er vielleicht nur an Amnesie leidet und eines Tages wie so viele junge kanadische Soldaten doch noch heimkehren würde.

Lise erinnert sich auch, dass man ihren Eltern später mitteilte, man habe sein Grab gefunden und dass sich „höchstwahrscheinlich" sein Fallschirm nicht geöffnet hatte, nachdem sein Flugzeug beim Angriff über Chemnitz abgeschossen wurde. Als Todestag war der 5. März 1945 eingetragen. Lise konnte sich nicht entsinnen, den Namen Frankenberg je gehört zu haben, obwohl die RCAF-Behörden den Eltern berichtet hatten, das Grab ihres Sohnes sei ursprünglich in Frankenberg gefunden worden.

Die Aufgabe, Lise über die Ermordung ihres Bruders zu unterrichten, war ein emotionales Erlebnis für mich. Es war mir ein Stein vom Herzen gefallen, dass Lise die Qual dieser Erkenntnis mit soviel Würde und Großmut ertragen hatte. Nach ihrem anfänglichen Schrecken und Erstaunen stellte sie mir viele Fragen. Ich teilte das mir Bekannte ihr mit. Andere Fragen mussten offen bleiben. Ich sagte ihr, Jean-Maurice sei mit dem Fallschirm abgesprungen und gefangen genommen worden, sei wahrscheinlich kurz als Kriegsgefangener vernommen und dann in Frankenberg auf dem Weg zum Bahnhof überfallen worden. Ich erklärte, dass ich zwar viel erfahren hatte, dass es aber noch Lücken gab und dass auch der genaue Todestag immer noch nicht feststeht. Das in Kanada offiziell angegebene Datum, der 5. März 1945, hätte gestimmt, wenn sich sein Fallschirm nicht geöffnet hätte. Das entsprach aber nicht den Tatsachen.

Lise und Jean Desjardins zu Besuch beim Autor, September 2004

Lise sagte, dass ihre Eltern nicht mehr leben. Ihre Mutter, Cécile, starb 1969 im Alter von 69 Jahren, und ihr Vater, Henri, 1988 im Alter von 89 Jahren. Sie kündigte an, sie habe viele Fotos von ihrem Bruder und andere relevante Unterlagen und Andenken, die ihre Eltern ihr hinterlassen hatten. Sie bestätigte auch, was Joe Parent mir bereits in Kapuskasing gesagt hatte, dass Jean-Maurice mit einer jungen Frau namens Margot Chayer verlobt war.[141] Ich verabredete mit Lise Desjardins, dass wir uns so bald wie möglich treffen würden, um weitere Informationen und Gedanken auszutauschen. Außerdem beteuerte Lise, ihr Sohn und ihre beiden Töchter sowie deren Familien würden sich ebenfalls sehr für die neuen Erkenntnisse interessieren. Lise ist seit einigen Jahren Witwe.

Nach intensiver, neun Monate langer Fahndung hatte ich ein weiteres Hauptziel erreicht und Angehörige des „namenlosen kanadischen Fliegers" gefunden. Besonders glücklich war ich, dass Lise sich freute, dankbar war und kaum erwarten konnte, mehr zu erfahren.

Am 17. September 2004 besuchte uns Lise mit ihrem Sohn Jean Desjardins. Meine Frau und ich verbrachten einen ganzen Tag mit ihnen. Lise hatte mehrere Fotoalben, Briefe und weitere Schriftstücke sowie Medaillen und Auszeichnungen ihres Bruders mitgebracht. Jean Desjardins hat eine frappante, geradezu unheimliche Ähnlichkeit mit seinem Onkel Jean-Maurice.

Links: Jean-Maurice als 12-jähriger Pfadfinder, Foto 1935

Oben: Der Autor als 12-Jähriger in Jungvolkuniform, Foto Januar 1944

Wie die vielen auf unserem Küchentisch ausgebreiteten Fotos von Jean-Maurice zeigten, ist Lises Sohn Jean Desjardins auch von derselben Größe und Gestalt.

Eine große Überraschung für mich war das Tagebuch von Jean-Maurice D'Avril, das er „Mon Journal Outremer" genannt hatte (Mein Übersee-Tagebuch, siehe Kapitel 16).

Mehrere Fotos zeigen Jean-Maurice als Boy Scout (Pfadfinder) in verschiedenen Altersstufen. Das Bild aus dem Jahre 1935 erinnerte mich an meine „Kindheit" im Jungvolk. Ich habe nur ein einziges Foto von mir in Jungvolk-Uniform, das im Jahre 1944 aufgenommen wurde. Dabei war ich etwa im selben Alter wie Jean-Maurice auf seinem Foto von 1935. Beim Vergleich dieser beiden Bilder kam mir der Gedanke, dass wir doch einige Dinge gemeinsam hatten. Er und ich trugen Uniform: kurze Hose, Hemd mit Brusttaschen, Halstuch. Er und ich waren zeitweise Wimpelträger. Er und ich hatten dunkles, welliges Haar. Aber damit hören die Gemeinsamkeiten auch schon auf.

Medaillen und Auszeichnungen von Jean-Maurice D'Avril (Foto 2004)

Im Jungvolk wurden wir gezielt und systematisch indoktriniert und auf die nationalsozialistische Weltanschauung vorbereitet. Dazu gehörten Hass gegen die inneren und äußeren Feinde Deutschlands, Rassismus und insbesondere Antisemitismus. Man lehrte uns „rassische Überlegenheit" und „Rassenhygiene", nationalistischen Chauvinismus, fehlgeleiteten Nationalstolz und fanatische Intoleranz gegen alles „Abnormale". Vor allem lernten wir, Adolf Hitler zu vergöttern, den „Deutschland von der Vorsehung bescherten Führer". Uns wurde eingetrichtert, dass blinder Gehorsam und totale Unterordnung große Tugenden darstellten. „Du bist nichts, dein Volk ist alles" war einer unserer „Kernsprüche" ebenso wie das Hindenburg-Zitat „Nur wer gehorchen gelernt hat, kann später auch befehlen". Nur das Ganze zählte: das deutsche Volk, die nationalsozialistische Bewegung, der Ruhm des Dritten Reiches. Wäre ich alt genug gewesen, hätte ich mit Stolz und Hingebung als Frontsoldat mein Leben eingesetzt.

Als Pfadfinder war auch Jean-Maurice an Verhaltensregeln und vielleicht sogar an Doktrinen gebunden. Er durfte aber seine eigene Persönlichkeit entwickeln, seine Neigungen und Abneigungen zum Ausdruck bringen und wurde dazu sogar angeregt und ermutigt. Im Gegensatz zur Hitlerjugend produziert die Pfadfinderbewegung keine Zombies.

Jean-Maurice in Zivil

Als uns Lise und Jean Desjardins besuchten, vergingen die Stunden sehr schnell. Wir hatten uns so viel zu erzählen. Ich glaube, Lise hält die Fotoalben, Dokumente und Medaillen sowie das Tagebuch ihres Bruders wie Heiligtümer in Ehren. Umso mehr wusste ich zu würdigen, dass sie mir diese Schätze nun anvertraute, damit ich sie identifizieren und zum Teil fotokopieren konnte. Als wir uns verabschiedeten, gingen wir wie gute Bekannte auseinander, die viel gemeinsam haben.

Zwei Tage später freute ich mich, als eine E-Mail von Jean eintraf. Sie war in gebrochenem Englisch verfasst, aber die Botschaft hörte ich wohl:

> Der Tag, an dem wir Sie besuchten, war kein gewöhnlicher Tag für meine Mutter und für mich. Als wir zurück kamen, waren unsere Köpfe voller Fragen über den Krieg und Vorstellungen über die Ermordung von Jean-Maurice. Es fiel uns alles nicht leicht. Ich glaube, Ihr Buch wird den kommenden Generationen zugute kommen, denn sie müssen wissen, was damals geschah.
>
> Jean Desjardins, 19. September 2004

Jean-Maurice als RCAF-Flight Sergeant, Foto 1944

Die beiden Porträtaufnahmen von Jean-Maurice D'Avril entstanden im Studio der Firma Photo Allard in Montreal, vielleicht beide um dieselbe Zeit im Jahre 1944, kurz bevor er nach Großbritannien eingeschifft wurde.

Auf der Rückseite des Fotos, das ihn in Uniform darstellt, schrieb Jean-Maurice (auf Französisch), wohl für seine Eltern bestimmt:

> Ich weiß nicht, ob meine Vorahnung in Erfüllung gehen wird. Ich hoffe aus vollem Herzen, dass es nicht geschieht. Aber als ich dieses Porträt sah, schien es mir, als sei ich in Wolken gehüllt. Ich sagte auch Margot, dass ich dieses Porträt nicht mag. Es ist zwar eine gute Ähnlichkeit, aber mir kommt es symbolisch vor. Ich hoffe und bete zum Herzjesus und Herzmaria, es möge sich als falsch erweisen.

Kapitel 16
Mon Journal Outremer

Vielleicht der kostbarste Schatz, den Lise Desjardins mir überlassen hatte, als sie und Jean uns im September 2004 besuchten, war das Kriegstagebuch, das ihrem Vater 1946 übersandt worden war. Jean-Maurice betitelte das einfache schwarze Schulheft *Mon Journal Outremer* (Mein Übersee-Tagebuch). Lise und ich behandelten es mit großer Sorgfalt als historisches Dokument und hätten es eigentlich nur mit Baumwollhandschuhen anfassen dürfen. Als Lise es mir gedankenvoll übergab, kam mir eine Vision: Ich sah den jungen Mann in seiner Baracke im Ausbildungslager für Bordfunker. Er war über das Heft gebeugt, auf einem Schemel an einem kleinen Tisch unter einer trüben, von der Decke baumelnden Glühbirne sitzend. Für mich war es ein Erlebnis, dieses Schriftstück in den Händen zu halten. Mein Herz schlug höher in der Hoffnung, etwas von den Gefühlen erfahren zu können, die er zum Ausdruck gebracht hatte. Worüber könnte Jean-Maurice vor, während und nach den Bombeneinsätzen über Deutschland wohl nachgedacht haben? Ich war auf seine Schilderungen gespannt. Zu meiner großen Enttäuschung musste ich feststellen, dass fremde Hände, wahrscheinlich die eines RAF- oder RCAF-Zensors in England, alle Seiten nach dem 26. Mai 1944 herausgerissen hatten. Niemand wird jemals wissen, welche Gedanken der junge kanadische Fliegeroffizier in den letzten Tagen und Wochen vor seinem letzten, ihm den Tod bringenden Flug zu Papier gebracht hat.

Das Tagebuch beginnt mit der Beschreibung seiner Überfahrt: *Résumé de la Traversie*. Nachdem er das Ausbildungslager in Lachine verlassen hatte, wurde er die kurze Strecke nach Montreal mit dem Auto mitgenommen. Dort nahm er tränenreichen Abschied von seiner Verlobten, Margot (*ma Margotton*), von Margots Mutter und von seinen Eltern. Sie haben ihn nie wiedergesehen.

> Es fiel mir schwer, zu sehen, wie ihnen allen das Wasser in den Augen stand, und am schlimmsten fiel mir der Abschied von meiner lieben kleinen Braut. Himmel, wie schön sie war in ihrem besten Kleid ... und wenn ich auf meine innere Stimme gehört hätte, dann wäre ich heute noch bei ihr ... Schweren Herzens schaute ich alle noch einmal gut an, und ich sah meine Margot, wie sie weinte und zitterte ...

Um 8 Uhr morgens am 20. März 1944 stieg er in Montreal in den Zug nach Halifax. Dem nun 21-Jährigen war weniger als ein Jahr vergönnt.

„Ich werde dich ewig lieben ..." – Jean-Maurice mit seiner Verlobten, Margot Chayer, in Montreal, Anfang 1944

> Als sich der Zug weiter und weiter von Montreal entfernte, sah ich noch einmal zurück und stellte mir den Tag vor, an dem ich zurückkehren werde, auf den ich mich so sehr freue ...

Die Bahnfahrt dauerte zwei Tage und zwei Nächte. Jean-Maurice beschrieb sie als „eine gute, aber ermüdende Reise". Er fand es recht unbequem, auf den engen, harten Bänken im Waggon zu schlafen. Am Morgen des 22. März kam der Zug endlich auf dem Bahnhof in Halifax an. Jean-Maurice wurde zur CVJM geschickt, wo er ein Mittagessen bekam und „großartig duschen konnte. Ich hatte es wirklich nötig."

Schließlich wurde er mit seinen Kameraden zum Kai geführt, wo die *Nieuw Amsterdam* vor Anker lag, ein Schiff von über 36 000 BRT. Dieses riesige niederländische Linien- und Kreuzfahrtschiff war 1938 als „schwimmender Palast" vom Stapel gelaufen. Zu Anfang des Zweiten Weltkrieges erbeuteten die Briten das Schiff in den USA und nahmen es als Truppentransporter in den Dienst. Es konnte 10 000 Soldaten befördern.[142]

> ... Nachdem wir den Hafen von Halifax um 8.30 Uhr am 26. März, einem schönen Sonntagmorgen, verlassen hatten, standen wir alle auf der Brücke. Ich warf noch einen letzten Blick zurück und stellte mir den Tag vor, an dem ich endlich aus dem Krieg zurückkehren würde.
>
> Die Überfahrt war wirklich sehr ruhig. Es geschah nichts Außergewöhnliches. Nur einmal wurde ca. 10 Meilen vor dem Schiff ein U-Boot gesichtet.[143] Ich musste gemeinsam mit 20 Anderen auf dem Schiff Wache stehen. Wir hatten jeweils vier Stunden Dienst und dann acht Stunden frei. Das Essen war erbärmlich, und wir fanden Insekten darin. Aus dem Grund aßen wir bald nur noch Butterbrot.
>
> Nach sechs Tagen auf hoher See, wobei niemand allzu seekrank wurde, sichteten wir morgens am Samstag, dem 1. April, endlich Land. Es war schön, sah aber nicht wie das Land in Kanada aus.

Gegen 7:30 Uhr morgens fuhr das Schiff in „une baie"[144] ein, an deren Ende der Seehafen Greenock, unweit von Glasgow, liegt ... Bald wurden die Männer, die für Bomber Command bestimmt waren, in einem kleinen Fahrzeug an Land gebracht. Vom Kai aus gingen sie zu Fuß zu einem wartenden Zug.

> Dort im Zug waren Tische eingebaut worden, an denen uns Mädchen eine warme Mahlzeit sowie Tee und Gebäck servierten. Als ich die Züge sah, war mein erster Eindruck, dass sie fast ulkig wirkten, weil sie so klein waren.

Es folgte eine siebzehnstündige Bahnfahrt nach Südengland, die durch „Städte und Dörfer, über Brücken und durch Tunnel" führte. Jean-Maurice fand die Fahrt ermüdend, weil „alles so eng" war und weil es „nicht sehr gut roch". Um 4 Uhr nachmittags am Sonntag, dem 2. April, traf der Zug in Bournemouth ein, dem Seebad am Ärmelkanal.

> Es war witzig, zu sehen, wie die Leute aus ihren Fenstern schauten, um uns vorbei marschieren zu sehen. Die Stadt ist wirklich sehr hübsch, und es hat gar nicht den Anschein als stehe das Land im Krieg ... Nach dem Abendessen und nachdem wir uns in unseren Räumen eingerichtet hatten, gingen wir kurz spazieren, um diese alte Stadt etwas kennenzulernen. Was uns am meisten beeindruckte, waren die Busse, die übereinander aufgestockt sind. Wir merkten auch, dass die Autos anders fahren als in Montreal – auf der anderen Straßenseite.

Am meisten verwirrte ihn das „berühmte englische Geld mit seinen Shillings, Pfund usw.". Am 9. April war Ostersonntag. Es fiel ihm schwer, diesen Tag so fern der Heimat und ohne seine Verlobte verbringen zu müssen.

Nach den Reisebeschreibungen und der Schilderung seiner ersten Eindrücke von England folgen tägliche Eintragungen vom 12. April bis zum 25. Mai 1944. Alle diese Seiten stammen aus der Zeit, in der Jean-Maurice noch zur Ausbildung in Bournemouth und später im 3. RCAF Personnel Recruitment Centre in Staverton (Grafschaft Gloucestershire) stationiert war. Es sollte noch mehr als sechs Monate dauern, ehe er sich beim Alouette-Geschwader in Tholthorpe (Yorkshire) melden musste. Von jetzt ab lasse ich das Tagebuch selbst sprechen.

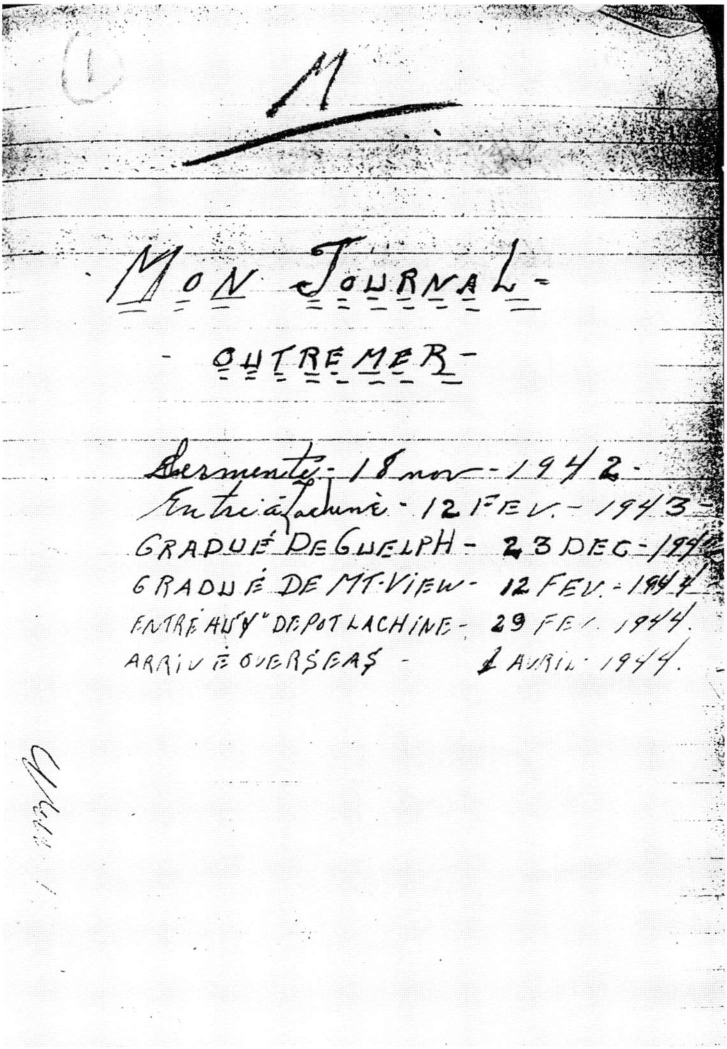

M

Mon Journal

- Outremer -

Assermenté - 18 nov - 1942 -
Entré à Lachine - 12 FEV. - 1943 -
GRADUÉ DE GUELPH - 23 DEC - 194
GRADUÉ DE MT-VIEW - 12 FEV. - 1944 -
ENTRÉ AU "Y" DEPOT LACHINE - 29 FEV. 1944.
ARRIVÉ OVERSEAS - 1 AVRIL 1944.

Mittwoch, den 12. April. Ein wundervoller Tag. Am Vormittag war nichts zu tun, und auch nichts am Nachmittag. So gingen wir zum Vereinshaus der *Knights of Columbus*, besorgten uns Schläger und spielten Tennis im Meyrick Park, einer schönen Grünanlage. Das werden wir auch öfters tun.

Donnerstag, den 13. April. Da vormittags wieder nicht viel zu tun war, gingen wir ins Kino ... Ich war auch ein wenig melancholisch , und so nahm ich mir zum ersten Mal die Zeit, an *ma pitoune* [mein Liebchen] zu schreiben.

Am Freitag vor dem Mittagessen mussten wir zum Uniformfassen antreten. Wir erhielten auch unsere neuen Fliegerausrüstungen, Sauerstoffmasken usw., sehr viel Zeug. Nachmittags war nichts zu tun, und so schrieb ich an Margot, blieb auf meinem Zimmer und ging früh zu Bett. Es war ein guter Tag, und überhaupt waren diese ersten zwei Wochen gut. Ich hoffe, dass es so weiter geht. Ich vermute, wir werden hier nicht allzu lange bleiben. Es ist gar nicht so schlecht. Wir werden gut ernährt, haben gute Betten, gute Freizeitmöglichkeiten und natürlich gute Freunde.

15. April 1944: Heute ist ein wichtiger Tag, denn es ist das dritte Jubiläum für Margot und mich. Wir gehören nun schon drei Jahre zusammen. Junge, ist das schön gewesen! Aber auch sehr kurz. Vor allem bereue ich nichts, und ich werde sie nie wieder verlassen. Ich hoffe, es ist das letzte Mal, dass wir getrennt feiern müssen, ... denn es ist wirklich schwer, und ich fühle mich wahnsinnig gelangweilt. Alle meine Gedanken sind bei ihr, *ma pitoune*. Ich denke an die ersten Tage, an denen wir zusammen ausgegangen sind, an unsere Ausflüge, unsere ersten Küsse, unsere Liebe und unsere Verlobung ... an unser Gelübde, keine Schokolade zu essen, bis ich wieder zuhause bin. Ich werde ewig dein Jean bleiben und nur dir treu sein, meine liebste Margot. Das verspreche ich dir. Du weißt schon, was ich meine ...

Um zwei Uhr nachmittags mussten wir antreten, und es wurden einige Mann herausgerufen, aber ich stand nicht auf der Liste. Ich war froh, als wir entlassen wurden ... Es regnete, und das Wetter war einfach scheußlich.

Am Abend ging ich wieder mit den Kameraden ins Kino. Wir sahen uns „Our West", „Seven Sinners" und „The House of Seven Gables" an. Es war nicht allzu schlecht, obwohl es am Anfang ziemlich öde und langweilig war. Anschließend gingen wir zu den *Knights of Columbus* zum Essen.

Kurz gefasst: heute war ein guter Tag, und ich bin noch derselbe Jean, dein Jean ganz allein, *ma Margotton*.[145] Bye, *ma pitoune*.

16. April 1944: ... Antreten um 9 Uhr. Dort taten wir überhaupt nichts, mussten uns nur als anwesend melden, und dann durften wir wegtreten. Da es nun schon zu spät für die Messe um 9.15 Uhr war, ging ich auf mein Zimmer zurück und wartete bis zur nächsten Messe um 10.15 Uhr.

Jean-Maurice (Mitte) mit zwei Kameraden in England 1944

Um zehn Uhr war ich auf dem Weg zur Kirche. Ich empfing das Abendmahl, und dann betete ich sehr intensiv für uns, *ma Margot*, und auch für unsere Eltern. Und beim Sanktus musste ich die ganze Zeit an unsere Verlobung denken ...

Nach dem Abendessen ging ich mit allen Kameraden ins Regent-Kino, und wir sahen „The Sea Wolf" ... nach der Vorstellung gingen wir in ein Restaurant und bestellten ein paar Kekse. Mit etwas Schnaps. Aber keine Schokolade. Das fiel mir schwer, denn alle anderen aßen welche, und ich wusste, dass ich keine essen durfte. Das ist mein Opfer, und es ist ein großes Opfer. Immer dein Jean ...

17. April 1944: Heute hat sich unsere tägliche Routine hier in Bournemouth geändert. Wir haben Unterricht und werden mit einen dreiwöchigen Lehrgang beginnen.

Heute Morgen wachte ich um sechs Uhr mit einem verstimmten Magen auf, musste zur Toilette gehen und hatte Durchfall. Dann konnte ich nicht wieder einschlafen. So lag ich einfach im Bett. Ich glaube, es war eine Kolik.

Nach dem Antreten um neun Uhr wurden wir wieder neu eingeteilt, und ich kam in die „W 17" ... Wir hörten uns ein paar Vorträge an und unterhielten uns über die Kurse, die jetzt anfangen ... Von zwei bis drei Uhr hatten wir Flugzeugerkennung.[146] Von drei bis vier lernten wir etwas über das Marconi-Funkgerät, und von vier bis fünf hatten wir Morsecode-Unterricht. Für den ersten Tag war es gar nicht so schlimm. Dies wird nun drei Wochen so weiter gehen ...

18. April 1944: ... Wir gingen zur *Regent Hall*, wo ein Hauptmann, ein Nachrichtenoffizier, uns über die feindlichen Bordkanonen informierte. Es war langweilig, und ich ging hinaus. Dabei wäre ich beinahe von einem Geschwaderführer erwischt worden, aber ich schlich mich an ihm vorbei und konnte ungestraft davonkommen.

Nachmittags stieg ich aufs Dach ... und sah drei Typhoon-Kampfflugzeuge, die den Tiefflug übten. In der letzten Unterrichtsperiode nahmen wir uns frei ... Und dann, wie jeden Abend, komme ich treu zu meinem Rendezvous mit *ma pitoune*. Danach betete ich einen Rosenkranz. Wieder ein Tag vergangen. Und wie an allen anderen Tagen ist dein Jean dir treu geblieben. Du kannst dich darauf verlassen: Jeden Abend kann ich sicher sein, dass ich ein reines Gewissen habe. Das verspreche ich. Bye, *ma Margot*.

20. April 1944: ... Ich wollte eigentlich heute Morgen frühstücken, wachte aber erst um 7:15 Uhr auf. Statt zu frühstücken, blieb ich lieber bis acht Uhr im Bett ... In der dritten Unterrichtsstunde gingen wir wieder zur *Regent Hall*. Viele Kameraden hatten sich verduftet, aber ich folgte glücklicherweise meinem Instinkt, denn wir mussten antreten. Die Leute, die fehlten, wurden geschnappt und erhielten zwei Abende Ausgehverbot.

Abends „unterhielt" ich mich mit *ma Margotton*, wie jeden Abend, und ich schrieb auch nach Hause an meine Mutter ... Heute wie an allen anderen Tagen ging es mir in jeder Hinsicht gut. Meine Stimmung ist gut und auch meine Gesundheit. Wie immer bin ich dein Jean, der seiner Margot auf ewig treu ist ... Bye, *ma Margot*.

21. April 1944: Heute war wieder ein bedeutender Tag für mich, denn nachmittags kam die erste Post aus Kanada. Ich weiß nicht mehr, was ich gerade tat, als ich die Briefe erhielt. Ich weiß nur, dass ich sofort losrannte, um sie auf meinem Zimmer zu lesen. Ich kann mich auch nicht erinnern, ob ich weinte oder lachte. Das Einzige, an das ich denken konnte, war, dass ich darüber glücklich sein würde, was mir meine Liebste geschickt hat. Ich hatte nie richtig begriffen, wie sehr meine Margot mich wirklich liebt und mit welcher Kraft sie mich liebt, und wie sehr ich sie liebe. So ein gutes Gefühl hatte ich, als ich jedes Wort verschlang, das sie mir geschrieben hatte, dass sich meine Augen mit Tränen füllten. Auch von zuhause erhielt ich gute Nachrichten, und ich war so glücklich, zu wissen, dass es allen gut geht ...

Heute Morgen, wie jeden Morgen, ging ich zum Unterricht: Funkgerät, Morsecode und Aldislampe[147].

Nachmittags, in der ersten Stunde, hörten wir einen weiteren Vortrag, den ein Nachrichtenoffizier hielt, und dann sollten wir eigentlich Flugzeugerkennung haben und unseren Morsecode-Kursus beenden. Stattdessen gingen wir weg, um „Intermezzo"-Musik zu hören. Es sangen Bing Crosby, Frank Sinatra usw.

Abends war ich bei den *Knights of Columbus*, um meine Kleidung zu bügeln. Es ging gar nicht so schlecht, wenn ich bedenke, dass ich noch nie vorher gebügelt habe. Kein Strom. Wir mussten mit einem alten Plätteisen bügeln. Was für eine Arbeit!

Gestern Mittag heulte eine Luftschutzsirene und gab Fliegeralarm. Ich hatte bisher noch nie eine gehört ... Dann kam die Entwarnung, und es war eigentlich gar nichts passiert.

22. April 1944: ... Neue Abkommandierung ... Antreten in der Exerzierhalle, wo wir eine Vorlesung über Fallschirme hörten ... Heute Nachmittag mussten wir speziell wegen der Abkommandierung antreten, und dabei wurde mein Name aufgerufen. Mir wäre es anders lieber gewesen, aber es ist wohl „Gottes Wille". Nach dem Antreten fuhr ich eine kleine Strecke mit meinem Fahrrad ... Dann ging ich zur Kirche, wo ich mich wohlfühlte. Dann unterhielten wir uns etwas, mein „Compagnon de route" und ich ... Nach dem Abendessen entschloss ich mich, ins Kino zu gehen. Im *Carlton* sahen wir uns den Film „North Star" an. Er gefiel mir sehr. Es war aber sehr traurig zu sehen, wie die Russen unter den Deutschen zu leiden hatten. Die Kinder wurden geschlagen, und die Frauen ... Es war einfach zu schlimm. Ich bin froh, dass ich hier bin und meine Pflicht tun kann.

23. April 1944: ... (Sonntag). Wir gingen hin, um unsere Fliegeranzüge anzuprobieren, und danach hatten wir frei ... Ich ging zur Messe. Wie immer nahm ich das Abendmahl und betete sehr intensiv für dich und mich, *ma Margot.* Nach der Messe spielte ich etwas Snooker ... Nach dem Abendessen gingen wir wieder ins Kino, ins *Carlton*. Der Film mit Henry Aldrich hieß „Bad Man". Er war nicht schlecht. Zum Abendbrot aß ich Pommes und Steak ... Es ist wirklich schwer, denn ich habe solch Heimweh nach dir ... Bye, *ma Margotton.*

24. April 1944: Um zwei Uhr morgens – nicht gerade schön, um zwei Uhr morgens! – wurden wir von den heulenden Luftschutzsirenen geweckt. Wir zogen uns an und gingen hinaus in unseren Unterstand. Von dort aus hörten wir das Schießen der Flakgeschütze und die Flugzeugmotoren. Einmal hörten wir einen mächtigen Einschlag, und wir warfen uns im Graben auf die Erde, mit unseren Helmen auf dem Kopf. Da wurde mir zum ersten Mal klar, dass ich im Krieg bin. Das Ganze dauerte eine Stunde. Nachdem wir uns wieder in die Betten gelegt hatten, blieb alles wieder still und friedlich.

Heute Abend waren wir alle zum letzten Mal zusammen. Da beschlossen wir, nach dem Krieg ein Wiedersehenstreffen zu veranstalten, und zwar am 1. April 1948 um sechs Uhr abends in der Empfangshalle des Hotels R.A.T.

Royal, und die Losung soll dieses Tommy-Wort „Righty"[148] sein. [Aufzählung von sechs Namen].

25. April 1944: Heute gibt es wieder einen Wechsel in meinem Soldatenleben, denn wir wurden an einen neuen Standort versetzt, nach Staverton in Gloucestershire. Heute Morgen verließen wir Bournemouth um 5.30 Uhr und stiegen um 9.30 Uhr in den Zug. Nach vierstündiger Fahrt kamen wir an unserem Bestimmungsort an. Ein Lkw wurde mit unserem Gepäck beladen, und wir stiegen in einen anderen. So ging es zum Lager. Wir fuhren an der Stadt vorbei und stellten fest, dass sie groß genug und gar nicht so schlecht ist.

... Dieses Lager gefällt mir sehr gut. Es ist nur fünf Minuten außerhalb der Stadt, und alles ist ziemlich friedlich und ruhig. Es gibt hier auch einen Flugplatz mit einigen wirklich flotten Flugzeugen. Ich sah eine Maschine, die man den Teufel nennt. Schon zehn Minuten nach unserer Ankunft ging der Unterricht los. Das Essen ist ganz gut. Vier Mahlzeiten am Tag: Frühstück, Lunch, Tee und Abendessen. Außerdem gibt es vormittags und nachmittags Pausen, und mein Bauch ist immer voll.

26., 27., 28., 29. April 1944: Ich fasse zusammen, weil ich mit meinen Tagebucheintragungen etwas zurückgeblieben bin. In den ersten zwei Tagen hat sich nichts Besonderes ereignet. Jeden Tag haben wir bis sechs Uhr abends Unterricht, und abends sitzen wir nur so im Lager herum und lesen oder schreiben Briefe. Am Freitag ... gingen wir in die Stadt ins Schwimmbad, um mit dem Schlauchboot zu üben. Zum Abendessen ins Café Clarence in Cheltenham. Nicht schlecht. Es gab Würstchen mit Kartoffeln und grünen Bohnen. Danach gingen wir ins Kino und sahen den Film „Phantom of the Opera", der mir sehr gefiel ...

Am Samstag fuhr ich mit dem Fahrrad auf einem Landestreifen nicht weit vom Lager. Dabei sang ich aus voller Kehle: „C'elle que j'aime" und „Elle que j' adore"[149]...

30. April 1944: ... Ich beende den heutigen wie jeden Sonntagabend damit, mit dir, *ma Margotton*, zu plaudern. Da die Temperatur ideal ist, möchte ich mit meiner kleinen Verlobten über damals sprechen. Ich kann es kaum erwarten, dich wiederzusehen ... Hier in dieser Kleinstadt erinnert mich so viel an dich. Von deinem *'tit Jean*[150]... Ich habe Andere gesehen, und natürlich habe ich dabei an dich gedacht, mein kleines Schätzchen. Ich gehöre dir, meine Kleine. Bye, *ma pitoune*.

2. Mai 1944: ... Wir haben Fallschirmspringen geübt, wie man sich fallen lassen muss, usw. Das macht Spaß, und es ist auch sehr wichtig ... Abends spielten wir etwas Karten. Es gefällt mir jetzt etwas besser, weil wir um Geld spielen. Aber bei meinem Budget darf ich nicht zu oft verlieren ... In den

„Ma Margotton, ma pitoune“

letzten beiden Unterrichtsstunden lernten wir etwas über Navigation, und ich fand das sehr interessant. Es gefällt mir recht gut. Dann gingen wir nach Cheltenham zum Schwimmen. Ich bin noch in guter Form. Gegen 17.30 Uhr ging ich zurück ins Lager. Ich blieb nicht in der Stadt, weil wir sonst wieder dort hängen bleiben und ins Kino gehen, und das kostet ungefähr 10 Shilling, die ich mir nicht leisten kann. Aber der Hauptgrund, warum ich zum Lager zurück gegangen bin, ist, dass ich dir schreiben will, *ma pitoune …*

3., 4. & 5. Mai 1944: Ich muss zusammenfassen, da ich etwas ins Hintertreffen geraten bin …Wir hatten einige Kurse über Fallschirmspringen. Dabei übten wir das Steuern, Balancieren, Fallen usw. Das macht Spaß. Aber ich weiß auch, dass es irgendwann einmal nötig sein könnte.

6. Mai 1944: Samstag. Heute haben wir frei. Ich fuhr mit dem Bus nach Gloucester und nahm meine Wäsche mit. Dann fuhr ich nach Cheltenham. Dort wollte ich ein Foto machen lassen, aber alles war geschlossen ...

7. Mai 1944: ... Am Vormittag ging ich in Insworth zur Kirche; ich betete für dich, *ma Margotton*. Nachmittags flogen wir zum ersten Mal über England. Der Flug dauerte etwa zwei Stunden und 45 Minuten ...

9. Mai 1944: Nachdem wir Staverton gegen acht Uhr morgens verließen, gingen wir zu Fuß nach Morton Valence. Dort bleiben wir jetzt. Es ist ... ungefähr eine Stunde entfernt, ungefähr 16 Meilen. Als wir dort ankamen, war ich nicht sehr beeindruckt, denn alles ist so weit draußen, die Messe, der Flugplatz, die Baracken und alles. Es war ein ganz schöner Marsch. Aber ich glaube, es wird mir doch gefallen, weil es auf dem Lande ist. Es herrscht Ruhe und Frieden, und da ich nun meiner *Margotton* mehr Zeit widmen kann, bin ich hier auch zufrieden.

10. Mai 1944: Heute Unterricht; frühmorgens sind wir geflogen. Wie üblich war es ein langer Flug. Auch nachmittags drei Stunden Flug. Dann im Klassenzimmer, und danach zurück in die Baracke zum Ausruhen.

12. Mai 1944: ... Ich machte ein paar Aufnahmen, die ich dir schicken werde, *ma pitoune*. Nachmittags wurde ich im Jeep nach Cheltenham mitgenommen. Dort kaufte ich ein paar Ansichtskarten. Ich wollte auch meine Uhr reparieren lassen, aber das ging nicht. Ich sah mir den Film „Captain Blood" an. Dann Abendessen in der YMCA [CVJM – Christlicher Verein Junger Männer]. Die Amerikaner fuhren mich wieder im Jeep zurück.

13. Mai 1944: ... Ich bin heute etwas melancholisch ...

14. Mai 1944: Sonntag. Es war heute das erste Mal, dass ich nicht zur Messe ging. Ich konnte nicht, weil wir vormittags wieder geflogen sind, und nachmittags hatten wir Unterricht. Statt zur Messe zu gehen, legten wir uns in die Sonne ...

15. Mai 1944: Heute Morgen wachte ich zum zweiten Mal von den Sirenen auf, die einen Luftangriff ankündigten. Es war gegen zwei Uhr morgens. Wir waren nicht betroffen, denn der Angriff war weit weg, in Bristol. Trotzdem heulten die Sirenen. Wir konnten die Scheinwerfer sehen und auch einige Explosionen hören, aber es dauerte nicht allzu lange. Als wir wieder zu Bett gingen, hörten wir über uns die Ju-88 ...

16. Mai 1944: ... Eigentlich sollten wir wieder fliegen, aber es wurde wegen Regen abgeblasen.

18. März 1944: ... Ich bin ziemlich gut gelaunt, denn ich konnte mit dem Padré sprechen. Wir unterhielten uns eine Weile, und dann ging ich nach-

mittags zur Beichte. Ich ging zur Kirche, nahm das Abendmahl und betete sehr intensiv für dich *ma Margotton*. Ich sprach auch mit dem Ausbildungsoffizier, dessen Job es ist, mit uns über unsere Sorgen zu sprechen. Da ich mich für einen Kursus im technischen Zeichnen anmelden will, sprach ich mit ihm darüber, und er erzählte mir von dem Programm für technische Zeichner ... Später dachte ich daran, wie ich dich in Zukunft sehr glücklich machen kann. Denn in einem solchen Beruf würde ich wirklich angestrengt arbeiten, und ich werde das auch erreichen. Du wirst schon sehen, wie glücklich wir in unserem Heim sein werden. Ja, wir werden glücklich sein. Ich werde dich ewig lieben ...

19. Mai 1944: ... Wir haben uns unsere Feldwebel-Streifen schwer verdient. In Kürze: Wir haben Erfolg im Klassenzimmer, und wir brauchen uns nicht allzu sehr anzustrengen.

Meine größte Überraschung war heute, dass ich von dir, *ma Margotton*, einen Brief erhielt. Seit dem letzten ist schon ein Monat vergangen. Junge, das hat gut getan. Mein Herz hat wie toll geschlagen. In der Nacht habe ich immer wieder deinen Brief gelesen, bis zwei Uhr morgens. Ein schöner Tag ...

20. Mai 1944: Da wir eigentlich heute erst spät am Abend fliegen sollten, konnte ich morgens ausschlafen, und wir hatten tagsüber frei. Ich stand erst gegen Mittag auf ... Dann hieß es, wir würden schon nachmittags fliegen, aber der Flug wurde wegen sehr schlechtem Wetter abgeblasen, und wir konnten zurück in die Baracke gehen ... Wir spielten Karten, und ich habe ungefähr einen Dollar gewonnen. Ich hatte wirklich Glück. Wieder ein schöner Tag.

21. Mai 1944: Ein Lkw nahm mich mit in die Stadt, und ich ging um 9.15 Uhr zur Messe. Es ist eine schöne kleine Kirche im alten Stil, aber wirklich religiös. Ich habe wieder intensiv für dich gebetet, *ma Margotton*. Ich nahm das Abendmahl ... Beim Sanktus dachte ich auch an die Zeit, da wir uns vor Gott verlobten, und immer, wenn ich daran denke, fühle ich mich näher bei dir und bin tief bewegt. Nach der Messe zündete ich eine Kerze an ... Ich ging ins Hippodrome-Kino und sah den Film „Chad Hanna" in Technicolor, mit Dorothy Lamour und Henry Fonda.

Die RCAF führte eine „Show" vor, die wirklich gut war. Ich glaube, es war das erste Mal seit ich dich, *ma Margotton*, verlassen habe, dass ich so laut lachen konnte, und das war ein gutes Gefühl. Aber ich dachte an früher, als wir beisammen waren. Weißt du noch, wie wir uns gegenseitig gekitzelt und so viel gelacht haben, dass mir die Tränen kamen? Wie ich mich gegen dich wehren musste? Das waren so herrliche Zeiten.

22. Mai 1944: Wieder ein Tag zum Fliegen ... Im Briefing Room erhielten wir unsere Anweisungen, unsere Dekodierung ... Es war ein schöner Tag, und es

war ein sehr guter Flug. Heute kam wieder Post, aber diesmal waren es zwei Briefe von zuhause, einer vom 2. und der andere vom 8. Mai. Ich war wirklich froh, dass niemand krank ist und dass es allen gut geht ... Aber nur die Briefe von *ma Margotton* tun meinem Herzen gut ...

23. Mai 1944: Heute Nacht fliegen wir wieder, und dies soll unser erster vollständiger Einsatzflug werden ... Aber da die Temperatur sehr ungünstig war, kamen wir schon gegen drei Uhr morgens zurück, nach einem Flug von viereinhalb Stunden. Als ich dann gegen 4.30 Uhr ins Bett fiel, war ich sehr froh ...

Ich schone mich für dich, für unsere gemeinsame Zukunft, denn ich möchte nie etwas bereuen müssen ...

Mittwoch, den 24. Mai 1944: Wieder ein schöner Tag, denn nachmittags erhielt ich vier wunderbare Briefe von *ma Margotton*. Sie waren vom 17., 24., 26. und 28.[April]. Ich habe sie mehrere Male von Anfang bis Ende gelesen. Die ganze Zeit war ich glücklich ... manchmal freudig, manchmal ernst, und manchmal stiegen mir die Tränen in die Augen.

Donnerstag, den 25. Mai 1944: Heute kam wieder Post, ein Brief vom 6. Mai. Wie wohl es mir tut, *ma Margotton*, diese Briefe von dir zu lesen, nach so langem Warten! ... Heute Morgen erhielt ich eine Soldzahlung. Es waren nur drei Pfund, weil ab jetzt das Geld für die Kriegsanleihe abgezogen wird. Ich denke aber, es reicht.

Nach dem Mittagessen war ich in Cheltenham, um meine Bilder abzuholen. Hin und zurück wurde ich per Anhalter im Jeep mitgenommen. Das macht mir Spaß. Ich war mit den Bildern sehr zufrieden, denn sie sind wirklich gut geworden. Jetzt will ich sie dir so bald wie möglich schicken ...

Abends sollten wir wieder fliegen, aber es wurde wegen schlechtem Wetter abgeblasen. Das war mir egal, denn ich hatte sowieso keine Lust.

So ist wieder ein Tag vergangen, und alles ging gut. Ich hatte gerade genug Zeit, um einen Rosenkranz zu beten. Ich werde immer Derselbe für dich sein, *ma Margotton*. Ich lebe nur für dich allein, das verspreche ich dir. Ich liebe dich. Bye, *ma pitoune*.

Das war der letzte Eintrag im Tagebuch von Jean-Maurice D'Avril, der nicht von den Zensoren heraus gerissen wurde.

Kapitel 17
Sechzig Jahre später

März 2005

Ich bin an Bord eines Flugzeugs, das durch die dunkle Nacht von Westen nach Osten fliegt. Diese Maschine ist kein Bomber, sondern ein Air Canada Airbus A 330. Normalerweise interessiere ich mich nicht für technische Daten. Aber ich stelle ein paar Vergleiche an. Die zehn Jahre alte A 330 hat Sitze für 239 Passagiere, eine zweiköpfige Cockpit-Crew und ein Flugbegleitpersonal von elf Männern und Frauen. Wäre dieser Airbus ein Luftfrachter, könnte er 16 769 kg transportieren. Wir fliegen in einer Höhe von 11 000 m bei einer Reisegeschwindigkeit von 870 km/h. Das Flugzeug hat eine Reichweite von 12 400 km. Wir sind auf der Strecke von Toronto nach Frankfurt, eine Entfernung von 6 750 km, die wir in etwa achteinhalb Stunden zurücklegen werden.

Es gibt viele technische Unterschiede zwischen diesem Flug und dem letzten Flug der Q Queen, einem Halifax-Bomber, der erst einen Monat vorher in den Dienst gestellt worden war. Die Q Queen beförderte eine siebenköpfige Mannschaft und eine Bombenfracht von ca. 5 900 kg, also etwa ein Drittel der Ladekapazität dieses Linienflugzeugs. Mit ihrer vollen Last hatte die Q Queen eine „Reisegeschwindigkeit" von 272 mph (ca. 437 km/h), konnte aber im Sturzflug fast 500 km/h erreichen. Sie flog durch die Nacht in einer Höhe von 18 000 Fuß (ca. 5 500 m). Es dauerte vier Stunden, bevor sie ihr Ziel, den Luftraum über der Stadt Chemnitz, erreichte, ca. 1 100 km vom Fliegerhorst Tholthorpe in Yorkshire entfernt. Diese Strecke von etwa 200 km für den Hin- und Rückflug grenzte noch nicht an den Aktionsradius der Halifax III, der mit voller Bombenlast 2 671 km betrug.[151]

Ich versetze mich in die Lage von Jean-Maurice und denke über weitere Unterschiede zwischen unseren Flügen nach. In seiner Welt tobt der blutigste Krieg in der Geschichte der Menschheit. In unserer Welt herrscht mehr oder weniger Frieden. Zumindest erreichen die bewaffneten Konflikte kein Ausmaß, das auch nur entfernt mit dem Zweiten Weltkrieg vergleichbar wäre. Ich denke, ich kann damit rechnen, dass dieses Flugzeug planmäßig ankommt, so dass ich sicher und bequem meinen Anschlussflug nach Dresden erreichen werde. Wenn wir über deutschem Luftraum ankommen, werden weder Nachtjäger noch Flak auf uns warten. Die Wahrscheinlichkeit, diesen Flug zu überleben, ist praktisch 100 Prozent.

Jean-Maurice, der als Bordfunker/Bordschütze an seinem engen Arbeitsplatz in der Halifax sitzt, hat eine bedeutend geringere Überlebenschance. Die sieben jungen Männer, die in der wackelnden, klappernden, lärmenden Maschine in Formation mit mehr als 700 anderen Bombern zum Ziel fliegen, müssen jederzeit mit dem Tod rechnen, auch wenn sie sich weigern, Todesgedanken zu hegen. Sie dürfen sich nicht erlauben, ihre Einsatzbereitschaft und ihre technischen, fliegerischen Aufgaben durch derartige Gedanken zu beeinträchtigen. Wenn sie das von den Pfadfinderflugzeugen markierte, hell erleuchtete Ziel erreichen, konzentrieren sie sich auf ihre Aufgaben, für die sie ausgebildet sind. Sie tun ihre Pflicht. Mein Flug verbindet zwei friedliche Kontinente. Der Flug der *Q Queen* trennt zwei feindliche Länder. Mein Flug ist zwischen zwei Welten, die fast austauschbar sind: Beide bieten der überwiegenden Mehrheit ihrer Bürger sichere, komfortable Lebensbedingungen. Die Welten, die Jean-Maurice im März 1945 überqueren muss, sind Äonen voneinander entfernt: Großbritannien, eine Demokratie, die trotz überwältigender Hindernisse überlebt hat, und Deutschland – eine Diktatur am Rande des Abgrunds.

Chemnitz, den 5. März 2005

Wir stehen auf dem Chemnitzer Neumarkt, mein Cousin Fritz, Lise und Jean Desjardins, und ich. Hinter uns ragt das in den 1890er Jahren erbaute „Neue" Rathaus auf. Um die Ecke befindet sich das „Alte" Rathaus, dessen Bau bis in die Renaissance zurückreicht. Beide Gebäude wurden vor sechzig Jahren schwer beschädigt und später restauriert.

Heute vor sechzig Jahren wurde die Innenstadt von Chemnitz im Zuge der Operation Thunderclap zerstört – in der Nacht durch Bomber Command und am Tage durch die 8. US Army Air Force. Es liegt Schnee, gerade wie vor sechzig Jahren. Etwa hundert Menschen, meistens Senioren, haben sich auf dem Platz eingefunden und warten auf den Beginn einer Gedenkstunde. Ein paar Teenager stehen herum, etwas abseits für sich, sprechen miteinander, lachen, wie Teenager das heute überall in der Welt tun.

Ich bemühe mich zu verstehen, was eine kleine Gruppe Chemnitzer Künstler zum Ausdruck bringen will. Zwei Darsteller tragen Kostüm. Der eine geht auf etwa zwei Meter hohen Stelzen und soll offensichtlich den Tod charakterisieren. Der andere, eine dicke, hässliche Figur, kriecht herum und stellt weniger offensichtlich einen Soldaten dar, also Krieg und Gewalt. Er trägt eine moderne Tarnuniform und hat eine komische braune Kappe auf dem Kopf. Man könnte ihn für einen Amerikaner im Irak oder in Afghanis-

Der Tod auf dem Chemnitzer Neumarkt, 5. März 2005

tan halten, aber nur mit etwas Vorstellungskraft. Ganz bestimmt sieht er nicht wie ein Soldat aus dem Zweiten Weltkrieg aus. Während der Tod wortlos durch die Gegend stelzt, läuft der Soldat – ebenfalls wortlos – recht ziellos hin und her und benimmt sich wie ein Clown. Über einen Lautsprecher ertönt kratzend Trauermusik. Dann stoppt die Übertragung, und es folgt eine Minute andächtige Stille.

In der Mitte des Platzes liest jemand etwas vor, aber die Akustik ist schlecht. Die gedämpften Worte gehen verloren. Auf unserer Seite ist nichts zu verstehen. Jetzt kommt ein großer weißer Drachen auf den Platz. Er sieht aus wie ein Zelt mit wehenden segelförmigen Flügeln und soll wohl ein Flugzeug darstellen. Die Leute, die den Drachen tragen, setzen ihn zu Boden und schicken sich an, ihn zu verbrennen. Gleichzeitig, in Nähe der qualmenden Drachenüberbleibsel, kippt der Soldat um, oder vielleicht hat ihn jemand zu Boden geworfen. Er bleibt still und zerknittert liegen.

Eine einsame Glocke läutet vom Turm der Jakobikirche gleich hinter dem Alten Rathaus. Ich erinnere mich, dass die Kirche samt Turm nach dem Bombenangriff eine ausgebrannte Ruine war. Hoch oben auf der Balustrade erscheint ein Türmer und lässt einen Warnruf erschallen. Im März 1945 gab es keine Türmer, nur Luftschutzmelder mit Megaphon und Feldtelefon. Jetzt ist über den Lautsprecher eine Sirene zu hören. Es ist aber der lange, gleichmäßige, beruhigende Entwarnungston, nicht das laut-heulende, nervenerregende Auf und Ab des Fliegeralarms, das überall in der Stadt von den Dächern ertönte, wenn ein Bombenangriff drohte.

Bestimmt haben es die Künstler, die das „Happening" auf dem Neumarkt veranstalten, gut gemeint. Es ist ihnen aber, glaube ich, misslungen, ihre Botschaft (welche Botschaft?) zu kommunizieren. Auch Lise und Jean stehen vor einem Rätsel. Was geschieht denn hier? Die wenigen Leute, die gekommen sind, wundern sich, statt zu gedenken.

Auf dem Platz ist ein großes Zelt in Form eines Kreuzes aufgestellt worden. Darin steht ein Tisch, auf dem Zettel und Bleistift ausliegen. Man soll seine Gedanken zu Papier bringen und an die Zeltwand heften. Viele Zettel enthalten Sprüche, die sich eher auf 2005 beziehen als auf 1945. Ich sehe mehrere, die den Irakkrieg zum Thema haben. Sehr aussagekräftig finde ich eine dieser anonymen Botschaften:

> Wir müssen das Gestern beweinen,
> auf das Morgen setzen
> und den Hass von heute bekämpfen.

Obwohl wir noch unter Jetlag leiden, gehen wir abends noch einmal zum Neumarkt. Die Zeitungen hatten angekündigt, es würden alle Glocken der Stadt läuten, und zwar auf die Minute genau wie der Bombenangriff vor 60 Jahren. Die Bevölkerung wurde gebeten, Kerzen mitzubringen und anzuzünden. So sollte ein Lichtermeer entstehen, um den Feuersturm zu symbolisieren, der die Stadt damals verwüstete. Die Kerzen sollten aber auch ein Zeichen der Hoffnung auf eine friedliche Zukunft sein.

Ich bin enttäuscht. Es ist mir Lise und Jean gegenüber peinlich, dass sie erleben müssen, wie die Chemnitzer en masse zu Hause bleiben. Irmgard ist diesmal mitgekommen und hat fünf Kerzen mitgebracht, für jeden eine. Außer unseren brennen höchstens noch 50 weitere Kerzen auf dem Pflaster des Neumarkts. Von dem erwarteten Lichtermeer kann keine Rede sein. Nur eine einzige leise Glocke ist zu hören. Eine kleine Menschengruppe steht herum. Es ist schon ein Gedenken, eine Wache, aber die Zahlen sprechen Bände. Die überwiegende Mehrheit der Chemnitzer hat andere Prioritäten, als sich an diesem Märzabend auf den Neumarkt zu begeben und an die Nacht zu denken, in der das Chemnitz von damals im Bombenhagel unterging.

Ich muss fair sein. Auch anderswo in der Stadt gibt es heute Abend Aktivitäten zum Anlass des Jahrestages. Am Morgen lese ich, dass manche gut besucht waren. Ich hatte aber mit Tausenden in den Straßen gerechnet, mit Dutzenden von heulenden Sirenen. Ich hatte mir vorgestellt, alle Glocken der Stadt würden gleichzeitig läuten. Meine Erwartungen haben sich nicht erfüllt. Wo ist das Lichtermeer von Chemnitz?

Das Leben und die Sorgen gehen weiter in einer Stadt, in der die Arbeitslosigkeit irrsinnigerweise 18,8 Prozent beträgt. Nahezu alle Fabriken wurden kurz nach der Wiedervereinigung geschlossen. Nur leere, heruntergekommene Gebäude – und ein großartiges Industriemuseum – zeugen davon, dass Chemnitz früher zu den wichtigsten Industriestädten Deutschlands zählte. Die Bevölkerung der Stadt schrumpfte seit der Wende um fast 20 Prozent. Während meiner Kindheit hatte Chemnitz rund 350 000 Einwohner. Bei Kriegsende waren es nur noch 250 000. Unter dem Namen Karl-Marx-Stadt stieg die Bevölkerungszahl wieder auf mehr als 300 000. Heute hat Chemnitz nur noch 246 000 Einwohner, obwohl seit 1994 acht Vororte eingemeindet wurden.[152] Verständlicherweise machen sich die Chemnitzer heute mehr Gedanken um die Zukunft als um die Vergangenheit.

Frankenberg, den 6. März 2005

Ein Hauptgrund, warum Lise and Jean Desjardins und ich nach Deutschland gekommen sind, ist die Einweihung der Gedenktafel, die an Jean-Maurice D'Avrils Ermordung erinnern wird. Das Ereignis soll um 10 Uhr an der Ecke Äußere Freiberger Straße und Amalienstraße stattfinden.

Die Gedenktafel selbst hat eine Geschichte. Als ich im Oktober 2004 in Deutschland war, wurde ich zu einer Versammlung des Frankenberger Heimatvereins eingeladen. Ich sprach kurz über den Mord an dem „namenlosen kanadischen Flieger" und meine Suche nach seiner Identität. Die Idee eines Bürgers, die Äußere Freiberger Straße, auf der Jean-Maurice D'Avril ermordet wurde, nach ihm zu benennen, hatte man schnell fallen gelassen. Man meinte, der Stadtrat würde nie zustimmen, denn „es hat in der jüngsten Geschichte der Stadt schon viel zu viele Umbenennungen von Straßennamen gegeben". Es stimmt, dass im Dritten Reich in Frankenberg wie überall in Deutschland viele Straßen die Namen prominenter Nationalsozialisten bzw. deren Heldenfiguren erhalten hatten. Nach dem Krieg nannte man diese Straßen in der DDR vielfach nach Antifaschisten oder kommunistischen Funktionären um. Nach der Wiedervereinigung wurden die Namen erneut geändert. So wohnten wir Anfang 1945 auf der Ludendorffstraße. Aus ihr wurde die Ernst-Thälmann-Straße und schließlich die Badstraße. Nun, im Oktober 2004, schlug der Heimatverein vor, ein kleines Denkmal wäre eine schöne Geste der Reue und Versöhnung. Die Lokalausgabe der *Freien Presse* berichtete über die Versammlung und den Plan für ein Mahnmal.

Im Laufe der folgenden Monate korrespondierte ich per E-Mail mit dem Vorsitzenden des Heimatvereins, Dietmar Palm. Man entwickelte einen ziemlich ehrgeizigen Plan für einen 1,5 m hohen Sockel aus sächsischem Sandstein und eine Bronzetafel. Das Mahnmal sollte auf städtischem Grund genau an der Ecke errichtet werden, wo der Mord stattfand. Ein Antrag des Vereins an die Frankenberger Stadtverwaltung um finanzielle Beihilfe wurde jedoch abgelehnt. Der Grund wurde in einer von Bürgermeister Firmenich unterschriebenen Antwort mitgeteilt:

> Der Hauptausschuss erörterte tiefgründig diesen Vorschlag und lehnt einstimmig die Aufstellung eines Gedenksteins ab. In der Stadt Frankenberg erinnern mehrere Gedenksteine und Denkmale an die Opfer der beiden Weltkriege. Die Stadträte vertreten die Meinung, dass damit in würdiger Form allen Opfern gedacht wird.[153]

Damit stand auch die eigentliche, auf städtischem Grund gelegene Mordstelle nicht mehr zur Verfügung. Außerdem stellte sich heraus, dass der Heimatverein kein Geld für den Stein oder die Gedenktafel hatte. Mir wurde daher nahegelegt, mich in Kanada nach Mitteln umzusehen.

Zunächst zögerte ich, das zu tun. Schließlich sollte die Gedenktafel eine von den Bürgern der Stadt Frankenberg ausgehende Initiative sein. Ich kam in Versuchung, dem Heimatverein zu empfehlen, das Projekt einfach an den Nagel zu hängen. Ich erfuhr aber, dass eine Firma bereit war, die Tafel kostenlos zu gravieren, und dass man auch das Platzproblem gelöst hatte. Ausschlaggebend war letzten Endes, dass Lise, ihr Sohn Jean und ich uns bereits darauf vorbereitet hatten, gemeinsam an der Einweihung teilzunehmen. Ich wandte mich also mit meiner Bitte an mehrere kanadische Organisationen: die RCAF-Vereinigung in Ottawa, den Verband der RCAF-Kriegsgefangenen, die kanadische Bomber Command-Vereinigung und den Verband ehemaliger Angehöriger des Geschwaders 425 (Alouette). Alle lehnten ab. Sie hatten „für so etwas" kein Geld.

Gerettet wurde das Projekt von der Hauptgeschäftstelle *(Dominion Command)* des bundesweiten Veteranenverbands *Royal Canadian Legion*. Nachdem die Ortsgruppe an meinem Wohnort, der Kleinstadt Arnprior, den Antrag gesponsert hatte, spendete Dominion Command die für die Gedenktafel erforderlichen 400 kanadischen Dollar (ca. 250 Euro). Das Material für den Stand und sämtliche Arbeiten wurden von ehrenamtlichen Vereinsmitgliedern in Frankenberg zur Verfügung gestellt, und die Gravur übernahm die Firma Walzengravur in Frankenberg gratis. Auch die Firmen Metallbearbeitung Schönbrunn und die Druckerei Rossberg leisteten uneigennützige Hilfe. Eine weitere Spende erhielt ich von John Gendron in Kanada, der zur

Besatzung der ebenfalls am 5. März 1945 über Chemnitz abgeschossenen kanadischen Halifax III NA-204 Code 6U-J gehört hatte (siehe Kapitel 13).

Der Heimatverein versandte Einladungen für die Einweihungsfeier an seine Mitglieder, die Augenzeugen in Frankenberg und Umgebung sowie in Drebach, an alle Frankenberger Stadtverordneten und Andere, die Interesse an der Sache gezeigt hatten. Auch die Öffentlichkeit wurde durch Zeitungsartikel eingeladen.

Der Chemnitzer Journalist Addi Jacobi wandte sich an das Fernsehen des Mitteldeutschen Rundfunks in Dresden und erzählte von dem Mord, meinen Ermittlungen, der bevorstehenden Einweihung der Gedenktafel und dem Besuch der Verwandten des Ermordeten aus Kanada. Reporter Nils Werner rief mich daraufhin in Kanada an und versprach, die feierliche Enthüllung der Tafel aufzunehmen und zu übertragen. Als ich schon in Chemnitz war, rief er mich wieder an: „Bitte stehen Sie schon eine Stunde vorher in Frankenberg zur Verfügung."

Fritz und Irmgard Neidhardt, Lise und Jean Desjardins und ich treffen um 9 Uhr an der Mordstelle in Frankenberg ein. Es ist ein kalter, unfreundlicher Sonntagmorgen. Die Temperatur ist um die 15 Grad unter Null. Es schneit in dicken Flocken. Dabei bläst ein starker Wind, und im Nu sind wir alle schneebedeckt. Ich bin froh, in meine daunengefüllte kanadische Parka gehüllt zu sein. Wir gehen zum Holzzaun an der Ecke Äußere Freiberger Straße und Amalienstraße. Lise legt eine Hand an den Zaun, vor dem ihr Bruder ermordet wurde, und ich weiß, was sie bei dieser Berührung bewegt. Für sie und Jean beschreibe ich den Weg, auf dem Jean-Maurice, vom Wachsoldaten begleitet, aus der Kaserne kam, und zeige ihnen die genaue Stelle des Überfalls sowie die Stelle auf der gegenüberliegenden Straßenseite, wo er in einer Blutlache starb. Wir alle stellen uns die Tragödie vor, die sich vor 60 Jahren, womöglich fast auf die Stunde genau, an dieser Stelle abspielte. Niemand sagt ein Wort.

Die Fernseh-Crew trifft in einem Van ein: Reporter Nils Werner, ein Kameramann, und eine junge Frau, wohl die Produzentin. Ich stelle Lise und Jean vor und dolmetsche. Man bittet uns, ein paar Mal die Straße hinauf- und hinunter zu gehen, während die Kamera läuft. Dann folgen Interviews. Bald kommen Andere dazu: Dietmar Palm und seine Frau; Wolfgang Hammer, dessen Großvater nach dem Krieg in Frankenberg Polizist war; die Leiterin des Stadtarchivs, Frau Marion Rau. Zwei der Augenzeugen treffen ein, die den Mord beobachtet haben: Ulrich Köhler und Elfriede Rupprecht. Auf allen Seiten ist stilles Nachdenken. Lise steht einem Mann und einer Frau gegenüber, die beim Überfall auf ihren Bruder zugesehen haben, die ihn in einer Minute lebendig sahen und in der nächsten tot.

Die anderen Augenzeugen haben sich entschuldigt. Sie können der Einladung nicht folgen. Aus gesundheitlichen Gründen. Noch ein Fernsehreporter trifft ein: Wolfgang Lange vom Chemnitz TV. Andreas Luksch von der *Freien Presse* ist da. Ich freue mich über die rege Beteiligung und stelle fest, dass sich fast ebenso viele Menschen hier im kleinen Frankenberg eingefunden haben wie tags zuvor auf dem Neumarkt in der Großstadt Chemnitz.

Dietmar Palm ergreift das Wort. Er sagt, die Tafel solle daran erinnern, dass die Barbarei des Zweiten Weltkriegs auch diese kleine Stadt nicht verschonte, dass durch die Identifizierung und namentliche Nennung dieses jungen Opfers ein Stück Stadtgeschichte ihre Anonymität verliert. Er enthüllt die blank-glänzende Messingtafel mit ihrer dreisprachigen Inschrift:

> Hier wurde im März 1945 der kanadische Kriegsgefangene
> RCAF-Leutnant Jean-Maurice D'Avril (22)
> hinterhältig erschlagen.
> Wir trauern um ihn und alle Kriegsopfer
>
> Here, the Canadian prisoner of war,
> RCAF P/O Jean-Maurice D'Avril (22),
> was cowardly beaten to death in March 1945.
> We mourn him and all victims of war
>
> C'est ici que le prisonnier de guerre canadien,
> Jean-Maurice D'Avril (22 ans), slt, A.R.C.,
> fut odieusement battu à mort en mars 1945.
> Nous pleurons sa perte et celle de toutes les victimes de guerre

Kurz vor der Enthüllung trifft eine große Delegation aus Drebach ein. Sie erklären, dass oben im Gebirge über Nacht fünfzehn Zentimeter Schnee gefallen sind. Am frühen Morgen war dicker Nebel, aber Hermann Pährisch sagt: „Es gehört schon mehr als ein bissel Schnee und Nebel dazu, um richtige Erzgebirgler daran zu hindern, an so einem Ereignis teilzunehmen."

Alle Augenzeugen aus Drebach sind gekommen: Hermann Pährisch, Egon Lötzsch, Achim Hartmann, Manfred Heeg, Lothar Ficker, Eberhard Gerlach und Herbert Berger. Manche haben ihre Frauen mitgebracht. Ich stelle sie alle Lise und Jean vor. Ich dolmetsche, was sie sagen: Sie sind gekommen, um den Kanadier zu ehren, der auf so tragische Weise sein Leben lassen musste, nachdem er sich aus dem Flugzeug retten konnte, das in ihrer erzgebirgischen Heimat abstürzte. Lise ist wieder zu Tränen gerührt und dankt den Leuten für ihre Güte.

Egon Lötzsch sagt: „Wenn Ihr Bruder bei uns im Erzgebirge abgesprungen wäre, könnte er heute noch leben." Lise schüttelt seine Hand.

Die Einweihung der Gedenktafel in Frankenberg, 6. März 2005

Außer den eingeladene Gästen sind Viele gekommen, die den Zeitungsartikel über den Fall gelesen haben. Auffallend ist die Abwesenheit der ebenfalls eingeladenen Frankenberger Stadtverordneten. Andreas Luksch von der *Freien Presse* fragt Dietmar Palm: „Was halten Sie davon, dass die Stadt nicht geholfen hat und auch keinen Vertreter geschickt hat?" Palm, wie es Luksch später in seinem Artikel ausdrückt, „hat nur eisiges Schweigen übrig". Wir unterhalten uns über die Ironie des Zufalls, dass der mutmaßliche Anführer der Mörder damals selbst ein Frankenberger Stadtverordneter war. Jemand bemerkt: „Sie können wetten, wenn nächste Wochen Wahlen stattfinden würden, dann wären sie heute alle hier gewesen." Ich muss feststellen, dass es markante Ähnlichkeiten zwischen Politikern in Deutschland und Kanada gibt.

Ich sage ein paar Worte, danke denen, die trotz des schlechten Wetters gekommen sind und stelle Lise und Jean vor. Wenn Lise spricht, zittert ihre Stimme. Sie entschuldigt sich, dass sie kein Wort Deutsch kann. Ich entschuldige mich, dass – obwohl ich Kanadier bin – mein Französisch zu mangelhaft ist, um direkt aus ihrer Muttersprache ins Deutsche zu übersetzen.

Während die Fernsehkameras rollen und die Blitzlichter aufleuchten, spricht Lise auf Englisch.

> Wenn ein Soldat stirbt, dann wird er normalerweise begraben, und damit endet seine Geschichte. Obwohl ich noch sehr jung war, als Jean-Maurice starb, habe ich die schmerzlichen Erinnerungen an meinen Bruder immer nahe am Herzen getragen. Es gab zu viele unbeantwortete Fragen ... Ich hätte es nie für möglich gehalten, dass ich eines Tages erleben würde, in Deutschland zu sein, und noch dazu hier an der Öffentlichkeit. Es fällt mir schwer, meine Gefühle auszusprechen, aber ein einfaches Dankwort reicht nicht aus, um Ihnen für dieses große Geschenk zu danken, das Sie mir zum Andenken an meinen Bruder bereitet haben. Ich werde die große Ehre nie vergessen, die Sie ihm heute erwiesen haben.

Lise ist eine tapfere Frau und schafft es, die Tränen bis zum Schluss zu unterdrücken. Jean legt seiner Mutter den Arm um die Schulter. Jetzt kommt ein Auto mit hoher Geschwindigkeit vorbei, alle Fenster offen. Junge Männer schauen heraus und schreien: „Bombenalarm!" Dann sind sie auch schon außer Sicht. Tapfer genug zum Schreien, aber zu feige, sich zu erkennen zu geben.

Wir alle retten uns aus dem Schneetreiben in die wohlige Wärme der Gaststätte Lützelhöhe, wo ein kurzer Empfang auf uns wartet. Die Fernsehleute machen Nahaufnahmen von Bildern, die ich mitgebracht und ausgelegt habe. Sie interviewen Lise und Jean und mich noch einmal. Dann fährt der MDR-Van trotz Schneeverwehungen hinauf nach Drebach, um Aufnahmen an der Absturzstelle des Bombers anzufertigen. Ihr Material wird zu einer zehn Minuten langen Dokumentarsendung verarbeitet, die später in allen Teilen Deutschlands gesendet wird.

Nach dem Empfang lädt Frau Rau unsere „Gruppe der Fünf" ins Stadtarchiv ein, wo sie uns Cappuccino serviert. Sie hatte ursprünglich geplant, in den Räumlichkeiten des Archivs für alle Beteiligten einen kleinen Empfang zu veranstalten, musste aber zur Lützelhöhe ausweichen, nachdem der Bürgermeister Einspruch erhob: „Dazu ist das Stadtarchiv doch nicht da". Das Stadtarchiv ist keine unabhängige Institution, sondern eine Abteilung der Stadtverwaltung. Frau Rau zeigte Lise und Jean manche der Dokumente, die mir letztes Jahr dazu verholfen hatten, die Identität ihres Bruders ausfindig zu machen. Lise legt ihre Hand auf das Buch mit den Frankenberger Friedhofsakten, so ehrfurchtsvoll als sei es eine alte Familienbibel.

Nach einem Rundgang durch das Archivgebäude, das bis ins 17. Jahrhundert zurückreicht, übergibt Frau Rau Lise und Jean die Reproduktionen einiger Frankenberger Drucke. Mir schenkt sie die Kopie eines Aquarells, das den Markt im Mai 1945 darstellt, als die Amerikaner in Frankenberg eingerückt waren. Wäre nicht meine Neugier über die amerikanischen Truppen in Frankenberg gewesen, hätte ich nie etwas über den Mord an dem „namenlosen kanadischen Flieger" gehört. Lise Desjardins glaubt an die Macht des Schicksals. Vielleicht hat sie Recht. Ich lade Frau Rau ein, mit uns im gemütlichen Restaurant Zur Reblaus Mittag zu essen.

Bevor wir Frankenberg verlassen, statten wir der Augenzeugin Frau Bodenschatz noch einen Besuch ab. Sie war nicht zur Einweihung der Gedenktafel gekommen, obwohl sie „gleich um die Ecke" wohnt. Sie sagt: „Ich mag nicht gern an die Öffentlichkeit treten." Ich habe volles Verständnis. Es gibt immer noch Geheimnisse in dieser kleinen Stadt. Frau Bodenschatz hat aber nichts dagegen, sich mit „den Kanadiern" fotografieren zu lassen. Sie erzählt Lise und Jean noch einige ihrer Erinnerungen an den Tag im März 1945. Sie sagt, wie leid es ihr tut und wie erschüttert sie damals war, vor sechzig Jahren.

Berlin, den 9. März 2005

Endlich lerne ich Ulrich Koch persönlich kennen, nachdem ich so viele lange Telefongespräche mit ihm geführt habe. Schließlich war unsere halbstündige Unterhaltung damals im Februar 2004 der Ausgangspunkt dieses Buches, als er mich fragte: „Wissen Sie denn, dass ..."

Ulrich Koch kommt zu uns ins Hotel Märkischer Hof auf der Linienstraße im Scheunenviertel. Er sieht überhaupt nicht aus, wie ich ihn mir aufgrund der Gespräche und E-Mail-Korrespendenz vorgestellt hatte. Er ist noch keine Sechzig, vielleicht 1,70 m groß, schlank. Mit seinem gepflegten kurzen Bart, seinem kurzgeschnittenen Haar und seinen eifrigen Augen, die ständig in Bewegung sind, erinnert er mich an einen Privatdetektiv oder Hotelmanager. Wenn ich einen Filmschauspieler wählen müsste, der ihn darstellen soll, dann würde ich die Rolle mit dem verstorbenen Peter Sellers oder vielleicht mit Dustin Hoffman besetzen. Er redet sehr schnell, aber offenbar denkt er noch viel schneller. Er springt von Thema zu Thema und verliert manchmal den Faden dabei. Ich bin froh darüber, denn auf diese Weise habe ich überhaupt erst von dem „namenlosen kanadischen Flieger" gehört, der in Frankenberg ermordet wurde. Ich habe manchmal das Gefühl, er läuft mir sprachlich davon, besonders weil ich mich bemühe, alles Gesagte für Lise und Jean zu dolmetschen. Ich kann einfach nicht so schnell reden. Ich bin überrascht und etwas enttäuscht, dass er kein Englisch spricht.

Er führt uns zu den wichtigsten Sehenswürdigkeiten im ehemals stark jüdischen Scheunenviertel und dann rund um die Museumsinsel. Es ist ebenso kalt in Berlin wie es in Sachsen war, und ich bin meiner Parka wieder dankbar. Dann fängt es ganz plötzlich an, in dicken, nassen Flocken zu schneien. Wir sind im Nu weiß. Zuerst suchen wir Unterschlupf im Berliner Dom. Schließlich wagen wir doch einen Spaziergang Unter den Linden. In der Neuen Wache, während wir die „Trauernde Mutter" betrachten, erzähle ich Lise und Jean leise etwas über Käthe Kollwitz. Wir ziehen uns zum Kaffee und Kuchen im Operncafé zurück.

Für die Kränze, die wir an Jean-Maurice D'Avrils Grab niederlegen wollen, haben Lise und ich drei goldbeschriftete rote Schleifen aus Kanada mitgebracht: Eine von Lise und ihrer Familie („avec amour"), eine von mir („nicht mehr namenlos"), und eine von John Gendron. Ulrich Koch hat die Kränze für uns bestellt, und wir müssen sie heute noch abholen und die Schleifen anbringen lassen. Ich frage ihn, wann das Blumengeschäft schließt. Er sagt, wir haben genug Zeit, und besteht darauf, uns noch eine Sehenswürdigkeit und noch ein Denkmal und noch ein Juwel der Baukunst zu zeigen. Es ist schon dunkel, und ich dringe endlich darauf, es sei nun doch wohl Zeit, unsere Schleifen aus dem Leihwagen im Hotelhof zu holen und mit ihnen das Blumengeschäft aufzusuchen.

„Ist es weit? Sollen wir mit dem Auto hinfahren oder können wir zu Fuß gehen?"

„Nein, gar nicht weit, aber wir fahren mit der S-Bahn." Ich hatte gedacht, der Blumenladen sei irgendwo in Hotelnähe. Jetzt vernehme ich, dass er in der Gegend ist, wo Ulrich Koch wohnt. Wir lösen Rückfahrkarten. Irgendwo müssen wir umsteigen. Ich gerate etwas durcheinander und finde es nicht so einfach, mir die Strecken, Straßen und Haltestellen zu merken. Ulrich Koch behauptet, es sei kinderleicht, zurück zu finden. „Sie können es gar nicht verfehlen." Aber ich schmiede schon einen anderen Plan.

In einem ziemlich außerhalb liegenden Bezirk Berlins gehen wir eine lange Strecke zu Fuß von der Haltestelle zum Blumenladen. Als wir endlich eintreffen, ist es zwei Minuten vor Ladenschluss. Das junge Mädchen, das uns trotz der späten Stunde freundlich bedient, ist bereit, länger zu arbeiten, um die Schleifen anzubringen, während der Chef vor der Tür mit den Schlüsseln rasselt. Es dauert eine ganze Weile. Die Kränze sind aus weichen Zederzweigen, mit weißen und roten Rosen verziert. Ich hatte das so bestellt: weiß und rot sind die kanadischen Farben. Wir zahlen und sagen Ulrich Koch „gute Nacht" – bis morgen. Ich bitte das Mädchen, uns ein Taxi zu bestellen. Ich zahle dem Fahrer gern die 12 Euro, und wir werfen die Rückfahrkarten weg.

Berlin, den 10. März 2005

Der BMW-Leihwagen steht über Nacht auf dem Hotelhof. Jetzt zwänge ich ihn durch die schmale Toreinfahrt hinaus zur Linienstraße. Ich bin froh, dass Ulrich Koch wieder dabei ist. Er sitzt neben mir und leitet mich durch den Berliner Verkehr vom Oranienburger Tor im früheren Ostberlin nach Charlottenburg im früheren Westen. Ich parke an der Heerstraße, genau vor dem Friedhof. Ein Schild bezeichnet den offiziellen Namen: Berlin 1939–1945 War Cemetery.

Pünktlich um 10 Uhr kommt ein Van und setzt sich vor meinen BMW. Der Fahrer öffnet die Türen für die Vertreter der kanadischen Botschaft, die zur Kranzniederlegung erscheinen. Es kommen Gesandter-Botschaftsrat Chris Greenshields, Militärattaché Kapitän Stuart Andrews und Attaché Thilo Lenz. Sie haben Father (Major) Z. Gracjan Burkiciak mitgebracht, den katholischen Militärgeistlichen für die Kanadischen Streitkräfte in Europa.

Lise, Jean und ich legen unsere Kränze am Fuß von Jean-Maurice D'Avrils Grabstein nieder. Sie sind die einzigen Farbflecke im strengen Schwarzweiß des Soldatenfriedhofs. Wir stehen im Schnee an diesem kalten

Soldatenfriedhof Berlin-Heerstraße. Von den 4580 alliierten Soldatengräbern auf diesem Friedhof gehören 527 kanadischen Gefallenen, zumeist von Bomber Command. Foto März 2005

Kanadische Kränze in Berlin, Lise und Jean am Grab von Jean-Maurice, März 2005

Vormittag in Berlin, die Köpfe gebeugt. Im Geist habe ich wieder die Porträtaufnahme des schmucken jungen kanadischen Fliegerleutnants vor Augen, das Foto, das seine ominöse Vorahnung heraufbeschworen hatte.

Mit charmantem polnischen Akzent liest Father Burkiciak auf Englisch Worte, die Jean-Maurice D'Avril gefallen hätten und nun gewiss auf Lise und Jean eine tröstende Wirkung auslösen:

> Liebender Vater, höre unsere Gebete, da wir des Jean-Maurice gedenken ... Wir danken dir für das Gute, das du uns und in seinem Leben getan hast. Gewähre ihm, bei dir im Himmel weilen zu dürfen ...
>
> Segne sein Grab und unseren Bruder Jean-Maurice und sende deinen heiligen Engel aus, um ihn zu beschützen ...

Die Anderen beten still. Lise kniet vor dem Grab. Ihr schwarzes Cape steht im scharfen Kontrast zu den weißen Grabsteinen auf der Schneedecke.

Kapitel 18
... um Verzeihung zu bitten

Reconciliation may not feel just, but it is right just the same.
[Versöhnung mag uns nicht als gerecht vorkommen,
sie ist aber trotzdem das Richtige

Bruce Edwards, 2004

Ich bin am Ende meiner Entdeckungsreise und zufrieden, dass ich einige Ziele erreichen und Wahrheiten finden konnte. Die Reise hat mich stark beansprucht und berührt. Täglich fühlte ich mich gezwungen, auf Kurs zu bleiben und andere Prioritäten beiseite zu schieben. Es war ein starkes, emotionales Erlebnis. Es gab auch Momente des Zweifels. Manchmal fragte ich mich, ob die Ergebnisse jemals meinen enormen Aufwand rechtfertigen würden: Meine drei Deutschlandreisen, die endlosen Autofahrten in Kanada. Wieviele Stunden hatte ich in dieses Wagnis investiert? Zweitausend? Die Geschichte des Jean-Maurice D'Avril wuchs mir ans Herz und wurde ein bedeutender Teil meines Lebens.

Bei der Erforschung, Aufklärung und Aufzeichnung des Mordes und seines Hintergrunds haben meine persönlichen Erinnerungen eine wichtige Rolle gespielt. Dinge, die ich längst ins Unterbewusstsein verbannt hatte, kehrten wieder, als ich die Geschehnisse des Bombenkriegs untersuchen musste. Ich kramte nach Tagebüchern und Aufzeichnungen, die als Gedächtnisstützen dienten.

Den Hauptgipfel dieses Berges habe ich bestiegen. Ich bedauere zwar, dass es auch Pfade gab, die ich nicht begehen konnte, dass ich Routen außer Acht lassen musste, die vielleicht zu weiteren Entdeckungen geführt hätten. Doch ich bin froh, dass ich die Dunkelheit, die diese traurigen Ereignisse so lange umgeben hat, etwas erhellen konnte..

Wie steht es um die Mörder des Jean-Maurice D'Avril, die nie überführt, nie vor Gericht gestellt wurden? Ich konnte nicht mehr über die Schuldigen herausfinden als immerhin recht überzeugende Hinweise, Gerüchte und anekdotische Befunde. Die Beteiligung der zwei Männer, deren Namen ich nenne, ist ohne weitere, aufwendige Detektivarbeit nicht eindeutig zu beweisen. Beide sind schon lange tot. Die Namen anderer Täter werden wohl nie ans Licht kommen, es sei denn, es würde eine polizeiliche Ermittlung eingeleitet, was sehr unwahrscheinlich ist. Könnten sich weitere Zeugen melden, die mehr wissen?

Ich habe viel gelernt, nicht nur über den Mordfall und die Luftkriegsereignisse, sondern auch über mich selbst. Meine eigenen Meinungen und Perspektiven haben einen Wandel erfahren. Ich betrachte meine Wahlheimat Kanada und seine Rolle im Zweiten Weltkrieg mit anderen Augen.

In den ersten Jahren nach meiner Einwanderung habe ich manchmal etwas verächtlich die Achseln gezuckt, wenn der 11. November und die Zeit des roten Mohns bevorstanden.[154] Ich kam nach Kanada aus dem westlichen Nachkriegsdeutschland, wo jede Zurschaustellung von Trauer um Kriegsopfer – wie alle mit deutschem Militär und Patriotismus verbundenen Erinnerungen – verpönt, wenn nicht sogar verboten waren. So kamen mir die roten, von den meisten Kanadiern Anfang November routinemäßig an die Kleidung gesteckten Mohnblumen veraltet und lächerlich vor. Ich stieß mich auch an den jährlichen Gedenkfeiern und Aufmärschen von Veteranen an Kriegerdenkmälern und an den bei solchen Anlässen unvermeidlichen Reden von Politikern. „Was? Nur ganze 42 000 kanadische Soldaten sind im Zweiten Weltkrieg gefallen? Das ist doch gar nichts im Vergleich mit europäischen Zahlen!" So ungefähr dachte ich damals, als ich mich noch als „Auslandsdeutscher", als deutscher Einwanderer und noch nicht als Kanadier deutschen Ursprungs fühlte.

Es stimmt allerdings, dass auch die Alliierten – Kanadier nicht ausgenommen – Tausende von unschuldigen Opfern auf dem Gewissen haben, dass Millionen deutsche Kriegsgefangene in Ost und West größere Leiden erdulden mussten als die meisten (westlichen) alliierten Soldaten in deutscher Gefangenschaft.[155] Ein enorm hoher Prozentsatz unter den Deutschen hat die Entbehrungen und Qualen nicht überstanden, und wer weiß, wie viele von ihnen in Kriegsgefangenschaft erschossen oder anderweitig hingerichtet worden sind? Trotzdem sollte man nicht mit Zahlenvergleichen spielen, wenn es darum geht, die menschliche Agonie zu verstehen, die sowieso unermesslich ist.

Die durch systematisch überspitzte Propaganda hervorgerufene Kriegsmentalität sowie die Eskalation der Rache und Vergeltung nach immer höher werdenden Verlusten von Familienangehörigen – Soldaten im Felde und Bombenopfern zuhause – führte auf allen Seiten zu einer entmenschlichenden „Willigkeit". Die alttestamentarische Forderung „Auge um Auge, Zahn um Zahn" wurde zur treibenden Kraft in Deutschland wie auch in den alliierten Ländern. Deutsche wurden willig, illegale, skrupellose Handlungen zu dulden, gutzuheißen und an ihnen mitzuwirken, von Luftangriffen gegen englische Städte bis zur Judenvernichtung in Gaskammern. Briten und ihre Commonwealth-Alliierten wurden willig zu befürworten und zu unterstützen, was sie als Gerechtigkeit empfanden: die Entfachung von Feuerstürmen in deutschen Bevölkerungszentren. Japaner wurden willig, Kriegsgefangene zu foltern, und Amerikaner wurden willig, die Anwendung von Atombomben gegen zwei japanische Städte zu akzeptieren. In Frankenberg wurde eine kleine Gruppe unbedeutender Nazifunktionäre willig, einen jungen kanadischen Flieger mit Holzknüppeln zu erschlagen. Daniel Jonah Goldhagen schreibt von der Willigkeit der „ganz gewöhnlichen Deutschen".[156] Solche „willige Vollstreckung" war und ist aber keineswegs auf Deutsche beschränkt oder typisch für Deutsche, wie Goldhagen unterstellt. Man findet ihr Gegenstück überall in Kriegszeiten und propagandistisch aufgeputschten Konfliktsituationen. Auch heute noch. Auch heute wieder.

Außer dem Genozid (Verbrechen gegen die Menschlichkeit) sind alle Kriegsverbrechen wenn auch nicht quantitativ, zumindest dem Wesen nach vergleichbar. Alle sind abscheulich. Alle sind verständlich im Kontext ihrer Zeit. Die Ergebnisse waren dieselben: die gewaltsame, grausame Tötung von Menschen. Vielleicht haben viele Kanadier – wenn sie überhaupt etwas von Kanadas Beteiligung am Bombenkrieg wissen bzw. darüber nachdenken – dieselben Gefühle, die im folgenden Zitat zum Ausdruck kommen:

> Die strategische Bomberoffensive war eine der strittigsten Aktionen des Zweiten Weltkriegs. Es ist heute schwierig, sich vorzustellen, welche Gründe es gab, dass Tausende von Zivilisten – Frauen und Kinder – sterben mussten, aber um die Situation von 1944 zu verstehen, muss man die Zeit verstehen, in der diese Entscheidung getroffen wurde ... die Schreckenstaten, die Adolf Hitler an den Völkern Europas verübt hatte, die Massenmorde, die Vernichtung von Millionen entzogen sich dem Auffassungsvermögen normaler Menschen ... zwischen 1939 und 1943 stand Hitler kurz davor, den Krieg zu gewinnen ... Verzweifelte Situationen fordern verzweifelte Maßnahmen, und die Geburt von Bomber Command kam, als uns die Niederlage drohte. Brutalität ist Bestandteil des Krieges, und wenn man gegen den brutalsten aller Feinde kämpft, kann man keine Gnade walten lassen ... Im Krieg gibt es keine Sittlichkeit.[157]

In diesem Buch versuche ich zu dokumentieren, dass die Alliierten – einschließlich Kanadier – durch bewusste, gnadenlose Bombardierung großstädtischer Wohngebiete viele Tausende von Männern, Frauen und Kindern umgebracht haben. Sowjetische Truppen haben in den von ihnen Anfang 1945 besetzten deutschen Gebieten, aber auch in Ostpolen, das sie 1939 überrannten, grausige Spuren von Blut und Schrecken hinterlassen. Auch Polen, Tschechen und Jugoslawen haben bei Kriegsende und danach an ihren deutschen Minderheiten blutige Rache geübt. Summarisch lässt sich feststellen – und muss endlich betont werden –, dass auch die Alliierten und früheren Feinde Deutschlands schwere Kriegsverbrechen begangen haben. Kann und sollte man jedoch diese Schandtaten gegen den Irrsinn und die Obszönität des aus Hass und Rassismus geborenen Völkermords aufrechnen? Entschuldigt sich durch alliierte Kriegsverbrechen die blutige Orgie der genozidalen Massenvernichtung von Juden und Zigeunern, die höllische Geißel, die von Deutschlands kriminellem Regime befohlen und geführt, von gehorsamen Dienern geschwungen wurde?

Wir sollten bei dem Gedanken schaudern, in welcher Art von Welt wir heute leben würden, hätte das nationalsozialistische Deutschland den Zweiten Weltkrieg gewonnen. Zwischen 1941 und 1945 sind Millionen europäischer Juden vernichtet worden. Der deutsche Sieg unter Hitler hätte zu einer Katastrophe von noch größerem Ausmaß geführt. Weitere Millionen wären enteignet, versklavt, sterilisiert und letztendlich ausgerottet worden. Hitler und seine Militärmaschine konnten nur mit Gewalt gestoppt werden. Es gab kein Verhandeln mehr. Das machte meiner Meinung nach den Zweiten Weltkrieg zum „notwendigen und gerechten Krieg" für die Alliierten.

Diese Erkenntnis darf aber heute die Bürger der damals alliierten Staaten nicht mit Stolz über die schrecklichen Vergeltungsmaßnahmen erfüllen. Die meisten Soldaten – bei Heer, Luftwaffe und Marine – in Kanada und anderen alliierten Ländern haben jeden Grund und auch das Recht, auf ihren Mut und ihre Opferbereitschaft stolz zu sein. Sie kämpften tapfer für ihre Heimat, ihren Glauben und ihre Wertvorstellungen. Doch auch sie wurden Bauern in einem tödlichen Schachspiel, das auf beiden Seiten von unnachgiebigen politischen und militärischen Führern gespielt wurde, die um jeden Preis gewinnen wollten. Die Kosten waren hoch, nicht nur an Menschenleben, sondern auch an Stolz und Ehre. Wer dazu beiträgt, Kinder bei lebendigem Leibe zu verbrennen, darf dafür keine Ehre erwarten. Auch auf den feigen Mord an einem wehrlosen jungen Kriegsgefangenen darf niemand stolz sein.

Am 13. Februar 2000 wandte sich der Herzog von Kent in einer Ansprache an die Bürger von Dresden. Anlass war die Einweihung eines großen, in England gefertigten Kreuzes für die Kuppel der wiederaufgebauten Frauenkirche. Er nannte das Kreuz „ein Symbol des Leides und der Versöhnung". Die Zeit ist gekommen zu erkennen und zu bekennen, dass Kanadier in Deutschland großes Leid verursacht haben und dass Deutsche Kanadiern großes Leid zugefügt haben. Ein solches gegenseitiges Schuldbekenntnis wäre der erste Schritt zur Versöhnung. Jean-Maurice D'Avril und die nahezu 10 000 anderen im Dienst des Bomber Command umgekommenen Kanadier[158] dürfen nicht umsonst gestorben sein. Ihre Opfer müssen uns zur Lehre gereichen. Ihr Andenken sollte uns auch daran erinnern, dass im Zweiten Weltkrieg auf beiden Seiten großes Unrecht geschah.

Das in Großbritannien gefertigte Turmkreuz der Dresdner Frauenkirche. Dieses Kreuz, eine getreue Nachbildung des zerstörten Originals, wiegt 1500 kg und ist acht Meter hoch. Seine fünf Meter hohe Kugel hat einen Durchmesser von 1,5 m. Es wurde am 13. Februar 2000 durch den Herzog von Kent als ein Geschenk des Dresden Trust an die Stiftung Frauenkirche übergeben. Vier Jahre später, nach Fertigstellung der riesigen Kuppel, wurde das Kreuz in 91 Meter Höhe aufgesetzt.

Ohne Bestätigung von Schuld, ohne Reue gibt es keine Versöhnung, keine Vergebung. In Deutschland erlebten wir – Lise und Jean Desjardins und ich – wohltuende Versöhnung auf persönlicher Ebene. Elfriede Rupprecht, eine der deutschen Augenzeuginnen des Mordes in Frankenberg, formulierte es gut in ihrem Brief, den sie mir nach unserer Unterhaltung schickte:

> Mit den brutalen Grausamkeiten des nationalsozialistischen Deutschlands wurde das ganze deutsche Volk schuldig. Und doch gab es auch damals viele Menschen hier, die diese Grausamkeiten verurteilten. Aber auch die Bomben der Flieger, die auf die Städte fielen, machten keinen Unterschied zwischen Alten, Frauen, Kindern und Soldaten. So konnten dann gewissenlose Menschen den Hass und die Wut ausnutzen und zu perversen Mitteln greifen, die jeder Humanität spotteten und Flieger, die nur glaubten, ihre Pflicht zu tun, wie Tiere erschlagen.
>
> Wenn es Ihnen möglich ist, würde ich Sie bitten, den heute noch lebenden Angehörigen des damals umgekommenen Fliegers mein aufrichtiges Bedauern auszusprechen und sie im Namen vieler ebenso Denkender um Verzeihung zu bitten.[159]

Alle Zeugen, die sich in Deutschland meldeten, sowie viele andere Deutsche, die mir bei der Suche nach Wahrheit über das Schicksal von Jean-Maurice halfen, teilen diese Meinung und sind froh, dass die Wahrheit endlich seinen Familienangehörigen offenbart werden konnte. Ich gebe aber Lise das letzte Wort. In einem Brief, den sie mir kurz vor Weihnachten 2004 in Erwartung unserer gemeinsamen Reise nach Deutschland zusandte, schrieb sie:

> Ich stehe kurz davor, eine sehr wichtige Entdeckung zu machen: die Wahrheit über die letzten Episoden im Leben meines Bruders zu erfahren ... Ich kann kaum erwarten, Ihr Buch zu lesen, durch das unsere Familiengeschichte vollständiger werden soll. Meine Eltern haben den Krieg immer gehasst: All diese gefallenen Söhne und Väter, all diese Familien, die man ihrer Menschlichkeit beraubt. Ich kann den Krieg nicht ausstehen.
>
> Ich möchte jenen Deutschen meinen Dank aussprechen, die Augenzeugen dieses Geschehens waren und sich bereit erklärt haben, durch ihre Mitwirkung zur Aufklärung dieser wahren Geschichte beizutragen. Ich danke auch dem letzten überlebenden Kriegskameraden meines Bruders für seinen Beitrag. Und schließlich danke ich Ihnen, dass Sie mir Gelegenheit gaben, endlich die Wahrheit zu erfahren.
>
> Lise Desjardins geb. D'Avril, im Dezember 2004

Nachtrag:
„Ich habe mich oft gewundert ..."

Etwa zwei Monate nachdem mein Buch im Oktober 2005 in Kanada erschienen war, erhielt ich einen unerwarteten Anruf.

Frau Ilse Burosch geb. Geßner wohnt seit 1954 in Kanada. Als ich erstmalig mit ihr sprach, war sie 84 Jahre alt. Sie wurde 1921 in Frankenberg geboren. Durch einen Bekannten und früheren Nachbarn hörte sie von meinem Buch. Dieser Mann – David Montgomery – hatte in einer Zeitschrift eine Rezension des Buches gelesen. Ihm kam die Geschichte irgendwie bekannt vor, da Frau Burosch ihm vor langer Zeit vom Mord eines Kanadiers in ihrer Heimatstadt erzählt hatte, als sie und ihr Mann noch in Oakville bei Toronto wohnten. Sie war aufgeregt, als wir das erste Mal miteinander sprachen.

Im Jahre 1943 ist Ilse Geßner als Luftwaffenhelferin eingezogen worden. Ihre erste Ausbildung erhielt sie auf dem Fliegerhorst Erfurt-Bindersleben. Danach diente sie als Stabshelferin in Belgrad, bis sich die deutschen Truppen 1944 aus Jugoslawien zurückziehen mussten. Nun wurde sie zu einem Rechnungsführerlehrgang nach Dresden geschickt und anschließend zum Fliegerhorst Oschatz (knapp 50 km nördlich von Frankenberg). In der dortigen Luftkriegsschule LKS 3 lag eine Fahnenjunkerkompanie, in der 16-jährige Offiziersanwärter auf ihre weitere Ausbildung in der „Vorfliegerschule" vorbereitet wurden.[160]

Anfang März 1945 rief ihre aus Schellenberg im Erzgebirge stammende Freundin und Kollegin Erna Hiemann sie an: „Du bist doch aus Frankenberg. Wir mussten soeben zwei Luftwaffesoldaten mit der Bahn nach Frankenberg schicken, um einen kanadischen Kriegsgefangenen abzuholen, der mit dem Fallschirm aus einem Bomber abgesprungen ist. Er ist dort bei einer Heereseinheit, soll aber hierher zum Fliegerhorst überführt werden."

Auf dem Fliegerhorst Oschatz arbeiteten bereits mehrere Kriegsgefangene. Ilse Burosch meint, es sei vielleicht häufig vorgekommen, dass alliierte Flieger vorrangig deutschen Luftwaffeeinheiten übergeben wurden. Oschatz war der Frankenberg am nächsten liegende Luftwaffenstandort. Allerdings bleibt die Frage, warum die im Erzgebirge festgenommenen kanadischen Flieger nicht auch für Oschatz bestimmt waren, sondern für das Stalag VII in Moosburg. Joe Parent, John Gendron und seine Kameraden berichten zwar, dass sie unterwegs zeitweise auf einem deutschen Luftwaffe-Fliegerhorst waren, wo sie „kameradschaftlich" behandelt wurden. Warum aber sollte

Ilse Burosch geb. Geßner bei der Luftwaffe in Belgrad/ Jugoslawien, 1943/44

Rechte Seite: Ihr Vater, Max Geßner, als Polizeileiter 1945/46 auf dem Frankenberger Markt

Jean-Maurice D'Avril, der als Einziger der beiden Besatzungen in Frankenberg landete, nach Oschatz kommen? Vielleicht bestand zwischen der Garnison in Frankenberg und der in Oschatz eine Verbindung, anders als von Marienberg her.

Nachmittags rief Erna Hiemann wieder bei Ilse Geßner an und sagte ganz bestürzt: „Denke nur, die deutschen Soldaten haben von Frankenberg aus angerufen und gemeldet, sie müssten ohne den kanadischen Gefangenen nach Oschatz zurückfahren, weil man ihn soeben auf dem Weg von der Kaserne zum Bahnhof totgeschlagen hat." Daraus könnte man entnehmen, dass sich die Luftwaffesoldaten aus Oschatz wahrscheinlich zu einer bestimmten Zeit am Bahnhof mit dem kanadischen Gefangenen und seinem Begleiter treffen sollten, und dass sie Jean-Maurice per Bahn nach Oschatz gebracht hätten, wäre er nicht überfallen worden.

Ilse Burosch sagt, sie und ihre Freundin seien erschüttert gewesen, als sie von dem Lynchmord erfuhren. (Erna Hiemann wohnte später in Argentinien, wo sie 2005 starb.)

Kurz nach diesem Ereignis kam Ilse Geßner mit der Fahnenjunkerkompanie an die Ostfront, wo die jungen Offiziersanwärter helfen sollten, den Vormarsch der Roten Armee auf Berlin aufzuhalten. In den letzten Wochen des Krieges begrüßten die noch Lebenden den Vorschlag eines bayrischen

Hauptmanns: „Versucht, nach Hause zu kommen!“ Auf abenteuerlichen Umwegen gelang es Ilse Geßner, sich nach Frankenberg durchzuschlagen, wo sie etwa 2 bis 3 Wochen vor Kriegsende eintraf. Wie ich erinnert auch sie sich, auf dem Markt amerikanische Soldaten gesehen zu haben, die dann die Stadt „den Russen“ übergaben.

Es war schon ein unglaublicher Zufall, dass sich eine seit 50 Jahren in Kanada wohnende Frau – wenn auch nur durch Hörensagen – an den Mord in Frankenberg erinnern konnte. Es kam aber noch besser.

Ihr Vater Max Geßner (geb. 1891, gest. 1973) war im Ersten Weltkrieg Soldat. Dann trat er als Gewerkschaftsaktivist der Kommunistischen Partei Deutschlands (KPD) bei. Nach der Machtübernahme durch die NSDAP wurde er im Konzentrationslager Sachsenburg sowie in mehreren Gefängnissen in Dresden inhaftiert, bevor ihm erlaubt wurde, nach Hause zurückzukehren und wieder zu arbeiten. Bis Kriegsende war er als Tischler in der großen Frankenberger Bettenfabrik Steiner beschäftigt. Sobald Einheiten der Roten Armee die Stadt besetzten, wurde Max Geßner zum Polizeileiter von Frankenberg ernannt. Er konnte zwar keine polizeilichen Erfahrungen aufweisen, galt aber als „politisch zuverlässig“. Damals besetzten die sowjetischen Militärkommandanturen in ihrer Zone viele von Nationalsozialisten bekleidete oder offen stehende Posten mit ehemaligen Kommunisten oder Sozialdemokraten. Max Geßner blieb zwei Jahre lang Polizeichef und kehrte dann zum Tischlerhandwerk zurück.

Eine der ersten Aufgaben Max Geßners war es, die Leiche des ermordeten „unbekannten kanadischen Fliegers“ exhumieren und auf dem Frankenberger Stadtfriedhof umbetten zu lassen. Man hatte die Leiche – einfach in einen Sack gehüllt – an einer Stelle „in Nähe der Friedhofsmauer“ gefunden, wo Tote ohne Grab beerdigt wurden, die keine Angehörigen hatten bzw. mittellos gestorben waren. Der neue Polizeichef verhaftete Max Florschütz. Es war nämlich „stadtbekannt“, dass er Anführer der Täter war, die den Kanadier erschlagen hatten.

Heute kann sich Ilse Burosch an keine anderen Namen im Zusammenhang mit dem Mord erinnern, meint aber, es seien damals vier Männer beschuldigt worden. Sie entsinnt sich zwar an den Namen Hunger, aber an keine weiteren Einzelheiten. Sie sagt, Max Florschütz wurde gezwungen, bei der Exhumierung und Umbettung anwesend zu sein. Darauf übergab ihr Vater ihn den sowjetischen Truppen, die ihn „abführten“. Von einem etwaigen Prozess gegen Florschütz weiß sie nichts, und sie meint, er wäre damals einfach „verschwunden“.

Ich muss hier kurz zurückschalten. Am 17. August 2004 schrieb ich an die Deutsche Dienststelle (früher Wehrmachtsauskunftstelle – WASt) in Berlin und fragte u. a., ob dort irgendwelche Informationen über Max Florschütz vorliegen. Obwohl Florschütz nie Wehrmachtsangehöriger, sondern örtlich prominentes NSDAP-Mitglied („Alter Kämpfer“) und SA-Führer war, hoffte ich, vielleicht trotzdem etwas über ihn zu erfahren. Die Antwort kam elf Monate später, am 19. Juli 2005, als mein kanadisches Buch bereits im Druck war. Nach kurzer Entschuldigung über die „lange Verzögerung“ teilte mir Sachbearbeiter Wöllmann unter Geschäftszeichen VII/127 mit, dass Max Florschütz am 27. November 1949 (einen Tag vor seinem 61. Geburtstag) im Heimkehrerlager Gronenfelde „aus russischer Kriegsgefangenschaft“ entlassen wurde.

So erfuhr ich, dass Max Florschütz etwa viereinhalb Jahre lang inhaftiert war. Weitere Auskünfte über eine etwaige Verurteilung oder den Grund seiner Gefangenschaft waren nicht zu finden. Da Wachtmeister Max Florschütz schon am 10. Mai 1945 von der Frankenberger Feuerwehr „abgemeldet“ wurde, ist anzunehmen, dass er sich bei Kriegsende zunächst in Frankenberg befand. Die Meldung der Deutschen Dienststelle bestätigte nun auch, was die Augenzeugin Frau Bodenschatz berichtet hatte, nämlich, dass Florschütz einige Jahre nach dem Krieg „plötzlich“ wieder in Frankenberg auftauchte. Die Erinnerung von Ilse Burosch, dass Florschütz von ihrem Vater an die Sowjets übergeben wurde, kam als weitere Bekräftigung der mutmaßlichen Schuld dieses Mannes. Vielleicht würden alle bisherigen Befunde vor

Gericht immer noch nicht ausreichen, um Max Florschütz „post mortem" wegen Mord zu verurteilen. Zwar scheint es viele Indizien für seine Schuld zu geben, aber es dürfte nach so vielen Jahren unmöglich sein, die überzeugende „rauchende Pistole" zu finden.

Ilse Burosch weiß, dass Florschütz auf einer Liste ehemaliger Nazi-Funktionäre stand. Ebenfalls auf dieser Liste war ein gewisser Schirmer, der einen Posten im Frankenberger Elektrizitätswerk bekleidet hatte. Es hieß, Schirmer und andere hätten in der Kristallnacht am 9./10. November 1938 die Fensterscheiben jüdischer Geschäfte in Frankenberg eingeschlagen. Eine der betroffenen Familien hieß Schocken.

Ilse Geßner selbst arbeitete eine Weile als Schreibkraft und Sekretärin für die Polizei in Frankenberg, bevor sie 1949 nach Westdeutschland zog. In Westfalen lernte sie ihren Mann, einen Oberschlesier, kennen. Nachdem ihr Sohn Leo geboren wurde, wanderte die Familie nach Kanada aus.

Als Witwe wohnt Ilse Burosch schon seit einigen Jahren bei ihrem Sohn in dem kleinen Ort Roslin unweit Belleville (Ontario). Ich besuchte sie dort und freute mich festzustellen, dass sie nach so vielen Jahren immer noch mit sächsischem Tonfall Deutsch spricht.

„Ich habe mich oft gewundert, warum die kanadischen Behörden nie etwas unternommen haben, um diesen Mord aufzuklären." Ich konnte ihr nur sagen: „Ich mich auch".

Dank

Diese deutsche Ausgabe ist keine schlichte Übersetzung, sondern eine Bearbeitung des im Herbst 2005 in Kanada erschienenen Buches. Sie enthält sachliche Ergänzungen, die bei Redaktionsschluss der englischsprachigen Ausgabe nicht zur Verfügung standen, sowie Erklärungen über kanadische Zusammenhänge, die in der kanadischen Ausgabe unnötig waren. Andererseits habe ich Erläuterungen weggelassen, die ich für deutsche Leser als unnötig empfand. In manchen Fällen konnte ich Textstellen hinzufügen, die im kanadischen Buch aus verschiedenen Gründen heraus redigiert worden waren. Für Änderungen und Anpassungen sowie für allgemeine redaktionelle Hilfestellung bin ich dem Sax-Verlag und insbesondere Lutz Heydick zu großem Dank verpflichtet.

Auch in dieser Ausgabe möchte ich folgenden Personen in Kanada meinen Dank aussprechen: Dr. Steve Harris, Leiter des Archivs des kanadischen Verteidigungsministeriums; Gregg McCooey in der Abteilung für militärische Personalakten im kanadischen Bundesarchiv (Library and Archives Canada); Johanne Neville (Commonwealth War Graves Commission in Ottawa); Richard Koval in Sioux Lookout (Ontario); Colonel J.A.P Bourdage in Quebec City; Alain D'Avril und Fernand Lessard in Montreal; Jim Watt in Orillia (Ontario); Bill Tytula und seinen Mitarbeitern im RCAF-Museum Trenton (Ontario); zahlreichen RCAF-Veteranen (Bomber Command) einschließlich Harry Denison, Jack Dougherty, John Gendron, Bill Mitchell, Bruce Gill, Glenn Matthews, Bill Mosey, Frank Mudry, Joe Parent und seinem Sohn Tony sowie Marjorie Lamontagne (der Witwe von Leo Lamontagne) und Joy Loveridge (Witwe von Doug Loveridge). Lise Desjardins und Familie ermöglichten die Fortsetzung der Story; ihre Anerkennung hat meinem Herzen gut getan. Großer Dank gebührt Ilse Burosch geb. Geßner in Roslin (Ontario) für „nachträgliche Erleuchtung". Meine fünf Kinder (Ingo, Dieter, Alexander, Duncan und Stephanie) haben alle großes Interesse an dem Vorhaben gezeigt und mir mit Inspiration, Enthusiasmus und konstruktiver Kritik geholfen. Ich danke dir, Elizabeth, dass du mir trotz Entbehrungen von Anfang bis Ende Mut und Kraft gegeben hast.

In Großbritannien haben mir ganz besonders Emily Bird, Carol Gamble und Alan Wells geholfen. Ohne das monumentale Werk von W.R. Chorley wäre das Rätsel ungelöst geblieben.

Ich hatte großes Glück, in Deutschland ein sehr effektives Unterstützungs-Netzwerk zu finden. Fritz Neidhardt spielte eine Schüsselrolle als mein Recherchist und Assistent. Zudem gewährten mir Fritz und Irmgard während meiner drei Sachsenaufenthalte großzügig Unterkunft, Verpflegung und Komfort. Ohne Hilfe von Marion Rau, Leiterin des Stadtarchivs Frankenberg, und ihrer Mitarbeiterin Frau Juntke wäre „nichts heraus gekommen“. Ich danke den Augenzeugen am Lynchmord in Frankenberg: Anni Bodenschatz, Lieselotte Braune, Ulrich Köhler und Elfriede Rupprecht sowie Dr. Ewald Kuschka, der sich auch an die Untat erinnert.

Sehr dankbar bin ich Andreas Luksch und Mitarbeitern bei der „Freien Presse“ in Mittweida, Ulrich Koch in Berlin, der den ersten Stein ins Rollen brachte, dem verstorbenen Dr. Manfred Ahnert, Eberhard Hübsch und Dieter Miedtank für ihre frühen Erkundungen. Herzlichen Dank den Erzgebirglern Herbert Berger, Lothar Ficker, Eberhard Gerlach, Achim Hartmann, Manfred Heeg, Egon Lötzsch, Kurt Melzer, Hermann Pährisch, Kurt Scheffler und Gottfried Wolff. Weitere Marksteine auf dem Weg zur Aufklärung nach 60 Jahren setzten Uwe Fiedler (Direktor des Schlossbergmuseums in Chemnitz), Wolfgang Hammer in Sachsenburg, Willi Wachholz in Schwerte und der verstorbene Werner Kick in Sangerhausen.

Folgenden Personen danke ich für ihr Verständnis meiner Bemühungen um Versöhnung zwischen einstigen Feindnationen: Günter Assmann in Freiberg, Elke Beer (Leiterin der Stadtbibliothek Chemnitz), Erwin Brandt in Frankenberg, Claus-Dieter Härtel in Chemnitz-Harthau, Addi Jacobi in Chemnitz, Dietmar Palm und anderen Mitgliedern des Heimatvereins Frankenberg, Günter Rupprecht in Sachsenburg, Günter Schwab in Oberweidbach, Ursula Stopp in Ehrenfriedersdorf, Nils Werner und Crew vom MDR TV in Dresden. Für ihre wohltuende Präsenz bei der Kranzniederlegung in Berlin danke ich Father (Major) Z. Gracjan Burkiciak sowie folgenden Diplomaten der kanadischen Botschaft: Militärattaché Kapitän Stuart Andrews, Botschaftsrat I Chris Greenshields und Attaché Thilo Lenz.

Anhang I
Abkürzungen

Amis	US-Soldaten
B/A	Bomb airmer [Bombenschütze]
BDM	Bund Deutscher Mädel
CBC	Canadian Broadcasting Corporation [die öffentliche Rundfunkgesellschaft Kanadas]
CVJM	Christlicher Verein Junger Männer
C.V.S.M.	Canadian Volunteer Service Medal [Auszeichnung für Freiwillige]
CWGC	Commonwealth War Graves Commission [Kriegsgräberkommission des Commonwealth]
DDR	Deutsche Demokratische Republik
DFC	Distinguished Flying Cross [Auszeichnung für besondere Verdienste als Flieger]
DND	Department of National Defence [das kanadische Verteidigungsministerium]
FFAF	Free French Air Force [Luftwaffe Freies Frankreich]
F/Lt	Flight lieutenant [Oberleutnant der Luftwaffe]
F/O	Flying officer [Leutnant der Luftwaffe]
F/S oder F/Sgt.	Flight sergeant [Feldwebel der Luftwaffe]
GBA	Generalbevollmächtigter für den Arbeitseinsatz
Gestapo	Geheime Staatspolizei
H2S	Radarsystem im Bomber Command
HJ	Hitlerjugend
JV	Jungvolk
KPD	Kommunistische Partei Deutschlands
KZ	Konzentrationslager
LBA	Lehrerbildungsanstalt (in Frankenberg)
M/U/G	Mid-upper gunner [Turmschütze]
NAC	Library and Archives Canada [Bundesbibliothek und Bundesarchiv]
Nazi	Nationalsozialist/nationalsozialistisch
NSDAP	Nationalsozialistische Deutsche Arbeiterpartei
NSKK	Nationalsozialistisches Kraftfahrerkorps
NSV	Nationalsozialistische Volkswohlfahrt
PFF	Pathfinder Force [Pfadfinderflugzeuge]

P/O	Pilot officer [Unterleutnant]
Q Queen	der Halifax-Bomber Halifax III PN-173, coded KW-Q
POW	Prisoner of War [Kriegsgefangener]
RAAF	Royal Australian Air Force [Australische Luftwaffe]
RAF	Royal Air Force [Britische Luftwaffe]
RCAF	Royal Canadian Air Force [Kanadische Luftwaffe]
RG	im kanadischen Bundesarchiv verwendete Klassifizierung
R/G	Rear gunner [Heckschütze]
RNZAF	Royal New Zealand Air Force [Luftwaffe von Neuseeland]
SA	Sturmabteilung
SD	Sicherheitsdienst der SS
SED	Sozialistische Einheitspartei Deutschlands
Sgt	Sergeant [Feldwebel]
SPD	Sozialdemokratische Partei Deutschlands
SS	Schutzstaffel
STALAG	Stammlager
USAAF	US Army Air Force [die Luftwaffe der USA]
V 1, V 2	V-Waffen (V für Vergeltung)
WAG	Wireless operator/ air gunner [Bordfunker/Bordschütze]
WASt	Wehrmachtsauskunftstelle (heute „Deutsche Dienststelle")
W/O	Wireless operator [Bordfunker]

Anhang II
Ereignisse im Zweiten Weltkrieg mit Relevanz für den Bombenkrieg

1939

28.08.	Deutschland und die Sowjetunion unterzeichnen Nichtangriffspakt.
01.09.	Deutschland greift Polen vom Westen aus an.
03.09.	Großbritannien und Frankreich erklären Deutschland den Krieg.
10.09.	Kanada erklärt Deutschland den Krieg.
17.09.	Sowjetunion greift Polen vom Osten aus an.
19.09.	Deutsche Luftwaffe führt schwere Bombenangriffe auf Warschau aus.
06.10.	Polen kapituliert.
	Hitler richtet „Friedensappell" an Großbritannien und Frankreich.
Sept.	(bis Mai 1940) „Sitzkrieg" an der Westfront.

1940

09.04.	Deutsche Truppen besetzen Dänemark und Norwegen.
10.05.	Deutschland greift Frankreich an, besetzt die Niederlande, Belgien und Luxemburg. Winston Churchill wird Prime Minister.
	Britische Bomber greifen militärische Ziele in Deutschland an, wobei auch mehrere Zivilisten getötet werden.
	Die deutsche Luftwaffe greift versehentlich Freiburg i. Br. an, wobei 57 Zivilisten getötet werden. Hitler beschuldigt die Briten (erstmalige Verwendung des Wortes „Terrorangriff").
10.06.	Kriegseintritt Italiens auf deutscher Seite.
Juni	Mehrere britische Bombenangriffe auf Hamburg, Köln, Bremen, Mannheim usw.
22.06.	Waffenstillstand in Frankreich.
10.07.	Deutsche Luftwaffe beginnt Bombenangriffe auf Großbritannien.
19.07.	Churchill lehnt Hitlers „Friedensappell" ab.
01.08.	Hitler befiehlt den intensiven Luftkrieg.
13.08	*Eagle Day*: 2355 deutsche Flugzeuge greifen Ziele in England an. *Battle of Britain* beginnt.
23.08.	Erster Bombenangriff der deutschen Luftwaffe auf London.
25.08.	(bis 4. Sept.) Fünf britische Vergeltungsangriffe auf Berlin.

04.09. Hitler verspricht, britische Städte „auszuradieren".
Sept. Beim „London Blitz" werden 5 300 t Sprengbomben und 7 429 Brandbombenkanister auf die Stadt abgeworfen.
14./15. November: 449 deutsche Bomber greifen Coventry an; 554 Zivilisten getötet. Goebbels prägt das Wort *coventrieren*: eine Stadt durch Bombenangriffe vernichten.

1941

12.03. Erster Bombenangriff auf Deutschland mit viermotorigen Bombern (Halifax) – Hamburg.
10./11. Mai: Deutsche Luftwaffe greift London mit 500 Bombern an; 1 212 Zivilisten getötet.
22.06. Hitler greift die Sowjetunion mit einer Armee von 3 Mio. Soldaten an. Damit endet für Großbritannien die Gefahr einer deutschen Invasion. Von August 1940 bis Oktober 1941 verliert die deutsche Luftwaffe im *Battle of Britain* 2 402 Flugzeuge, zumeist mit Besatzungen; 41 294 britische Zivilisten getötet.
Juni bis November: *Bomber Command* fliegt relativ unwirksame Angriffe gegen deutsche Städte wie Berlin, Duisburg, Düsseldorf, Hannover, Hamburg, Hamburg, Köln, Mannheim usw. Die Verluste an Bomber Command-Besatzungen sind höher als Verluste unter der deutschen Zivilbevölkerung.
11.12. Deutschland erklärt den USA den Krieg.

1942

14.02. Britische Führung befiehlt konzentrierte Angriffe durch *Bomber Command* auf deutsche Städte „mit Schwerpunkt auf die Moral der feindlichen Zivilbevölkerung und insbesondere der Industriearbeiter ... Zielpunkte sollen bebaute Flächen sein und nicht z. B. Hafenanlagen oder Flugzeugwerke".[161]
22.02. Air Vice Marshal Arthur T. Harris übernimmt die Führung von *Bomber Command*.
28./29. März: Erste flächenmäßige Bombardierung durch *Bomber Command*: Lübeck wird mit 234 Flugzeugen angegriffen. Zwölf Bomber gehen verloren; 320 Zivilisten getötet, 39 000 ausgebombt.
23.04. (bis 27. April) Angriff auf Rostock mit 521 Bombern in vier aufeinander folgenden Nächten; 40 % der historischen Altstadt zerstört.

30./31. Mai *Operation Millennium*: Kölns Innenstadt wird mit 1 000 Bombern angegriffen, die 1 455 t Spreng- und Brandbomben abwerfen.

24.06. (bis 30. Juni) *Operation Gomorrha*: Im bis dahin schwersten Bombenangriff gegen eine Stadt werfen 2 353 schwere Bomber 9000 t Spreng- und Brandbomben auf Hamburg ab; 30 500 Zivilisten getötet. Insgesamt kommen in Hamburg 55 000 Zivilisten durch Bombenangriffe ums Leben.

1943

21.01. Auf der Konferenz in Casablanca wird die „Kombinierte Bomber-Offensive" gegen Deutschland beschlossen.

31.01. (bis 2. Febr.) Die Reste der deutschen 6. Armee kapitulieren in Stalingrad.

30./31. März: 795 Flugzeuge werfen 2 460 t Bomben auf Nürnberg ab. 106 alliierte Flugzeuge gehen verloren und 71 werden schwer beschädigt. Unter den 545 getöteten alliierten Fliegern sind 112 Kanadier.

10.06. Erste Angriffe der US Army Air Force auf Ziele in Deutschland.

29.09. Italien ergibt sich den Alliierten.

08.10. (bis 14. Okt.) *Black Week* für die US Army Air Force, die 148 Bomber, meist Boeing B 17s („Fliegende Festungen") verliert.

1944

12.05. Schwacher Angriff auf Chemnitz richtet geringen Schaden an. Weitere Angriffe auf Merseburg, Böhlen, Zwickau, Gera, Zeitz und Hof.

06.06. *D-Day*: Alliierte Invasion in der Normandie.

12./13. Juni: Erste deutsche Raketenbomben „Vergeltungswaffe V-1" gegen London gerichtet.

29.06. Erster größerer Bombenangriff auf Chemnitz.

20.07. Verfehltes Attentat auf Hitler durch deutsche Widerstandsbewegung.

Juli / August: Das *British Joint Intelligence Committee* prägt den Codenamen *Thunderclap* für einen geplanten massiven Angriff auf Berlin, der bis zu 275 000 zivile Opfer fordern soll.

08.09. Erste „V-2"-Raketenbomben auf England.

11.09. Chemnitz wird erneut angegriffen; 110 Zivilisten getötet.

1945

16.01. *Bomber Command* greift mit 371 Bombern Magdeburg an.
16 000 Tote, 190 000 ausgebombt.
[Außer den wenigen hier angegebenen Beispielen werden 1944 und in den ersten vier Monaten 1945 nahezu alle deutschen Städte von Bomben zerstört bzw. schwer beschädigt.]

27.01. Harris erhält Befehl, *Operation Thunderclap* nicht gegen Berlin, sondern gegen mitteldeutsche Großstädte zu richten.

06.02. Angriff auf Chemnitz fordert 454 Todesopfer.

13.02. bis 14. Februar: Allierte Großaktion gegen Dresden.
Bomber Command mit 797 Lancaster- und 9 Mosquito-Bombern und US Army Air Force mit 311 „Fliegenden Festungen" werfen 2 249 t Spreng- und Brandbomben auf die historische Innenstadt ab.
Schätzungsweise 40 000 Tote, 250 000 ausgebombt.

14./15. Februar: Angriff auf Chemnitz durch *Bomber Command* (mit 717 Bombern) und US Army Air Force (mit ca. 150 Bombern); 342 Tote. Die beteiligten kanadischen Bomber werfen ca. 200 000 kg Brandbomben und ca. 150 000 kg Sprengbomben ab.

15./16. Februar: *Bomber Command* greift Dresden mit 244 Bombern an.

02.03. US Army Air Force greift Dresden erneut an;
dabei wird ein Lazarettschiff versenkt.

02./03. März: US Army Air Force greift Chemnitz an; 570 Zivilisten getötet.

05./06. März: Großangriff auf Chemnitz durch *Bomber Command* (760 Flugzeuge einschl. 198 kanadische) und die US Army Air Force; 2 105 Zivilisten getötet. 90 kanadische Flieger finden den Tod.

12.04. Allierter Bombenangriff auf Chemnitz mit schwächeren Kräften.

14./15. April: 512 Bomber greifen Potsdam an. 5 000 Tote, 40 000 ausgebombt.

17.04. April: 572 „Fliegende Festungen" greifen erneut Dresden an.

30.04. Adolf Hitler begeht in Berlin Selbstmord.

08.05. Bedingungslose Kapitulation Deutschlands gegenüber den westlichen Alliierten. Ende des Zweiten Weltkrieges in Europa.

Anhang III
In den letzten zehn Monaten des Zweiten Weltkrieges ermordete kanadische Flieger

1. Chronologische Auflistung von 26 kanadischen Fliegern, die in Deutschland bzw. auf besetztem Gebiet zwischen Juli 1944 und April 1945 ermordet wurden. Die Liste beruht auf der von Willi Wachholz eingestellten Website www.flieger-lynchmorde.de, die 114 Fälle mit insgesamt 314 alliierten Fliegern aufzählt.

26.7.1944 — Ermordung eines kanadischen Fliegers in Oberweier (heute Ortsteil der Stadt Gaggenau). [Quelle: Badische Neueste Nachrichten vom 30.5., 31.5. und 1.6.1991]

August 1944 (?) — Ermordung eines unbekannten kanadischen Fliegers in Klein Flöthe (im Altenröder Holz) durch Angehörige des „Heimatschutzes“. Klein Flöthe (Gem. Flöthe) gehört heute zur Samtgemeinde Oderwald im Landkreis Wolfenbüttel. [Quelle: Försterling, Reinhard u.a.: 1200 Jahre Groß Flöthe. Eine Chronik, 1988, S. 90]

Herbst 1944 — (vermutlich Sept.) Ermordung von zwei kanadischen Fliegern durch den Leiter eines Wehrertüchtigungslagers, eines Luftwaffenoffiziers, auf einem Segelflugplatz bei Gießen. [Quelle: Schreiben eines Zeitzeugen vom 5.10.2001]

Herbst 1944 — Ermordung eines unbekannten kanadischen Fliegers in Steinbach bei Gießen durch einen Lehrer mit seiner Schulklasse. [Quelle: Humphrey, Richard u.a. (Hrsg.): Der Untergang des alten Gießen, Gießen 1994, S. 47]

Herbst 1944 — Ermordung eines unbekannten alliierten Flieger (verm. ein Kanadier) auf dem Weg nach Kemel (heute zur Großgemeinde Heidenrod gehörend) durch den damaligen Ortspolizisten. [Quelle: Schreiben eines Zeitzeugen vom 11.11.2002 sowie E-Mail vom 13.11.2002]

12.9.1944 — Ermordung eines kanadischen Offiziers (Pilot der USAAF) in Bingen durch Angehörige der SA und der NS-Kreisleitung. [Quellen: Neuer Mainzer Anzeiger vom 15.6.1946 sowie Schreiben eines Zeitzeugen vom 28.11.2000; Werner, Marie-Christine: Der englische Flieger – Der Mord an Cyril William Sibley, SWF-Sendung vom 10.2.2001, Typoskript, S. 37 f.]

28.10.1944	Ermordung eines kanadischen Fliegers in Haltern (Helenenhöhe). [Quelle: Krone, Peter: Historische Dokumentation „Hingerichtetengräber“ auf dem Friedhof Wehl in Hameln, Hameln 1987, S. 77 f.]
5.11.1944	Ermordung von vier kriegsgefangenen kanadischen Fliegern in Solingen durch SA-Leute. [Quellen: Rhein-Echo vom 4.6.1947 u. Rheinische Post vom 7.6.1947; Bundesarchiv Koblenz: Akte All Prov. 8, JAG 248]
24.12.1944	Ermordung eines britischen Luftwaffenangehörigen sowie eines Offiziers der Royal Canadian Air Force in Neuss. [Quellen: Krone, Peter: Historische Dokumentation „Hingerichtetengräber“ auf dem Friedhof Wehl in Hameln, Hameln 1987, S. 73; Welfens, Hildegard: Geschichte der Stadt Neuss unter nationalsozialistischer Herrschaft (1933–1945), Schriftenreihe des Stadtarchivs Neuss, Bd. 12, Neuss 1993, S. 264; Bundesarchiv Koblenz: Akte All Prov. 8, JAG 262]
24.12.1944	Ermordung von zwei Angehörigen der Royal Air Force, des britischen Piloten Hislop und des Kanadiers Lindenboom in den heutigen Krefelder Stadtteilen Uerdingen und Stratum durch einen Wehrmachts-Unteroffizier bzw. SA-Mann. Beide Flieger gehörten zur Besatzung eines britischen Bombers. [Quelle: Hangebruch, Dieter: Die Beschuldigten sind tot – Zwei Fälle von Lynchjustiz an alliierten Fliegern bei Uerdingen 1944, zehnseitiges Typoskript]
6.1.1945	Ermordung eines kanadischen Fliegers bei Loccum durch Angehörige einer SS-Kommandostelle. [Quellen: Kriegs-Chronik der ev.-luth. Kirchengemeinde Loccum (Pfarrarchiv) von Pastor Christoph Schomerius, 1945; Droste, Konrad: Loccum. Ein Dorf – Das Kloster – Der Wald. Beiträge zu einer bemerkenswerten Ortsgeschichte, Rehburg-Loccum 1999, S. 104 f.; Bundesarchiv Koblenz: Akte All Prov. 8, JAG 351]
7.1.1945	Ermordung eines kanadischen Fliegeroffiziers durch einen Wehrmachtsangehörigen in Hanau. [Quelle: Hanauer Anzeiger vom 19.2., 10.3. und 11.3.1953]
März 1945	Ermordung des kanadischen Jagdbomberpiloten Lieutenant Georg Kienzle auf dem Fliegerhorst Deiningen bei Nördlingen durch einen Luftwaffensoldaten (Bodenpersonal). [Quelle: Schreiben eines Zeitzeugen vom 9.10.2001 (einschließlich Tagebuchaufzeichnungen)]

6.3.1945	Ermordung des kanadischen Fliegers R.B. Denison in Frankenberg/Sachsen durch Zivilisten. [Quelle: Ahnert, Manfred: Tod des abgeschossenen kanadischen Bomberpiloten, Frankenberg 2001, sechsseitiges Typoskript (Stadtarchiv Frankenberg)[162]]
8.3.1945	Ermordung eines kanadischen Fliegers in Schloßvippach bzw. eines britischen Fliegers in Vippachedelhausen durch den Landrat des Landkreises Weimar, der schon am 29.7.1944 in Ottmannshausen fünf amerikanische Flieger mit „seinen Getreuen" erschossen hatte. [Quellen: Thüringisches Hauptstaatsarchiv in Weimar: Akte Kreisrat Weimar, Nr. 1079, darin Schreiben des Bürgermeisters von Schloßvippach vom 15.3.1946; Schreiben eines heimatgeschichtlich interessierten Bürgers vom 21.1.2001, der sich auf Augenzeugen beruft]
16.3.1945	Ermordung von drei kanadischen Fliegern bei Altenau, heute Mitgliedsgemeinde der Samtgemeinde Oberharz, durch zwei Gestapo-Angehörige. [Quellen: Krone, Peter: Historische Dokumentation „Hingerichtetengräber" auf dem Friedhof Wehl in Hameln, Hameln 1987, S. 83; Schreiben der Samtgemeinde Oberharz vom 16.11.2000]
25.3.1945	Ermordung von zwei kanadischen und einem englischen Flieger im Dorstener Stadtteil Wulfen. [Quelle: Schreiben des Stadtarchivs Dorsten vom 10.11.2000[163]]
April 1945	Ermordung eines unbekannten kanadischen Fliegers in Dux, im damaligen Protektorat Böhmen und Mähren (heute: Duchcov/Tschechien). [Quelle: Schreiben eines Zeitzeugen vom 24.1.2002]
3.4.1945	Ermordung eines kanadischen Fliegers durch Gestapo-Angehörige in Hagen. [Quellen: Westfälische Rundschau, Nr. 53, Hagen, vom 18.9.1946; Krone, Peter: Historische Dokumentation „Hingerichtetengräber" auf dem Friedhof Wehl in Hameln, Hameln 1987, S. 72 f.; Sollbach, Gerhard E. (Hrsg.): Hagen – Kriegsjahre und Nachkriegszeit 1939–1948, 3. Aufl., Hagen 1995, S. 26; Blank, Ralf: Die Endphase und das Chaos. In: Hagen unterm Hakenkreuz, Hagen 1995, S. 367; Bundesarchiv Koblenz: Akte All Prov. 8, JAG 202. Justiz und NS-Verbrechen. Sammlung deutscher Strafurteile wegen national-

	sozialistischer Tötungsverbrechen 1945–1966. Bearbeitet im „Seminarium voor Strafrecht en Strafrechtspleging Van Hamel" der Universität von Amsterdam, Bd. X, Amsterdam 1973, S. 5-9]
25.4.1945	Ermordung eines unbekannten kanadischen Fliegers auf Wangerooge durch einen Angehörigen der Kriegsmarine. [Quelle: Jürgens, Hans-Jürgen: Zeugnisse aus unheilvoller Zeit. Ein Kriegstagebuch über die Ereignisse 1939–1945 im Bereich Wangerooge-Spiekeroog-Langeoog sowie die Lage im Reich und an den Fronten, 5. Aufl., Jever 1991, S. 605 und 614]

2. Zusätzlich zur oben aufgeführten Liste habe ich Hinweise auf weitere Lynchmorde an kanadischen Fliegern gefunden. Damit steigt die Gesamtzahl der zwischen Juli 1944 und April 1945 ermordeten kanadischen Flieger auf mindestens 37 und möglicherweise 44. Es ist anzunehmen, dass in dieser Zeitspanne weitere Kanadier ermordet wurden, die weder in der obigen Liste verzeichnet noch zu meiner Kenntnis gekommen sind.

11.7.1944	Ermordung von RCAF F/Lt James Dale in Ludenhausen. Er wurde vom Förster Karl Stern erschossen, der im Ersten Weltkrieg Flieger gewesen war und einen Kopfschuss erlitten hatte. Dale wurde auf dem Friedhof in Ludenhausen begraben. [Quelle: www.ludenhausen.de/chronik_st1.htm]
März 1945	Sechs RCAF-Angehörige wurden im Stalag Luft III Sagan nach einem Fluchtversuch hingerichtet (siehe S. 93-94).
6. März 1945	Ein kanadischer Flieger (möglichweise neun Kanadier) wurde auf der Humboldthöhe in Chemnitz von Unbekannten ermordet. Ich habe diese Fälle bei meinen Nachforschungen nicht ausführlich dokumentieren können. Fest steht, dass die Lancaster I PD-403 coded UL-F2 von Geschwader 576 (Pilot: RCAF Flying Officer J. Rowse) über der Stadt abstürzte und ihre siebenköpfige Besatzung (einschließlich drei anderer Kanadier) ums Leben kam. Außerdem stürzte die Lancaster III ME320 coded TC-L von Geschwader 170 (Pilot: RAF Flight Lieutenant E.R. Thornton) über Chemnitz-Harthau ab. Zwei ihrer Besatzungsmitglieder (F/O W.E. Weber und F/O W.A. Brydon) waren Kanadier.[164] Ein weiterer Kanadier, Flying Officer R.S. Goddard, war an Bord der Lancaster I PB921 coded F2-N von Geschwader 635 (Pilot: der neuseeländische

Flight Lieutenant K.A. Beattie), das ebenfalls über Chemnitz abstürzte. Damit wären aus diesen drei Flugzeugen sieben tote Kanadier identifiziert, deren Gräber nie gefunden wurden und die möglicherweise zu den neun Mordopfern zählten, die in den Personalakten genannt werden. In zwei Personalakten im kanadischen Bundesarchiv (RG-24 File 24714 – R.W. Abrams – und File 28560 – Charles James Rowse) wird darauf hingewiesen, dass mindestens ein Kanadier, vielleicht sogar neun, am 5.3.1945 in Chemnitz ermordet wurden. Einzelheiten müssten noch untersucht werden.

22. März 1945 Die folgenden drei kanadischen Flieger wurden von Volkssturmmännern ermordet, nachdem ihre Lancaster (von Geschwader 428) in der Nähe von Opladen abgeschossen wurde: Flight Lieutnant James Frederick Hadley, Flying Officer Daniel Frame und Flight Sergeant John MacKenzie. Karl Schäfer wurde im Zusammenhang mit dieser Erschießung zu 15 Jahren Gefängnis verurteilt.

Anhang IV
Bomber Command-Verluste beim Großangriff auf Chemnitz am 5./6. März 1945

Die am Angriff auf Chemnitz beteiligten Luftwaffen (im Bomber Command):

RCAF	Royal Canadian Airforce (Kanada)
RAF	Royal Air Force (Großbritannien)
RAAF	Royal Australian Air Force (Australien)
RNZAF	Royal New Zealand Air Force (Neuseeland)
FFAF	Free French Air Force (Franzosen im Exil)

POW = Kriegsgefangene

Flugzeugverluste: **40** (19 von RCAF-Geschwadern, 21 von anderen Geschwadern)

Tote:	RCAF von kanadischen Geschwadern in Gruppe Sechs	79
	RCAF von anderen Geschwadern	11
	RCAF insgesamt	90
	RAF von kanadischen Geschwadern in Gruppe Sechs	10
	RAF von anderen Geschwadern	51
	RAF insgesamt	61
	RAAF	10
	RNZAF	4
	FFAF	7
	RAAF, RNZAF, FFAF insgesamt	21
	Tote insgesamt	**172**

Kriegsgefangene (POW):

RCAF von kanadischen Geschwadern in Gruppe Sechs	26
RCAF von anderen Geschwadern	4
POW von RCAF insgesamt	30
RAF von kanadischen Geschwadern in Gruppe Sechs	2
RAF von anderen Geschwadern	14
RNZAF von anderen Geschwadern	1
POW von RAF, RNZAF insgesamt	17
POW insgesamt	**47**

Anhang V
Anmerkungen

[1] *Thunderclap* bedeutet Donnerschlag.

[2] *Directorate of History and Heritage* [DND-Archiv], File 285 F I, S. 47.

[3] Holger Hase, *Geschichte der Frankenberger Garnison – ein militärischer Abriss;* in: Tag des offenen Denkmals in Frankenberg, 2003. Landratsamt Mittweida, 2003.

[4] In diesem Buch bedeutet *Bomber Command* das Oberkommando der britischen Bomberverbände sowie diese Verbände selbst, die sich nicht nur aus RAF-Geschwadern zusammensetzten, sondern auch zahlreiche Geschwader aus den Commonwealth-Ländern Kanada, Australien, Neuseeland, Südafrika usw. enthielten. Bomber Command war Hauptträger der nächtlichen Flächenangriffe auf deutsche Städte.

[5] *Library and Archives Canada*, RG 24, vol. 9973.

[6] E-Mail-Auskunft von Karen Loofs, Senior Research Coordinator im kanadischen Justizministerium.

[7] McIntosh, *Terror in the Starboard Seat*. Don Mills 1980.

[8] Insbesondere der amerikanische Schriftsteller und Nobelpreisträger Elie Wiesel, selbst Auschwitz-Überlebender, wird vielfach als Urheber dieser Wortbedeutung genannt.

[9] Siehe Davies, *Antisemitism in Canada: History and Interpretation*. Waterloo 1992.

[10] Als Normalbestückung waren 18 Bomber vorgesehen. Als erweiterte Bestückung wurden bis zu 25 Bomber eingesetzt. Mündliche Auskunft von Dr. Steve Harris im DND-Archiv, Ottawa.

[11] Zitiert in Leslie Hannon, *Canada at War*. Toronto: McClelland & Stewart, 1968, Seite 96. Übersetzung aus dem Englischen vom Autor. Der ursprüngliche Goebbels-Ausspruch konnte nicht gefunden werden. Aber ähnlich hieß es am 1.8.1943 im *Berliner Lokalanzeiger*: „Wie kann man von Menschen Achtung vor fremden Kulturdenkmälern erwarten, die selbst keine Kultur kennen, deren Helden Gangsterkönige und betrügerische Negerboxer sind ... Das ist derselbe Schlag Menschen, der aus den USA über den Ozean herübergekommen ist, um durch Bombenterror den Ländern Mitteleuropas die Kultur zu bringen. Die Janhagel, ob weiß oder schwarz, sitzt in Roosevelts Flugzeugen ... Aus dieser Horde, vermehrt um die Elite der Zuchthäusler, rekrutiert sich die Knüppelgarde des USA-Imperialismus".

[12] J.L Granatstein und Desmond Morton, *Canada and the Two World Wars*. Toronto 2003, S. 249.

[13] Sir Arthur Harris, *Bomber Offensive*. London 1947, S. 134.

[14] *The Canadian Encyclopedia*. Edmonton 1988, S. 595. Siehe auch: Christian Zentner (Hrsg.), *Der Zweite Weltkrieg, ein Lexikon*. Wien 2003, S. 144.

[15] Siehe www.vac-acc.gc.ca/remembers (Veterans Affairs Canada: Canada Remembers).

[16] Goddard Lance, *D-Day Juno Beach. Canada's 24 Hours of Destiny.* Toronto 2004, S. 221. Siehe www.vac-acc.gc.ca/remembers (Veterans Affairs Canada: Canada Remembers).

[17] Charles Messenger, *‚Bomber' Harris and the Strategic Bombing Offensive, 1939–1945*. S. 185.

[18] Zitiert in Frederick Taylor, *Dresden, Tuesday February 13, 1945*, S. 168 und Endnoten S. 467.

[19] Ebenda, S. 186.

[20] Martin Middlebrook und Chris Everitt, *Bomber Command War Diaries, 1939–1945* (London 1985), S. 663. Robin Neillands in *The Bomber War. The Allied Air Offensive Against Nazi Germany.* New York 2003, S. 351, schreibt diesen Satz Air Marshal Sir Norman Bottomley zu, dem Deputy Chief of Air Staff, der ihn am 27. Januar 1945 Sir Arthur Harris mitgeteilt haben soll.

[21] Der 1969 erschienene, teilweise autobiographische Roman *Slaughterhouse-Five* (Schlachthof Fünf) von Kurt Vonnegut und selbst die „verwässerte" Filmversion aus dem Jahre 1972 haben weitgehend dazu beigetragen, dass die Vernichtung Dresdens international bekannt wurde.

[22] Frederick Taylor, *Dresden.* S. 373.

[23] John H. McQuiston, *Tannoy Calling* (New York 1990), S. XI.

[24] DND Directorate of History and Heritage, File 181.003 (D 792), Bomber Command Interpretations. Report K 3899: Target Chemnitz, 17 February to 15 March, 1945.

[25] Frederick Taylor, *Dresden, Tuesday February 13, 1945.* S. 337.

[26] Library and Archives Canada. Acc. No. 1996-212 Album Call Number 86/146.

[27] Frederick Taylor, *Dresden*. S. 336 ff.

[28] DND Directorate of History and Heritage, File 181.003 (D 792), Bomber Command Interpretations. Report K 3899: Target Chemnitz, 17 February to 15 March, 1945. Außerdem: DND Directorate of History and Heritage, File 181.003 (D 1770), Immediate Interpretation Report No. K. 3767, Chemnitz.

[29] Laurence Motiuk, *Thunderbirds at War*. Ottawa 1998, S. 444.

[30] David Brown, *The History of Air Warfare*. London 1976, S. 154.

[31] Im englischen Sprachgebrauch bedeutet das Wort *to lynch* (= lynchen) überwiegend das eigenmächtige Hinrichten eines mutmaßlichen Täters durch Erhängen. Es wird fast nur im geschichtlichen Zusammenhang mit dem Mord an Schwarzen durch einen weißen Mob im Süden der USA verwendet. Im Deutschen wird der Begriff „Lynchmord" und „Lynch-

justiz" im weiteren Sinne verwendet und bezieht sich auf jede ungesetzliche Hinrichtung, ob durch Erhängen, Totschlag, Erschießen oder auf sonstige Weise. Allerdings wurde das Wort in den Nürnberger Kriegsverbrecherprozessen auch im Englischen so allgemein verwendet wie im Deutschen, wenn es sich auf Morde an alliierten Fliegern bezog. Nur ein Beispiel: Verhör von Karl Kauffmann, Gauleiter von Hamburg, am 30./31.7.1946. Sitzung 190, Teil 1. Protokolle der Nürnberger Prozesse 1946, Band XX.

[32] Die von Willi Wachholz eingestellte Website www.flieger-lynchmorde.de besteht aus einer chronologischen Auflistung von 114 Fällen mit insgesamt 314 alliierten Fliegern, die zwischen Juli 1943 und Mai 1945 ermordet wurden. Die Kanadier betreffenden Fälle sind hier in Anhang III zusammengestellt.

[33] Library and Archives Canada, RG 24, vol. 28738. In der Personalakte „Stillinger, Roy Edward": Post Presumption Memorandum No. 1104/48. W.H. Denisons Wehrdienstnummer: R 271724.

[34] Quelle: Korrespondenz und Telefongespräche mit Werner Kick, Sangerhausen. Auch seine unveröffentlichten Lebenserinnerungen.

[35] Mühlbach-Hausdorf sind zwei kleine Ortsteile ca. 7 km südöstlich von Frankenberg.

[36] Rossau liegt bei Mittweida, ca. 15 km nördlich von Frankenberg.

[37] 1945 hieß der große Kasernenkomplex in Frankenberg Hindenburgkaserne. Frankenberg war im Kaiserreich, in der Weimarer Republik und im Dritten Reich eine wichtige Garnisonstadt. Im Jahre 1945 wurde die Kaserne von Einheiten der Roten Armee besetzt Später diente sie den Truppen der DDR-Volksarmee. Gedenkbroschüre von Holger Hase, *Tag des offenen Denkmals 2003 in Frankenberg. Zur Geschichte der Frankenberger Garnison.*

[38] Fax-Auskunft von der Commonwealth War Graves Commission, Ottawa-Büro, August 2004.

[39] Laurence Motiuk, *Thunderbirds at War.* S. 460.

[40] E-Mail von Glenn Matthews in Victoria (British Columbia) am 8. Juli 2004.

[41] DND Archives, 181.003 D 1136.

[42] W. Rodney, *Deadly Mission, Canadian Airmen Over Nuremberg, March 1944.* Ottawa 2001, S. 38.

[43] Christian Zentner, *Der Zweite Weltkrieg, ein Lexikon*. Wien 2003, S. 404.

[44] Kenneth Blyth. *Cradle Crew. Royal Canadian Air Force World War II.* Manhattan, Kansas 1997, S. 104-105.

[45] Directorate of History and Heritage, File 181.003 (D 792), Bomber Command Interpretations, Report K 3899, Target Chemnitz, 17 February to 15 March 1945.

[46] E-Mail-Mitteilung von Günther Schwab, Oberweidbach.

[47] Library and Archives Canada, RG 24, vol. 27873, file J. Kastner, J-94419.

[48] Library and Archives Canada, RG 24, vol. 28555, file R.D. Ross, J-8165.

[49] Library and Archives Canada, RG 24, vol. 25025, file A. Cash, J-38805. RCAF Casualty Enquiry No. G (P 430150-45).

[50] Library and Archives Canada, RG 24, vol. 28555, file R.D. Ross, J-8165.

[51] *Bomben auf Chemnitz*. Chemnitz: Schlossbergmuseum, 1995.

[52] Aus dem Tagebuch des Autors und seinen kurz nach dem Krieg aufgezeichneten Erinnerungen.

[53] Vergleichsweise forderte ein massiver Angriff auf Darmstadt am 12. September 1944 fast 9000 Tote, und nach dem Angriff auf das kleine Heilbronn am 4. Dezember 1944 zählte man 5 092 Todesopfer. Wolfgang Bönitz, S. 75.

[54] Elfriede Adamietz, in Karin Fahnert, *Chemnitzer Erinnerungen 1945. Bürger schreiben für Bürger.* Chemnitz 1996, S. 11-12.

[55] Chemnitzer Zeitung, 19. Januar bis 6. Mai 1945; Band 48, auf Mikrofilm im Stadtarchiv Chemnitz.

[56] „Sie sind gestorben wie die Fliegen“ (TK). Freie Presse, 6. März 1995.

[57] Aus dem Tagebuch der Irene Pornitz geb. Vogel, vom 6. Februar bis 9. März 1945 (Familienarchiv Pornitz/Vogel). Zitiert in Gert Richter, *Chemnitzer Erinnerungen 1945.* S. 153-155.

[58] Das Tageblatt für Frankenberg und Hainichen, Nr. 56, 104. Jahrgang, Mittwoch, 7. März 1945.

[59] Nach General Erich Ludendorff genannt, der 1923 am Hitlerputsch teilnahm und sich 1925 von den Nationalsozialisten als Kandidat für das Reichskanzleramt aufstellen ließ. Sofort nach dem Zweiten Weltkrieg wurde die Straße in Seminarstraße umbenannt. Während der DDR-Zeit hieß sie Ernst-Thälmann-Straße nach dem 1944 in Buchenwald ermordeten KPD-Parteivorsitzenden. Heute heißt sie wieder Badstraße wie schon vor dem Dritten Reich.

[60] Rat der Stadt Frankenberg, Abteilung Bauamt, Sachgebiet Friedhof, Aktenzeichen 715/00, Aktentitel: Friedhofsanlagen. Bd. I, vom 4.5.1939 bis 17.1.1946. Archivzugangsnummer 1430.

[61] Reichsminister des Innern und des Generalbevollmächtigten für den Arbeitseinsatz (GBA): I 335/44 - 5360 c - Abs. 3.

[62] Protokolle der Stadtverwaltung Frankenbergs, Protokoll 43, 1945.

[63] Protokolle der Stadtverwaltung Frankenbergs, Blatt 240, 1945. Laut Stempel ging das Schreiben von Dr. Wolff am 17.9.1945 ein.
Der am 22.9. gefasste Beschluss lautete: zur Beratung auf der Ratssitzung.

[64] Seit mindestens Februar 1942 bestand in Frankenberg ein „Ostarbeiterlager“, das später als „Gemeinschaftslager Musikschule“ bezeichnet wurde. Es sollen in 10 Betrieben insgesamt 281 Zwangsarbeiter eingesetzt worden sein. Darüber berichtet Adolf Diamant in *Gestapo Chemnitz und die Gestapoaußenstellen Plauen i.V. und Zwickau*. Chemnitz 1999, S. 601.

[65] Der Standesbeamte in Frankenberg, C/45, zu IV: Allgem. 60/45 (Schreiben und Anlage).

[66] Rat der Stadt Frankenberg, Abt. Standesamt, Aktenzeichen 832041, Aktentitel: Kriegssterbefall-Anzeigen. Zeitlicher Umfang vom 6. Juni 1945 bis Dezember 1973.

[67] Die Zeitung erhielt den Leserbrief nach einem Artikel vom 22. Mai 2004 unter der Überschrift „Kanadier stöbert in Frankenbergs Geschichte". Erst viel später sah ich eine Kopie des Briefes. Der Verfasser war offensichtlich derselbe Ernst Rossberg, dessen Memoiren Ulrich Koch zu Gesicht gekommen waren, der mich wiederum im Februar 2004 auf den Mord an dem unbekannten Kanadier aufmerksam gemacht hatte.

[68] Laut Dr. Ewald Kuschka aus Flöha wohnte Hans Hunger im März 1945 „neben Buschiks in einem Einfamilienhaus auf der Friedrich-Albert-Straße". Quelle: Korrespondenz mit Dr. Kuschka sowie dessen unveröffentlichte Memoiren, S. 87. Siehe Kapitel 8.

[69] Zwischen 1933 und 1937 diente die große Spinnerei in Sachsenburg als Konzentrationlager, in dem zeitweise über 10 000 Häftlinge – Kommunisten, Sozialdemokraten, Juden, Jehovas Zeugen, Homosexuelle sowie protestantische und katholische Pfarrer – „untergebracht" waren. Danach wurde das Werk wieder seinem ursprünglichen Zweck, der Herstellung von Textilgarnen, übergeben. Quelle: http://portal.pds-sachsen.de/aktuell.asp?mid=182&iid=2805.

[70] Artikel des kanadischen Historikers Tim Cook, *Politics of Surrender in Canadian Military Journal*, Juli 2006, vol. 70, Nr. 3.

[71] Genfer Abkommen über die Behandlung von Kriegsgefangenen. Teil II Allgemeiner Schutz der Kriegsgefangenen. www.gesetze.ch/sr/0.518.42/0.518.42_001.htm.

[72] An diesem Thema interessierten Lesern empfehle ich besonders das Buch des englischen Philosophen und Ethikers A.C. Grayling, *Among the Dead Citie*s [Deutsch: Die toten Städte, soll im Februar 2007 bei C. Bertelsmann erscheinen], New York: Walker, 2006. Es erschien einige Monate nach Veröffentlichung der englischen Ausgabe meines Buches. Dr. Grayling schreibt, dass die Debatte über Kriegsverbrechen im Zweiten Weltkrieg oft durch Vergleiche getrübt wird: Waren diese oder jene Schandtaten schlimmer und unmoralischer, „... als könnte das Problem allein durch solche Vergleiche gelöst werden. Das geht aber nicht, und das ist der Grund, warum wir die Frage erneut stellen und versuchen müssen, sie zu beantworten." (S. 6).

[73] Die Bezeichnung „britisch" beinhaltet alle am Bomber Command teilnehmenden Nationalitäten.

[74] United States Strategic Bombing Survey. Summary Report (European War). Washington, 1945 (S. 16, Schlussfolgerungen).

[75] Brereton Greenhous et al., S. 859.

[76] http://www.flieger-lynchmorde.de/text/auflistung.htm.

[77] Quelle: www.byliner.com/story/?id=89610-41k.
[78] Ermordung eines unbekannten kanadischen Fliegers im Herbst 1944 in Steinbach bei Gießen. Quelle: Richard Humphrey, Rolf Haaser und Miriam Pagenkemper (Hrsg.), *Der Untergang des alten Gießen*. Gießen 1994, S. 47.
[79] Am 11. Juli 1944 stürzte ein Bomber (vermutlich bei Denklingen) ab. Die Besatzung konnte sich mit dem Fallschirm retten. Drei der 8 bis 9 Besatzungsmitglieder landeten in oder bei Gimmenhausen. Der Kanadier James Dale wurde von Karl Stern, Förster in Ludenhausen, erschossen.
Quelle: Chronik von Burkhard Stämmele ... Nr. 8.
www.ludenhausen.de/chronik_st1.htm.
[80] Jack Granatstein und Desmond Morton, *Canada and the Two World Wars.* Toronto 2003, S. 248.
[81] Zitiert in Greenhous et al., *The Crucible of War.* S. 862.
[82] The Trial of German Major War Criminals in Nuremberg, 21. Januar – 1. Februar 1946, S. 289.
[83] Kurt Pätzold, *Big Week*. Artikel in Junge Welt, 3./4. April 2004 (Nr. 78).
[84] Völkischer Beobachter vom 28./29. Mai 1944, „Zum Luftterror".
[85] Christian Zentner (Hrsg.), *Das große Lexikon des Zweiten Weltkriegs.* München 1993, S. 190.
[86] Hermann Knell, *To Destroy a City,* S. 256.
[87] Avalon Project, Yale Law School: Nazi Conspiracy and Agression, Band 2, Kapitel XVI, Teil 4: www.yale.edu/lawweb/avalon/imt/document/nca ...
[88] Günter Aßmann, Straße der Befreiung 13, 09599 Freiberg.
[89] Philip Kaplan, *Round the Clock*. New York 1993, S. 193 ff.
[90] W.R. Chorley, *Bomber Command Losses of the Second World War, vol. 6: 1945.* Leicester 1998 (unter 5./6. März 1945).
[91] Richard Reiter, zit. von George Gamester, *Toronto Star*, 23. Januar 1997, S. A4.
[92] Philip Roth, *The Human Stain*. New York: Vintage Press, S. 344.
[93] Einheit zur Zusammenlegung von Kriegsgräbern.
[94] Library and Archives Canada, RG 24, file 54383. D'Avrils RCAF-Dienstnummer war R.202453 als Flight Sergeant und J.93925 nach seiner Beförderung in den Offiziersstand (Pilot Officer).
[95] Nicht zu verwechseln mit Vice Marshal Sir Arthur Harris [„Bomber Harris"].
[96] Der Sold war bei der RCAF bedeutend höher als bei der RAF, wo z. B. ein Flight Sergeant nur 15 Shillings am Tag verdiente. (Norman Longmate, The Bombers, S. 189.)
[97] Library and Archives Canada, RG 24, file 54383.
[98] ... noch im Frühling seines Lebens.
[99] Während das British Empire [Britisches Kaiserreich] allmählich aufgelöst und durch das Commonwealth unabhängiger Staaten abgelöst wurde,

aktualisierte auch die Kommission in den 1960er Jahren ihren Namen (heute: Commonwealth War Graves Commission).

[100] Library and Archives Canada, RG 24, File 54383.

[101] Ausgesprochen wie Kiu-Queen.

[102] *The Halifax – a living memorial to our past.* Von der Halifax Aircraft Association in Toronto herausgegebene Broschüre.

[103] Luftminen waren so konstruiert, dass sie von Bombern bei ca. 320 Stundenkilometern in Höhen bis zu 5000 m abgeworfen werden konnten. Sie enthielten ca. 700 kg Sprengstoff. Quelle: A. Stachiw, Handley Page Halifax. S. 118.

[104] Chorley, *5/6 March 1945*.

[105] W. Rodney, *Deadly Mission*. S. 10.

[106] Logbuch von Flying Officer J.A. Parent, R184216, in dessen Besitz in Kapuskasing (Ontario).

[107] Laut Website rcaf.com/6group/425,html war Lecomte allerdings nur bis zum 20. August 1944 Kommandeur des Geschwaders 425 und wurde am 21. August 1944 von H. Leroux abgelöst, der das Geschwader bis zum Juni des Jahres befehligte. Die letzte Seite von Joe Parents eigenem Logbuch wurde auch am 7. März 1945 von H. Leroux, Commanding Officer, 425 (RCAF) Squadron, unterschrieben, nachdem die Q Queen nicht zurückgekehrt war.

[108] 500 englische Pfund = ca. 225 kg. Insgesamt wogen die 16 Sprengbomben also ca. 3 600 kg (3,6 t).

[109] Corkscrew (der Korkenzieher) war ein Ausweichmanöver. Sobald ein Bordschütze die Warnung gab, dass der Angriff von einem Jäger bevorstand, sollte der Pilot scharf abdrehen, gleichzeitig dem angreifenden Jäger entgegensteuern und dann schnell die Richtung wechseln, wobei er das Flugzeug in einen steilen Steigflug zu bringen hatte. Siehe W. Rodney, *Deadly Mission*, S. 15 und Dan McCaffery, *Dad's War*, S. 67.

[110] Die deutschen Nachtjäger hatten Zwillingskanonen entwickelt, die hinter dem Führerraum im Winkel von 65 bis 80 Grad schräg nach oben schießen konnten. Sie wurden durch ein Reflexvisier ausgelöst und ermöglichten den Angriff auf Bomber im toten Abwehrwinkel von unten her. Im Jargon hieß diese Spezialwaffe „Schräge Musik". Philip Kaplan, S. 183; auch www.infobite.de/free/lex/ww2_lex0/s/schraegemusik.html.

[111] 2 000 britische Gallonen sind ca. 9 090 Liter.

[112] Der Ausdruck ist ein Wortspiel. Mae West war eine vollbusige Hollywood-Schauspielerin. West ist aber auch das englische Wort für Weste.

[113] Es konnte nicht geklärt werden, wo Joe Parent in Gefangenschaft geriet. Er benutzte das Wort „town", das eigentlich Kleinstadt bedeutet, aber selbst ein kleines, relativ dicht bebautes deutsches Dorf hätte auf den Kanadier eher wie eine Stadt gewirkt. Auch eine normale deutsche Dorf-

kirche wäre ihm eventuell wie eine „sehr große Kirche" vorgekommen. Es ist unwahrscheinlich, dass er von einer „Stadt" aus nach Marienberg transportiert wurde.

[114] Joe Parent berichtigte später: „Insgesamt waren wir dort elf Gefangene: vier Mann von der Q Queen, sechs Mann von Geschwader 415 sowie ein australischer Flieger." Er muss sich aber auch darin verrechnet haben, denn es waren nur fünf Mann von Geschwader 415 in Marienberg.

[115] Das zweite kanadische Flugzeug war die Halifax III NA-204, coded 6U-J mit ihrem Piloten W. Mitchell. Diese Halifax hatte ausnahmsweise eine Besatzung von acht Mann. Alle überlebten und gerieten in Gefangen-, schaft, aber nur fünf kamen nach Marienberg. Die anderen drei wurden in Nähe der tschechischen (böhmischen) Grenze gefangen genommen. Siehe Kapitel 13, S. 135.

[116] General George S. Patton (1885–1945) war Befehlshaber der 3. US-Armee.

[117] Ein Halifax-Bomber hatte normalerweise eine siebenköpfige Besatzung. In diesem Fall war ein achtes Mitglied dabei: Flying Officer R. (Rolly) Barteaux, der sog. *Second Dickey*. Dies war britischer Slang für einen Piloten, der seine Ausbildung vervollständigte, indem er einen Einsatz mit einem erfahrenen Piloten fliegen musste. Er saß als Copilot auf dem *Dickey Seat*.

[118] Mit diesen 8 000 Pfund meinte Gendron das Gewicht der 16 Sprengbomben à 500 Pfund. Dazu kam noch das Gewicht von ca. 200 Brandbomben.

[119] In Wirklichkeit waren 760 Bomber an diesem Angriff beteiligt.

[120] Da Gendron berichtete, dass die Nase seines Flugzeugs vollständig weggeschossen wurde, könnte es sich bei diesem Abschuss um seine Maschine gehandelt haben, die Pilot Mitchell trotzdem noch bis fast zur böhmischen Grenze fliegen konnte.

[121] Es muss wohl ein Ort in der Nähe von Annaberg gewesen sein, denn Annaberg ist eine Stadt, die 1945 ca. 30 000 Einwohner hatte und einem kanadischen Flieger nicht wie ein „kleines Dorf" vorgekommen wäre.

[122] Bill Mosey erinnert sich nur, dass er nicht auf tschechischer, sondern auf deutscher Seite landete, und zwar in einem dichten Wald. Am nächsten Tag schlug er sich zu einem „kleinen Dorf" durch, wo er erst zum Bürgermeisteramt geführt und dann per LKW in einen größeren Ort gefahren wurde, wo es einen Wehrmachtsstützpunkt gab. Er weiß noch, dass der LKW einen hinten aufgebauten Holzkohlenmotor hatte. Von seinen Kameraden sah er keine Spur, und er kann sich heute nicht mehr an irgendwelche Ortsnamen besinnen.

[123] Joe Parent meinte, sie seien elf gewesen, aber seine Rechnung geht nicht auf.

[124] Es ist möglich, dass Leo Lamontagne bei diesem Angriff verwundet wurde. Siehe S. 130.

[125] Freundlicherweise zur Verfügung gestellt von Herrn Andreas Steinert, Archivar im Kreisarchiv Marienberg.

[126] Zu den Aufgaben der Heimbürgin gehörten das Waschen und „Herrichten" von Leichen vor der Bestattung.

[127] Herausgegeben 1973 im VEB Landkartenverlag, Berlin.

[128] Unterlagen aus dem Kreisarchiv Marienberg zeigen, dass die Toten wahrscheinlich am 7. März geborgen wurden. Die Beisetzung auf dem Drebacher Friedhof erfolgte am 11. März 1945.

[129] Am 30. März 1945 schrieb der Bürgermeister von Drebach an die Werftabteilung 30/III in Oschatz: „... teile ich Ihnen mit, dass ich die Flugzeugteile, soweit sie überhaupt transportiert werden konnten, bereits vor einiger Zeit an den Platz habe bringen lasssen, auf dem der Rumpf liegt. Ihr Abtransport selbst wird nur unter erheblichen Schwierigkeiten möglich sein. Es wird versucht werden, diesen nach und nach durchzuführen. Die Wache habe ich eingezogen." (Kreisarchiv Marienberg).

[130] Huhle ist die erzgebirgische Bezeichnung für Müllkippe.

[131] Dieser Angriff hat nichts mit *Bomber Command* zu tun, dessen Flugzeuge nur nachts eingesetzt wurden. Es kann sich also nur um amerikanische Tiefflieger gehandelt haben.

[132] Joe Parent sowie die Überlebenden von Mitchells Maschine einschließlich dem Heckschützen John Gendron bestehen darauf, dass keiner ihrer Schützen auf einen deutschen Nachtjäger geschossen hat.

[133] Es müssen die Fallschirme von Desbien und Minguet gewesen sein, da alle anderen Besatzungsmitglieder abspringen konnten.

[134] Vielleicht Leo Lamontagne.

[135] Später fertigte ich eine grobe Zeichnung des Bolzens an und sandte sie an Bill Tytula vom Halifax-Projekt am RCAF-Museum Trenton (Ontario). Er bestätigte, dass es sich um einen aus rostfreiem Edelstahl gefertigten Drehbolzen von einem Achsaggregat des Fahrgestells eines Halifax-Bombers handelt.

[136] Vielleicht Leo und Joe Parent.

[137] Hermann Pährisch und Egon Lötzsch erinnern sich dagegen, dass die Gefangenen „vom Günther Albin" (Albin Günther) nach Marienberg gefahren wurden.

[138] Diese Aussage deckt sich nicht mit der des Bombenschützen Joe Parent, dass er sämtliche Bomben planmäßig über dem Ziel, d. h. über Chemnitz, abgeworfen hat, wobei die Halifax von einer Focke Wulf 190 angegriffen wurde. Ein Schreiben des Bürgermeisters vom 6. März 1945 belegt zwar, dass am Abend des 5. März Bomben in Drebach gefallen sind, es lässt sich aber nicht feststellen, von welcher Maschine sie stammten. Lötzsch's Aussage deckt sich auch nicht mit dem Befund, dass der in dieser Nacht

bei Hopfgarten abgestürzte deutsche Jäger eine Ju-88 und keine Me-110 war (siehe unten).

139 Hermann Pährisch erläutert: Die Laube ist ein markanter Punkt an der Kreuzung zweier Fernstraßen, ein ehemaliger Rastplatz für Fuhrwerke.

140 Fritz Uhlig, Schilderung eines Luftkampfes und seinen Wirkungen zwischen einem deutschen Jäger und einem kanadischen Bomber am 5. März 1945 im Raum südlich von Chemnitz. Hopfgarten, 2006, S. 26.

141 Tragischerweise ist Margot Chayer zu krank, um die Bedeutung meiner Entdeckung zu fassen. Lise hat nie mit ihr den Kontakt verloren. Margot hat fast ihr ganzes Leben lang um ihren geliebten Jean-Maurice getrauert und wollte – wie auch seine Eltern – nie wahrhaben, dass er tot ist. Erst in ihren 60er Jahren konnte sie sich zur Heirat entschließen. Ihr Mann ist vor kurzem gestorben. Margot befindet sich im fortgeschrittenen Stadium der Alzheimer-Krankheit und wohnt in einem Pflegeheim in Montreal.

142 Dan McCaffery, Dad's War, S. 50-51 (Siehe auch http://bryking.com/hal/hal_pg2.html)/

143 Laut McCaffery (ebenda, S. 53) konnte die Nieuw Amsterdam mit ihren 28 Knoten „jedem U-Boot davonlaufen".

144 Firth of Clyde in Schottland.

145 *Margotton* = ein Kosename für Margot.

146 Sowohl Joe Parent als auch John Gendron erinnern sich, dass sie bei solchem Unterricht in einem dunklen Raum saßen und lernten, verschiedene Flugzeugtypen gegen einen dunklen Hintergrund so genau wie möglich zu erkennen.

147 Die Aldislampe ist eine nach dem britischen Erfinder A.C.W. Aldis benannte Handmorselampe.

148 So viel wir „Na klar".

149 „Sie ist's, die ich liebe", und „Sie ist's, die ich anbete".

150 Kurz für „petit Jean" (kleiner Jean).

151 Technische Daten nach Stachiv et al., Handley Page Halifax, S. 49 ff.

152 Statistische Angaben per Telefon von der Stadt Chemnitz, Abteilung Informationsverarbeitung, am 21. März 2005.

153 Schreiben der Frankenberger Stadtverwaltung an den Heimatverein Frankenberg e.V. vom 10.1.2005.

154 In der englischsprachigen Welt gelten rote Mohnblumen (Poppies) als Symbol der Trauer um Gefallene. Ursprung ist das Gedicht *In Flanders Field* von Oberstleutnant Dr. John McCrae (1872–1918): *In Flanders Field the poppies blow between the crosses row on row ...*

155 Mit dem Schicksal deutscher Kriegsgefangener in amerikanischen und französischen Lagern unmittelbar nach dem Zweiten Weltkrieg befasste sich u. a. der kanadische Autor James Bacque, *Other Losses* (Deutsch:

Der geplante Tod, Ullstein 1989), dessen zahlenmäßige Schätzungen allerdings als übertrieben oder zumindest als kontrovers gelten und in rechtsradikalen Kreisen propagandistisch ausgewertet wurden. Über die verheerende Situation deutscher Kriegsgefangener in der Sowjetunion gibt es bereits zahlreiche Abhandlungen.

[156] Daniel Jonah Goldhagen, *Hitlers willige Vollstrecker*. Berlin, 1996.

[157] W. Rodney, *Deadly Mission. Canadian Airmen Over Nuremberg, March 1944*. Ottawa: CEF Books, 2001, S. 1-2.

[158] Insgesamt erlitten ca. 55 000 alliierte Flieger bei Bomber Command-Einsätzen den Tod. So kamen auf jeden toten alliierten Flieger etwa zehn tote deutsche Zivilisten. Auch materiell kam die „Bombenkampagne" den Alliierten sehr teuer zu stehen: 7 700 Flugzeuge gingen verloren, und für jeden getöteten Deutschen wurden 2,25 t Bomben abgeworfen.

[159] Schreiben an den Autor von Elfriede Rupprecht, Sachsenburg, 14. August 2004.

[160] Kompanie 1 im Luftwaffen-Ausbildungsregiment 4, 1. Luftwaffen-Ausbildungs-Division. Quelle: Briefe von Werner Kleinfeldt in www.volksbund.de/schon_gelesen/leserberichte/mein_bruder_werner.asp.

[161] Globe and Mail, June 30, 1992, zitiert in Dan McCaffery, *Dad's War*, S. 69.

[162] Im Laufe meiner Ermittlungen stellte sich heraus, dass deutsche Militärhistoriker den Kanadier falsch identifiziert hatten. Auch in diesem Falle bestehen stichhaltige Beweise, dass wenigstens zwei der „Zivilisten" Nazi-Funktionäre waren.

[163] In Wirklichkeit waren alle drei Opfer waren kanadische Besatzungsmitglieder der Halifax III MZ-907 coded 6U-P (von Geschwader 415), die bei einem Angriff auf Münster von Flak abgeschossen wurde. Sie waren Pilot Officer R.A. Paul, Pilot Officer J.M. Jones und Pilot Officer L.W. Brennan. Ihre Gräber wurden im „Kusenhorster Wald" gefunden, und ihre sterblichen Überreste wurden zum kanadischen Soldatenfriedhof in Groesbeek (Niederlande) überführt. Die Kanadier wurden von SS-Haupttruppenführer Ferdinand Assmann erschossen, der später verhaftet wurde und im Untersuchungsgefängnis Selbstmord verübte. Quelle: W.R. Chorley, Bomber Command Losses of the Second World War (25. März 1945).

[164] Library and Archives Canada. RG-14 File 27539 (Frame); RG-24 File 27661 (Hadley); RG-24 File 28103 (MacKenzie).

Anhang VI
Literatur

Alison, Les und Harry Haywood: *They Shall Grow Not Old: A Book of Remembrance.* Brandon, MN: Commonwealth Air Training Plan Museum, 1991.

Avalon Project. *Charter of the International Military Tribunal.* Yale University, 1996.

Barker, Ralph: *Strike Hard, Strike Sure: Epics of the Bombers.* London: Chatto & Windus, 1963.

Bingham, Victor. *Halifax – Second to None: The Handley Page Halifax.* Shrewsbury, Eng.: Airlife, 1986.

Blyth, Kenneth K.: *Cradle Crew: Royal Canadian Air Force, World War II.* Manhattan, KS: Sunflower University Press, 1997.

Bomben auf Chemnitz. Chemnitz: Schlossbergmuseum, 1995.

Bönitz, Wolfgang: *Millenium Gomorrha Thunderclap.* Niederfrohna: Miriquidi-Verlag, 2000.

Boog, Horst: *Der anglo-amerikanische Luftkrieg über Europa und die deutsche Luftverteidigung, in: Das Deutsche Reich und der Zweite Weltkrieg, Bd. 6 (Der globale Krieg). Stuttgart: 1990, S. 429-560.*

Bowyer, Chaz: *Tales from the Bombers.* London: William Kimber, 1985.

Brockhaus Enzyklopädie. Wiesbaden: Brockhaus, 1974

Brown, David et al.: *The History of Air Warfare.* London: Guiness Superlatives, 1976.

Chorley, W.R.: *Bomber Command Losses of the Second World War, vol. 6: 1945.* Leicester: Midland Publishing Co., 1998.

Dancocks, Daniel G.: *In Enemy Hands. Canadian prisoners of War 1939–1945.* Edmonton: Hurtig, 1983.

Davies, Alan (Hrsg.): *Antisemitism in Canada: History and Interpretation.* Waterloo: Wilfrid Laurier University Press, 1992.

Dunmore, Spencer und William Carter: *Reap the Whirlwind: The Untold Story of Six Group, Canada's Bomber Force of World War II.* Toronto: McClelland & Stewart, 1991.

Fahnert, Karin und Gert Richter: *Chemnitzer Erinnerungen 1945, Bürger schreiben für Bürger.* Chemnitz: Verlag Heimatland Sachsen, 1996.

Fiedler, Uwe: *Bomben auf Chemnitz.* Chemnitz: Verlag Heimatland, 2005.

Friedrich, Jörg: *Der Brand: Deutschland im Bombenkrieg 1940–1945*. München: Propyläen-Verlag, 2002.

Friedrich, Jörg: *Brandstätten: Der Anblick des Bombenkrieges*. München: Propyläen-Verlag, 2003.

Goddard, Lance: *D-Day Juno Beach: Canada's 24 Hours of Destiny*. Toronto: Dundurn, 2004.

Granatstein, J.L. und Desmond Morton: *Canada and the Two World Wars*. Toronto: Key Porter Books, 2003.

Grayling, A.C.: *The Meaning of Things*. London: Phoenix, 2002.

Grayling, A.C.: *The Reason of Things*. London: Phoenix, 2003.

Greenhous, Brereton et al.: *The Official History of the RCAF, vol. III, The RCAF Overseas: The Crucible of War*. Toronto: University of Toronto Press, 1994.

Groehler, Olaf: *Bombenkrieg gegen Deutschland*. Berlin: 1990.

Gurney, Gene: *The War in the Air: A Pictorial history of World War II Air Forces in combat*. New York: Crown, 1962

Hannon, Leslie: *Canada at War*. Toronto: McClelland & Stewart, 1968.

Harris, Sir Arthur: *Bomber Offensive*. London: Collins, 1947. Kanadische Ausgabe: Toronto: Stoddart, 1990.

Hase, Holger: *Geschichte der Frankenberger Garnison: Ein militärhistorischer Abriss*. Mittweida: Landratsamt, 2003.

Howard, Michael et al.: *The Laws of War: Constraints on Warfare in the Western World*. Yale University: 1994.

Irving, David: *The Destruction of Dresden*. London: Focal Point, 1963.

Jablonski, Edward: *Flying Fortress*. New York: Doubleday, 1965.

Kaplan, Philip: *Round the Clock*. New York: Random House, 1993.

Kästner, Max: *Frankenberger Heimatbuch: Aus dem Leben einer kleinen Stadt*. Frankenberg: C.G. Rossberg, 1938.

Karl-Marx-Stadt. Leipzig: Edition Leipzig, 1974.

Knell, Hermann: *To Destroy a City*. Cambridge: Mass, 2003.

Kucklick, Christoph: *Der Feuersturm – Bombenkrieg über Deutschland* ...

Longmate, Norman: *The Bombers. The RCAF Offensive against Germany 1939–1945*. London: Hutchinson, 1983.

Mackprang Baer, Gertrud: *In the Shadow of Silence*. Toronto: Harper Collins, 2002.

Matas, David: *Justice Delayed: Nazi War Criminals in Canada*. Toronto: Summerhill Press, 1987.

McCaffery, Dan: *Battlefields in the air: Canadians in the Allied Bomber Command*. Toronto: James Lorimer, 1995.

McCaffery, Dan: *Dad's War*. Toronto: James Lorimer, 2004.

McKee, Alexander: *Dresden 1945: The Devil's Tinderbox*. London: Souvenir Press, 1982.

McIntosh, Dave: *Terror in the Starboard Seat*. Don Mills: General Publishing, 1980.

McQuiston, John H.: *Tannoy Calling: A Story of Canadian Airmen Flying against Nazi Germany*. New York: Vantage Press, 1990.

Messenger, Charles: *‚Bomber' Harris and the Strategic Bombing Offensive, 1939–1945*. London: Arms and Armour Press, 1984.

Middlebrook, Martin und Everitt, Chris: *Bomber Command War Diaries, 1939–1945*. London: Viking, 1985.

Milberry, Larry und Hugh Halliday: *The Royal Canadian Air Force at War, 1939–1945*. Toronto: CANAV Books, 1990.

Motiuk, Laurence: *Thunderbirds at War: Diary of a Bomber Squadron*. Nepean: Larmot, 1998.

Neillands, Robin: *The Bomber War: The Allied Air Offensive Against Nazi Germany*. New York: Overlook, 2003.

OHCHR: Office of the High Commission on Human Rights. *The Geneva Convention Relative to the Treatment of Prisoners of War*. 1949. http://www.unhchr.ch/html/menu3/b/91.htm

Peden, Murray: *A Thousand Shall Fall*. Stittsville: Canada's Wings, 1979.

Report by the Supreme Commander to the Combined Chiefs of Staff on the Operations in Europe of the Allied Expeditionary Force, 6 June 1944 to 8 May, 1945. London: 1946.

Richter, Gert: *Chemnitzer Erinnerungen 1945*. Chemnitz: Verlag Heimatland Sachsen, 2001.

Rodney, W.: *Deadly Mission: Canadian Airmen Over Nuremberg, March 1944*. Ottawa: CEF Books, 2001.

Rolfe, Mel: *Looking Into Hell*. London: Rigel Edition, 2004.

Rossberg, Johannes et al.: *Frankenberg im Jahre 1945*. Frankenberg: Rossberg, 2002.

Rossberg, Johannes et al.: *Max-Kästner-Straße, Dr.-Wilhelm-Külz-Straße*. Frankenberg: 2002.

Roth, Philip: *The Human Stain*. New York: Vintage Press, 2001.

Rumpf, Hans: *The Bombing of Germany*. London: Frederick Muller Limited, 1963.

Snyder, Louis L.: *Encyclopedia of the Third Reich*. New York: Paragon, 1989.

Sorge, Martin K.: *The Price of Hitler's War: German military and civilian losses resulting from World War II*. Westport, Connecticut: Greenwood Press, 1986.

Strauß, Rudolph et al.: *Brockhaus-Stadtführer Karl-Marx-Stadt*. Leipzig: VEB F.A. Brockhaus Verlag Leipzig, 1975.

Target Germany. London: Cavendish House, 1974.

Taylor, Frederick: *Dresden, Tuesday, February 13, 1945*. New York: Harper Collins, 2004.

Stachiv, Anthony et al.: *Handley Page Halifax*. St. Catherines: Vanwell Publishing, 2005.

USAF. *Intelligence Targeting Guide Air Force Pamphlet 14-210 Intelligence*. 1996. http://www.fas.org/irp/doddir/usaf/afpam14-210/part20.htm#page180

Verrier, Anthony: *The Bomber Offensive*. London: Batsford, 1968.

Vonnegut, Kurt: *Slaughterhouse-Five*. New York: Random House, 1969. [Deutsch: Schlachthof Fünf].

Wainwright, John: *Tail-End Charlie: One Man's Journey Through War*. London: MacMillan, 1978.

Walther, Manfred: *Bomben auf Harthau*. Chemnitz: Heimatsammlung Harthau, 2004.

Webster, Sir Charles und Noble Frankland: *The Strategic Air Offensive against Germany 1939–1945*. London: HM Stationary Office, 1961 (4 Bde.).

Zentner, Christian (Hrsg.): *Der Zweite Weltkrieg, ein Lexikon*. Wien: Tosa Edition, 2004.

Anhang VII
Bildnachweis

Sammlung und Fotografien des Autors: Seiten 37 unten, 73, 85 unten, 104, 120, 124, 133, 140, 148, 149, 151, 155 unten, 159, 160 rechts, 161, 179, 185, 189, 190, 195 (Postkarte, Aufn. Jörg Schöner)

Sammlung Ilse Burosch, Roslin (Ontario): Seiten 189, 199

Sammlung Harry Denison, North Bay (Ontario): Seite 37 oben

Sammlung Lise Desjardins, Montreal: Seiten 53, 105, 109, 110, 112, 155 oben, 157, 160 links, 162, 163, 165, 167, 169, 173

Halifax Aircraft Association, Toronto: Seite 121

Dieter Hessel, Toronto: Einband-Rückseite
und Mitarbeit an der Einband-Vorderseite

Ulrich Koch, Berlin: Seite 106

Sammlung Ulrich Köhler, Noschkowitz: Seite 85 oben

National Archives of Canada, C0025055781: Seite 111

Sammlung Hermann Pährisch, Drebach: Seite 141

Sammlung Joe Parent, Kapuskasing: Seite 125, 129

Aus: Johannes Rossberg, Frankenberg im Jahre 2002, S. 62: Seite 10

Sammlung Elfriede und Günter Rupprecht, Sachsenburg: Seite 87

Sächsische Landesbibliothek – Staats- und Universitätsbibliothek Dresden, Abt. Deutsche Fotothek: Seite 25

Schloßbergmuseum Chemnitz: Einband und Seiten 66, 69

Anhang VIII
Register

Literaturempfehlungen

Joachim Schiefer,
Historischer Atlas zum Kriegsende 1945
zwischen Berlin und dem Erzgebirge
3. Aufl. 2006, ISBN 978-3-930076-68-0

Geert Bremer,
Dem Feinde zuwinken –
Ein Niederländer erzählt über seine Wurzener Zwangsarbeiterjahre
übersetzt von Wolfgang Ebert
1. Aufl. 2001, ISBN 978-3-934544-13-0

Adolf Böhm (Hrsg. †) / *Wolfgang Ebert* (Bearb.)
Grenzfluss Mulde –
Kriegsende in Nordsachsen 1945
2. verb. und erw. Aufl. 2005, ISBN 978-3-930076-09-3

Andreas Wagner,
Mutschmann gegen von Killinger –
Konfliktlinien zwischen Gauleiter und SA-Führer während des Aufstiegs der NSDAP und der „Machtergreifung" im Freistaat Sachsen
1. Aufl. 2001, ISBN 978-3-934544-09-3

Sylvia Kabus,
Wir waren die Letzten ...
Gespräche mit vertriebenen Leipziger Juden
Porträtfotografien von Karin Wieckhorst
1. Aufl. 2003, ISBN 978-3-934544-41-3

Ralf Bachmann,
Die Bornsteins – Eine deutsch-jüdische Familiengeschichte
1. und 2. Aufl. 2006, ISBN 978-3-934544-86-4

Gerhardt Gimpel,
Juden in einer kleinen Stadt
Illustrierte Texte zur Stadtgeschichte von Grimma/Sachsen
1. Aufl. 2005, ISBN 978-3-934544-70-3